Goethes Leben
in Bilddokumenten

Goethes Leben
in Bilddokumenten

Herausgegeben von
Jörn Göres

Verlag C. H. Beck

Mit 438 teils farbigen Abbildungen

2., unveränderte Auflage. 1982

ISBN 3 406 08401 X

Einband und Gestaltung:
Bruno Schachtner, Dachau
Reproduktion der Abbildungen:
Brend'amour, Simhart GmbH u. Co., München
Satz, Druck und Bindung: Passavia, Passau
Printed in Germany

Inhalt

Vorwort

Kaum ein anderer Mensch hat so ausführlich von seinem Leben berichtet wie Goethe. Seine autobiographischen Werke ‚Aus meinem Leben. Dichtung und Wahrheit', ‚Briefe auf einer Reise nach dem Gotthardt', ‚Italienische Reise', ‚Campagne in Frankreich', ‚Belagerung von Mainz', die ‚Annalen': ‚Tag- und Jahreshefte als Ergänzung meiner sonstigen Bekenntnisse' samt der Vielzahl seiner Korrespondenz und amtlichen Schriften geben einen Lebensüberblick von seltener Vollständigkeit. Etliche mehr oder weniger vollständige Ausgaben dieser Werke bieten dem Interessenten die Möglichkeit, sich über Goethes Leben lesend zu informieren.

Indem wir lesen, bildet unsere Phantasie Vorstellungen dessen, wovon wir erfahren. Aber stimmen unsere so entstehenden Vorstellungen mit dem überein, was der Autor des Gelesenen vor Augen hatte? Unsere Phantasie bringt nichts hervor als das, was ihr schon einmal begegnet ist. Sie kombiniert es allenfalls neu. Was uns aber selbst begegnet ist, kann nur unserem Umkreis entstammen und höchstens so alt sein, wie wir selber sind – es sei denn, wir hätten eine Anschauung durch Überlieferung, sowohl im räumlichen wie zeitlichen Sinne.

Hier setzt die hermeneutische Funktion der authentischen bildlichen Darstellung ein. Ohne diese würde unsere Phantasie sich selbst überlassen bleiben und in die Irre gehen. Mit Sicherheit würden unsere Vorstellungen andere sein, als Goethe und seine Zeitgenossen sie hatten. Denn die Personen, von denen Goethe berichtet, sind unserem Blick längst entschwunden, und Orte und Landschaften haben sich seither wesentlich verändert – sowohl in objektiver wie subjektiver Bedeutung: objektiv, indem der Mensch verändernd eingegriffen hat; subjektiv, sofern man zur Goethe-Zeit nicht nur anders sah, sondern auch intensiver erlebte, als wir das heute tun. Gerade das machen uns bildliche Darstellungen aus früherer Zeit deutlich. Wie würden wir uns das Frankfurt von 1749 vorstellen, wie das Weimar von 1775, das Rom von 1786 und Marienbad im Jahre 1823, wenn wir nicht zeitgenössische Ansichten hätten? Wie dächten wir uns die Menschen, mit denen Goethe verkehrte: etwa die Weimarer Hofgesellschaft, die Künstler und Gelehrten und gar die junge Frankfurterin, mit der sich Goethe verlobte; die Weimarer Kammerfrau, die auf Goethe einen nachhaltigeren Einfluß hatte als alle anderen Frauen, denen er begegnete; die Weimarer Bürgerstochter, die er nach seiner Rückkehr aus Italien ins Haus nahm, die ihm fünf Kinder gebar, und die er nach achtzehnjähriger „Gewissensehe" heiratete; und zuletzt das neunzehnjährige Fräulein, das die Marienbader ‚Elegie' des Vierundsiebzigjährigen auslöste?

Einem Menschen – seiner Person und seinem Werk – kann man nur gerecht werden, wenn man ihn aus seiner Welt beurteilt, das heißt: aus seinen persönlichen Verhältnissen und aus denen seiner Zeit. Im eigentlichen Sinne gar nicht Zusammengehörendes und untereinander Heterogenes wird unter dieser Bedingung zur legitimen Einheit einer Dokumentation. Einzelne Aspekte verweisen aufeinander und ergeben zusammengefügt, wie die einzelnen Segmente des Kreises, ein Ganzes.

Nach diesem Prinzip zu verfahren, ist die Methode des vorliegenden Buches. Dabei geht es nicht nur darum, Goethes Leben insgesamt in Bilddokumenten anschaulich zu machen, sondern jedes einzelne, als Kapitel bezeichnete Segment seines Lebenskreises ist nach der Methode des Ensembles gebildet, und auch die einzelnen Kapitel sind konsequenterweise noch wieder in Ensembles unterteilt. So weist das erste Kapitel des Buches – ‚Kindheit' – die Abschnitte ‚Die Vaterstadt', ‚Die Herkunft', ‚Erste Bildung', ‚Die Krönung' auf. Ein kurzer, jedes Kapitel eröffnender Einleitungstext schildert den entsprechenden Lebensabschnitt und führt in die Bildensembles ein.

Die Folge der Kapitel zeigt, daß sich Goethes Persönlichkeit von der Kindheit bis zum Italienerlebnis im Sinne von biographischen Zeitabschnitten entfalten läßt. Nach Italien sind die Voraussetzungen zu so einsträngigem Verlauf der Dokumentation nicht mehr gegeben. Die Ursache ist in der Wandlung von Goethes Geisteshaltung zu sehen, die als Ausdruck des Italienerlebnisses eine Entwicklung von der Subjektivität zur Objektivität der Lebensbewältigung erkennen läßt. Von hier aus zeichnet sich ab, daß früh Erfahrenes nachwirkt, und daß späte Einsichten auf einstigen Ansätzen gründen. Unter solcher Bedeutung treten Lebensepochen hinter zeitübergreifenden Themen zurück. Das geschieht im Sinne von Goethes Begriff „wiederholter Spiegelungen", sofern bestimmte Themen im Licht verschiedener Epochen wie „von Spiegel zu Spiegel" wiederkehren und dabei „nicht etwa verbleichen, sondern sich erst recht entzünden".

Die meisten Bilder in diesem Buch stammen aus dem Goethe-Museum Düsseldorf, Anton-und-Katharina-Kippenberg-Stiftung. Die übrigen Bildquellen sind in einem separaten Siglenverzeichnis aufgeführt. Den dort genannten Institutionen danken Herausgeber und Verlag für die Veröffentlichungsgenehmigung. Gleicher Dank gilt den Privatbesitzern, die auf Wunsch nicht namentlich genannt werden.

Schließlich gilt der Dank des Herausgebers Herrn Dr. Konradin Zeller und den anderen Herren im Verlag C.H. Beck sowie Herrn Bruno Schachtner, die sich des vorliegenden Buchs und der damit verbundenen Probleme in ganz ungewöhnlicher Weise angenommen haben.

Jörn Göres

1. Kindheit

Die Vaterstadt

Als Johann Wolfgang Goethe am 28. August 1749 geboren wurde, lebten in der Freien Reichsstadt Frankfurt am Main innerhalb des Festungswerkes auf 128 ha schätzungsweise 36000 Einwohner. Die meisten von ihnen gingen einem Handwerk nach oder betrieben Handel. Frankfurt war seit alters eine Handelsstadt. Das hatte die überaus günstige Verkehrslage ergeben: Aus allen Himmelsrichtungen kreuzten sich in Frankfurt an die 16 Handelsstraßen. Holländer und Italiener, Franzosen und Österreicher trafen dort zu Geschäften zusammen. Der Main diente Lastschiffen als Verbindung des Rheins mit der Stadt. Jeweils zur Messezeit erreichte das internationale Geschäftsleben seinen Höhepunkt. Dann stauten sich Wagen und drängten sich Buden im Zentrum der Stadt auf dem Römerberg und besetzten auch noch die umliegenden Straßen. In dieser Stadt des unbegrenzten Handels hatte nahezu jeder Gelegenheit, sein Glück zu machen. Im 18. Jahrhundert gab es über 400 Familien in Frankfurt, von denen jede mehr als 30000 Gulden Vermögen besaß. Im Jahre von Johann Wolfgang Goethes Geburt hatte man 83 Familien mit Vermögen von 100000 bis 800000 Gulden gezählt, und in der zweiten Hälfte des 18. Jahrhunderts gab es gar 183 Familien, die über 300000 Gulden ihr Eigen nannten. Betrafen diese Verhältnisse nur die Bank- und Handelshäuser, so waren infolge der mit den Einkommen gewachsenen Bedürfnisse der reichen Bürger doch auch Handwerker zu ansehnlichen Vermögen gekommen: Es gab Bauhandwerker und Kunstschreiner, Schneider und Kürschner, Bäcker und Metzger, die auf über 70000 Gulden geschätzt wurden. Und nicht zuletzt hatten die Gastwirte ihren Vorteil durch den regen Handelsverkehr. Zu einem der wohlhabendsten von ihnen hatte sich Goethes Großvater väterlicherseits hinaufgearbeitet, der es als ‚Gasthalter' des ‚Weidenhofs' auf der Zeil zu 90000 Gulden gebracht hatte.

Frankfurt gehörte schon in jener Zeit zu den vermögendsten Städten deutscher Lande. Nicht wunder nimmt, daß Vermögen die Wahl der Frankfurter Ratsmitglieder mitbestimmte: Nicht nur vornehme Geburt und hohe Bildung waren entscheidend für die Berufung in die beiden ersten Bänke des Rates, sondern auch Besitz. Die erste Bank stellte den ‚Schöffenrat';

1 Johann Wolfgang Goethe
Getuschter Schattenriß von unbekannter Hand um 1763. Der Schattenriß zeigt den etwa vierzehnjährigen Knaben. GMD

aus der zweiten Bank wurden die leitenden Beamten gewählt: der Schultheiß und die beiden Bürgermeister. Grundsätzlich konnte jeder Frankfurter Bürger in den Rat gewählt werden, sofern er lutherischer Konfession war, vom Vater her das Bürgerrecht besaß und keine Verwandtschaft im Rat hatte.

Die Herkunft

Johann Wolfgang Goethes Großvater mütterlicherseits, Dr. jur. Johann Wolfgang Textor, wurde am 16. Dezember 1727 in den Rat seiner Vaterstadt gewählt. Nach vier Jahren berief man ihn in das Schöffenkolleg, und in den Jahren 1738, 1741 und 1743 hatte er das Amt des älteren Bürgermeisters inne. 1747 wurde ihm das Schultheißenamt übertragen. Der Schultheiß galt als der Vertreter des Kaisers und dergestalt als der vornehmste Beamte im Rat. Sein Gehalt betrug 1800 Gulden jährlich. Johann Wolfgang Textor blieb Schultheiß bis 1770. 1727 heiratete er die kaum sechzehnjährige Tochter Anna Margaretha Justina des Wetzlarer Kammergerichtsprokurators Cornelius Lindheimer. Am 19. Februar 1731 wurde dem Paar die Tochter Catharina Elisabeth geboren, die mit siebzehn Jahren den Kaiserlichen Rat Dr. Johann Caspar Goethe heiratete.

Johann Caspar Goethe war am 29. Juli 1710 als Sohn des Gasthalters Friedrich Georg Göthé und seiner Ehefrau Cornelia, verwitwete Schelhorn, geboren. Friedrich Georg Göthé, der seinen Namen mit ‚ö' schrieb und das Schluß-‚e' durch Akzent betont wissen wollte, wurde erst durch Heirat Gasthalter, nachdem seine Frau Cornelia den ‚Weidenhof' als Vorbehaltsgut mit in die Ehe gebracht hatte. Erlernt hatte der aus Thüringen nach Frankfurt eingewanderte Schmiedssohn Friedrich Georg Göthé zunächst das Schneiderhandwerk. Auf seiner Wanderschaft hatte er sich in Lyon und Paris aufgehalten und dort offenbar auf dem Gebiet der Mode so große Erfahrung gesammelt und so viel handwerkliches Geschick entwickelt, daß er in Frankfurt regen Zulauf hatte und sich dort bald ein eigenes Haus kaufen konnte.

Die Ausbildung seines Sohnes Johann Caspar ließ sich Friedrich Georg Göthé etwas kosten: Er schickte ihn auf das für seine vornehmen Zöglinge bekannte Gymnasium in Coburg. Zwar erlebte der Vater noch die Rückkehr des Sohnes nach der Gymnasialzeit, jedoch nicht mehr den Beginn des Studiums: Friedrich Georg Göthé starb am 10. Februar 1730, als Johann Caspar noch nicht zwanzig Jahre alt war. Der bezog im September 1730 die Universität Gießen, um Rechtswissenschaft zu studieren, wechselte für drei Jahre an die Universität Leipzig und kehrte dann nach Gießen zurück, wo er am 30. Dezember 1738 mit einer Dissertation über Erbschaft nach römischem und Frankfurter Recht zum Doktor promovierte. Am Reichstag zu Regensburg und in Wien übte sich Johann Caspar Goethe, der seit seiner Coburger Gymnasialzeit unabhängig von der Schreibweise des Vaters seinen Namen mit ‚oe' statt mit ‚ö' und ohne Akzent auf dem Schluß-‚e' schrieb, in der juristischen Praxis. Am Jahrestag seiner Promotion brach Johann Caspar 1739 zu einer zweijährigen ‚Cavalierstour' auf, einer Bildungsreise, wie sie damals dem Standesbewußtsein junger Herren entsprach. Der Reiseweg Johann Caspars führte über Graz nach Venedig, Rom und Neapel, auf der Rückkehr durch Frankreich und die Niederlande. Ein Aufenthalt in Paris schloß sich an, und in Straßburg trug sich Johann Caspar in die Matrikel der Universität ein.

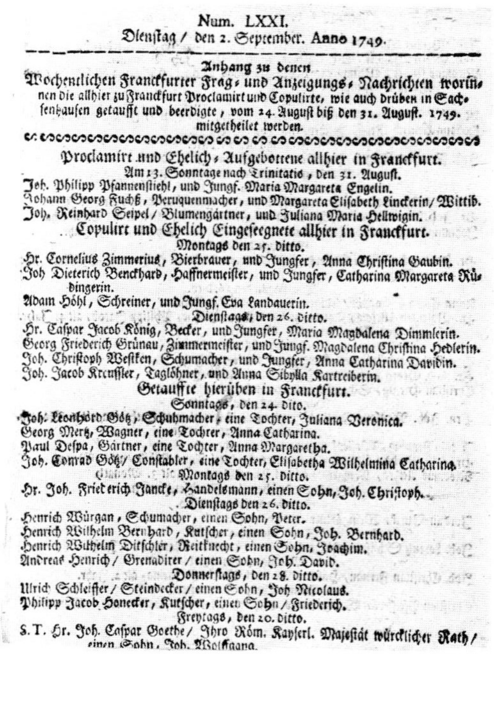

Num. LXXI.
Dienstag / den 2. September. Anno 1749.

Anhang zu denen
Wochentlichen Franckfurter Frag- und Anzeigungs-Nachrichten worinnen die allhier zu Franckfurt Proclamirt und Copulirte, wie auch drüben in Sachsenhausen getaufft und beerdigte, vom 24. August biß den 31. August. 1749. mitgetheilet werden.

Proclamirt und Ehelich-Aufgebottene allhier in Franckfurt.
Am 13. Sonntage nach Trinitatis, den 31. August.
Joh. Philipp Pfannenstiehl, und Jungf. Maria Margareta Engelin.
Johann Georg Fuchß, Peruquenmacher, und Margareta Elisabeth Linckerin/ Wittib.
Joh. Reinhard Seipel / Blumengärtner, und Juliana Maria Hellwigin.

Copulirt und Ehelich Eingeseegnete allhier in Franckfurt.
Montags den 25. ditto.
Hr. Cornelius Zimmerius, Bierbrauer, und Jungfer, Anna Christina Gaubin.
Joh Dieterich Benckhard, Haffnermeister, und Jungfer, Catharina Margareta Rüdingerin.
Adam Höhl, Schreiner, und Jungf. Eva Landauerin.
Dienstags, den 26. ditto.
Hr. Caspar Jacob König, Becker, und Jungfer, Maria Magdalena Dimmlerin.
Georg Friederich Grünau, Zimmermeister, und Jungf. Magdalena Christina Hedlerin.
Joh. Christoph Westken, Schumacher, und Jungfer, Anna Catharina Davidin.
Joh. Jacob Kreussler, Taglöhner, und Anna Sibylla Kartreiberin.

Getauffte hierüben in Franckfurt.
Sonntags, den 24. dito.
Joh. Leonhard Götz, Schuhmacher, eine Tochter, Juliana Veronica.
Georg Mertz, Wagner, eine Tochter, Anna Catharina.
Paul Despa, Gärtner, eine Tochter, Anna Margaretha.
Joh. Conrad Götz / Constabler, eine Tochter, Elisabetha Wilhelmina Catharina.
Montags den 25. ditto.
Hr. Joh. Friederich Jancke, Handelsmann, einen Sohn, Joh. Christoph.
Dienstags den 26. ditto.
Henrich Würgan, Schumacher, einen Sohn, Peter.
Henrich Wilhelm Bernhard, Kutscher, einen Sohn, Joh. Bernhard.
Henrich Wilhelm Ditschler, Reitknecht, einen Sohn, Joachim.
Andreas Henrich / Grenadirer / einen Sohn, Joh. David.
Donnerstags, den 28. ditto.
Ulrich Schleifster / Steindecker / einen Sohn, Joh Nicolaus.
Philipp Jacob Honecker, Kutscher, einen Sohn / Friederich.
Freytags, den 29. ditto.
S.T. Hr. Joh. Caspar Goethe / Ihro Röm. Kayserl. Majestät würcklicher Rath / einen Sohn, Joh. Wolffgang.

2 Goethes Taufanzeige in den ‚Wochentlichen Franckfurter Frag- und Anzeigungs-Nachrichten' vom 2. September 1749. Die letzte Eintragung auf dem Blatt, unter dem Datum vom 29. August, lautet: „S.T. Hr. Joh. Caspar Goethe / Ihro Röm. Kayserl. Majestät würcklicher Rath / einen Sohn, Joh. Wolffgang." GMD

Seine juristische Aus- und Fortbildung, seine fachlichen und allgemeinen Kenntnisse ließen Johann Caspar für ein hohes Verwaltungsamt geeignet erscheinen. Die Aussichten für eine solche Position waren zunächst insofern gut, als Karl VII. 1742 in Frankfurt zum Kaiser gewählt wurde. Daß auch auf kaiserlicher Seite ein gewisses Interesse an Johann Caspar Goethe bestehen mochte, läßt der verhältnismäßig geringe Betrag von 313 Gulden vermuten, den er zur Erlangung des Titels eines ‚Kaiserlichen Rates' entrichten mußte. Doch der Tod des Kaisers machte alle Hoffnungen zunichte, zumal Karl VII. Bayer war und mit seiner Nachfolgerin Maria Theresia wieder Österreich auf den Thron gelangte. Mit einer Stellung in kaiserlichen Diensten war auf Grund der Kontroverse zwischen Bayern und Österreich nicht mehr zu rechnen. Aber auch eine Stelle im Dienst der Vaterstadt war Johann Caspar versagt, nachdem er den Titel ‚Kaiserlicher Rat' einmal erworben hatte, der in der Stadtverwaltung nur vom Schultheißen, den ältesten Schöffen und dem ältesten Syndikus geführt wurde. Eine Aufnahme in den Senat verbot sich indessen, weil schon der Halbbruder Johann Caspars dort einen Platz hatte, und nach strengem Frankfurter Recht immer nur ein Mitglied einer Familie im Senat vertreten sein durfte.

So blieb Johann Caspar nichts anderes, als zu privatisieren. Zweifellos war es ihm in dieser Lage ein Triumph, die Tochter des Schultheißen heimführen zu dürfen. Ein eigenes Haus unterhielt der damals achtunddreißigjährige Kaiserliche Rat Dr. Johann Caspar Goethe nicht: Im eigentlichen Sinne wohnte er bei seiner Mutter, die 1733 den ‚Weidenhof' verkauft und dafür ein Gebäude am Großen Hirschgraben erworben hatte, das aus zwei ineinandergebauten Häusern bestand. Die Mutter bewohnte das Erdgeschoß, das junge Paar zog in die oberen Stockwerke ein. Erst als die Mutter 1754 gestorben war, wagte der Sohn einen im stillen längst gehegten Plan zu verwirklichen und den unwirtschaftlichen Gebäudekomplex in das stattliche Haus zu verwandeln, das aller Welt als Johann Wolfgang Goethes Elternhaus bekannt ist.

Johann Wolfgang Goethe war fünf Jahre alt, als der Umbau des Elternhauses im April 1755 begann. Zusammen mit seiner um eineinviertel Jahre jüngeren Schwester Cornelia hatte Johann Wolfgang ein abenteuerliches Vergnügen an dem komplizierten, von unten her und von innen aus betriebenen Umbau des Gebäudes. In seiner Autobiographie ‚Dichtung und Wahrheit' erinnert sich Goethe später an diese Zeit. Dort spricht er bewußt von „uns Kindern", ohne eines bei Namen zu nennen. Denn außer ihm und Cornelia lebte damals auch der 1752 geborene, aber bereits 1759 gestorbene Bruder Hermann Jacob. Eine zweite Schwester – Katharina Elisabeth (1754–1756) – war gerade vor der Zeit des Umbaus geboren. Sie starb aber – wie die dritte Schwester, Johanna Maria (1757–1759), und ein dritter Bruder, Georg Adolf (1760–1761) – im frühesten Kindesalter. Ein Kind wurde 1765 tot geboren. Demnach bestand die Familie während des Umbaus aus sechs Personen: dem Elternpaar und vier kleinen Kindern.

Erste Bildung

Der Vater unterließ auch in dieser Zeit des Umbruchs, in der das Festgefügte augenscheinlich eingerissen wurde, nichts, „zu einer gewissen Lektion, zu einer bestimmten Arbeit" anzuhalten. Seine „lebhafte Natur", von der Johann Wolfgang in ‚Dichtung und Wahrheit' spricht, richtete sich mangels eines Amtes ganz auf die Familie: Seine ihm gegenüber einundzwanzig Jahre jüngere Ehefrau, deren „stets heiteres und

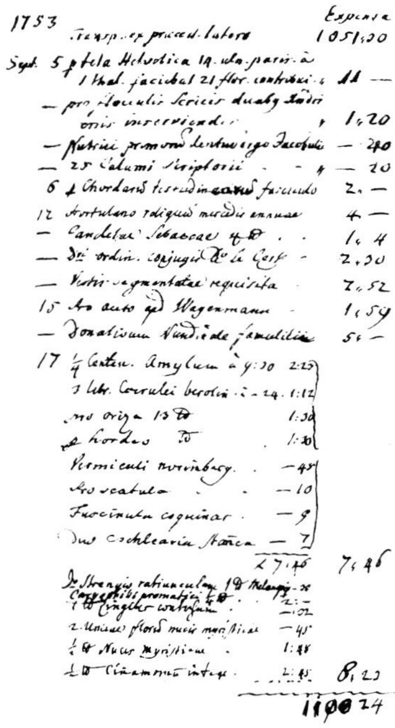

3 Eine Seite aus Johann Caspar Goethes Haushaltsbuch. NFG

4 Goethes Schreiblehrer Johann Heinrich Thym (1723–1789) Kupferstich von J. J. Koller. GMD

frohes" Wesen die Eigenheiten ihres Mannes auszugleichen wußte, veranlaßte er „zum fleißigen Schreiben", „zum Klavierspielen und Singen" wie zum Erlernen der italienischen Sprache. Johann Wolfgang und Cornelia unterrichtete der Vater gerne selber. Nur kurze Zeit schickte er sie auf eine öffentliche Schule. Lieber nahm er Privatlehrer ins Haus. Unter ihnen erinnert sich Johann Wolfgang besonders des ‚Meisters der Schönschreibkunst und Privatinformators' Johann Heinrich Thym, der ihn im Schreiben und Rechnen unterrichtete und ihm frühe Kenntnisse in Geschichte und Geographie vermittelte, während ihm J. J. G. Scherbius Unterricht in Latein und Griechisch erteilte, wozu später noch Hebräisch kam. Indessen wußte der Vater aus eigener Erfahrung, daß Kenntnisse in alten Sprachen zwar für das Studium unverzichtbar waren, aber für das Leben nicht ausreichten. So ließ er den Sohn noch Französisch und Englisch lernen und außerdem zuhören, wenn er die Tochter gleich der Mutter in Italienisch unterrichtete.

Zur Hausbibliothek von rund 1300 Titeln in etwa 1700 Bänden erhielt der Sohn nach und nach Zugang. Dabei handelte es sich nur zum Teil um juristische Werke: Medizin und Theologie waren vertreten und die ‚Schöne Literatur', Biographien und Werke zur Geschichte, vor allem aber Reisebeschreibungen. Alles war geeignet, dem Knaben eine geistige Welt zu eröffnen. Anschauung vermittelten insbesondere die illustrierten Bücher, allen voran die mit Kupferstichen ausgestattete Bibel.

Aber auch eine regelrechte Schausammlung unterhielt der Vater, in der Gegenstände von unterschiedlichster Bedeutung zusammengetragen worden waren: Von venetianischen Gläsern über römische Prospekte bis zur Waffensammlung war alles vertreten. Dem Knaben prägte sich vieles davon unvergeßlich ein. So schreibt Goethe noch 1786 von Italien aus, wie er endlich in Wirklichkeit gesehen habe, was er von Kupferstichen aus dem Elternhaus her kannte, wie er die Gondeln Venedigs als alte Bekanntschaft empfunden habe dank eines Modells, das der Vater einst von seiner Italienreise mitgebracht hatte.

Unmittelbarer als anhand der Graphiksammlung bot sich Johann Wolfgang Kunstbetrachtung am Beispiel der Sammlung von Gemälden Frankfurter Künstler, die der Vater, seinen Sohn hinzuziehend, bedachtsam zusammentrug oder gar selber in Auftrag gab. Hirt, Juncker, Nothnagel, Schütz, Trautmann und der Darmstädter Seekatz waren mit so charakteristischen Beispielen vertreten, daß Goethe später in ‚Dichtung und Wahrheit' jeden der Maler nach seiner Eigenheit zu beschreiben wußte. Rechten Auftrieb erhielt die väterliche Galerie 1759 durch die im Zusammenhang mit dem Siebenjährigen Krieg erfolgte Einquartierung des französischen Königsleutnants François Comte de Thoranc in das Goethe-Haus: Als vermögender Kunstliebhaber berief er alle bereits im Hause vertretenen Maler zu sich, ließ sich vorführen, was von ihren Gemälden verkäuflich war, und gab eigene Wünsche in Auftrag. Das Mansardenzimmer des Knaben, das dem Grafen überlassen worden war, verwandelte sich in ein Kabinett und Atelier. Johann Wolfgang hatte ungehinderten Zutritt und profitierte solcherweise von Verhandlungen über Motive und Techniken, ja er schaute bei der Ausführung zu und hatte sehr bald einen Begriff von Theorie und Praxis der Malerei.

Auf noch andere Weise zog Johann Wolfgang Vorteil aus der Besetzung Frankfurts durch die Franzosen: Sie hatten, um ihrem eigenen Verlangen nachkommen zu können, ein bis dahin in Frankfurt nicht vorhandenes stehendes Theater eingerichtet. Das besuchte Johann Wolfgang eifrig, nachdem ihm der Großvater Textor zum Leidwesen des Vaters ein permanentes Freibillett geschenkt hatte. Hier machte Johann Wolfgang seine erste Bekanntschaft mit dem Theater überhaupt, die er später im Roman ‚Wilhelm Meister' – insbesondere in der ersten Fassung ‚Wilhelm Meisters theatralische Sendung' – wieder aufleben läßt. Freilich waren es nur französische Stücke, die Johann Wolfgang damals kennenlernte. Weil aber das deutsche Drama ohnehin nicht allzu viel zu bieten hatte, gereichte ihm das französische zum Vorteil. Auch nötigten ihn seine noch mangelnden Sprachkenntnisse, um so mehr auf Mimik und Gestik zu achten. Das Gebot der Einheit von Sprache und Ausdruck wurde ihm auf diese Weise bald bewußt, und worauf er später als Leiter des Weimarer Theaters entschiedenen Wert legen wird, hat in dieser frühen Einsicht seine Wurzel.

Die Krönung

Mit Beendigung des Siebenjährigen Krieges verließen im Februar 1763 die Franzosen Frankfurt. Ein Jahr später, am 3. April 1764, wurde dort Joseph II. zum Kaiser gekrönt. Johann Wolfgang stand in seinem fünfzehnten Lebensjahr. Der Vater, immer auf Gründlichkeit bedacht, nahm ihn in die Pflicht, sich mit den Wahl- und Krönungsdiarien zu befassen. Eingehende Kenntnisse dieses besonderen politisch-diplomatischen Vorgangs, auch im Hinblick auf vorangegangene Fälle und auf seine Bedeutung für die Zukunft, waren die Früchte dieser Beschäftigung.

Indessen war Johann Wolfgang nur halb bei der Sache. Ihn bewegte seine erste Jugendliebe. Von dem Mädchen, das Goethe „Gretchen" nennt, haben wir weder ein Bild noch ein Zeugnis außerhalb von ‚Dichtung und Wahrheit'. Wir wissen nicht, ob es die Gestalt in der dort beschriebenen Weise wirklich gegeben hat. Aber ein tiefgreifendes Erlebnis ist unverkennbar, wenngleich man in „Gretchens" seelischer Reife, ihrer Fähigkeit, den Freund zu leiten, Ähnlichkeit mit Käthchen Schönkopf, Lotte Buff und Frau von Stein erkennt. Und wäre denn „Gretchen" nur eine Fiktion, so würde doch eben durch ihre Ähnlichkeit mit Eigenheiten der späteren Freundinnen deutlich, zu welchem Frauentyp Goethe sich als Ideal seiner frühen Jahre bekennt.

In ‚Dichtung und Wahrheit' hat Johann Wolfgang die Freude, von seinem „Gretchen" um Erläuterung der zuvor gesehenen, mit der Kaiserkrönung verbundenen Vorgänge gebeten zu werden. Sie „beneidete, nach ihrem Ausdruck, alle diejenigen, die von den Sachen dieser Welt unterrichtet seien und wüßten, wie dieses und jenes zugehe und was es zu bedeuten habe". Ob die Episode auf Tatsache beruht oder fingiert ist: im einen wie im anderen Fall dient sie dem Lob der Bildung. Und wie hätte sich das Glücksempfinden Johann Wolfgangs über die erlangte Bildung überzeugender darstellen lassen, als es in seiner ersten Liebe zu spiegeln, denn sie ist es, die sein Bildungsbewußtsein krönt.

In der Tat hatte Goethe zu jener Zeit ein solches Maß der Allgemeinbildung erreicht, daß der Besuch einer Universität beschlossen werden konnte. Es gab damals noch keine Examen als Vorbedingung der Immatrikulation. Die Einschätzung der Eltern mußte ausreichen, um zu beurteilen, ob ihr Sohn den Anforderungen der Universität gewachsen sein würde. Das galt auch in bezug auf die Selbständigkeit. Den erforderlichen Grad hielt man bei einem Alter von sechzehn Jahren für gegeben. So wurde Johann Wolfgang Goethe nach Vollendung seines sechzehnten Lebensjahres im Oktober 1765 auf die Universität geschickt.

5 Am Spieltisch
Öl auf Holz von Georg Melchior Kraus (1733–1806). GMD

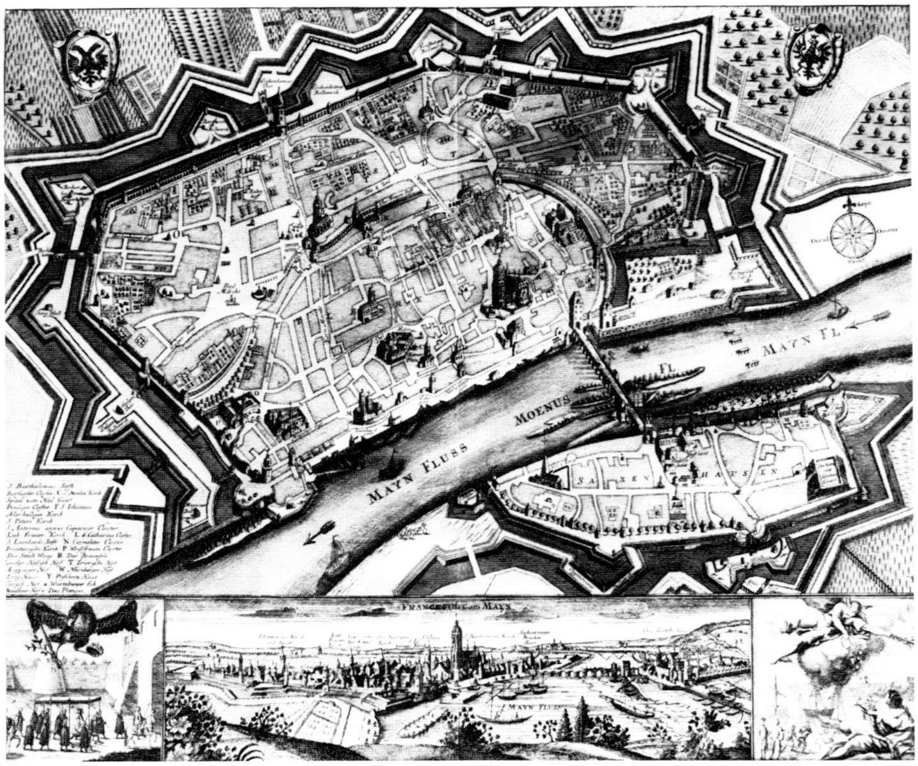

6 Frankfurt am Main
Plan und Ansicht der Freien Reichsstadt.
Kolorierter Kupferstich von Matthäus
Seutter, 1749. GMD

7 Ansicht der deutschen freien
Bundes-Stadt Frankfurt am Main
Ansicht von Süden (Sachsenhausen).
Kolorierte Radierung, nach der Natur
gezeichnet von J. F. Morgenstern,
gestochen von J. G. Reinheimer. GMD

8 Frankfurt am Main
Die Nordseite des Römerbergs.
Ölgemälde von Christian Georg Schütz
d. Ä., 1754. Links ein Ausschnitt. HMF
(Leihgabe STF)

9 Johann Wolfgang Textor (1693–1771) Ölgemälde von Jacob Andreas Scheppelin, 1763. Das Porträt zeigt Johann Wolfgang Goethes Großvater mütterlicherseits als Schultheiß der Freien Reichsstadt Frankfurt am Main. FDH

10 Anna Margaretha Justina Textor, geb. Lindheimer (1711–1783) Ölgemälde von unbekannter Hand. Eine Datierung des Bildnisses von Johann Wolfgang Goethes Großmutter mütterlicherseits ist nicht überliefert. FDH

11 ‚Gasthauß zum Weiden-Hoff' Radierung von Johann Michael Zell, 1781. Den ‚Weiden-Hoff' hatte Johann Wolfgang Goethes Großmutter väterlicherseits, verwitwete Cornelia Schelhorn, in ihre Ehe mit Johann Wolfgang Goethes Großvater, Friedrich Göthé, eingebracht. Nach Friedrich Göthés Tod hat sie den ‚Weiden-Hoff' verkauft. GMD

12 Krönungszug Kaiser Josephs II., 1764 in Frankfurt am Main
Gouache von unbekanntem Zeitgenossen. Unten ein Ausschnitt.
GMD

13 Johann Caspar Goethe (1710–1782) Relief in Gips von Johann Peter Melchior, 1779. Das Relief zeigt Johann Wolfgang Goethes Vater im Alter von 69 Jahren. GMD

14 Catharina Elisabeth Goethe, geb. Textor (1731–1808) Relief in Gips von Johann Peter Melchior, 1779. Das Relief zeigt Goethes Mutter im Alter von 48 Jahren. GMD

15 Cornelia Goethe (1750–1777) Bleistiftzeichnung von Johann Wolfgang Goethe. Die Zeichnung ist das vermutlich früheste Porträt, das Goethe von seiner Schwester anfertigte. Die Datierung schwankt zwischen 1768 und 1771. NFG

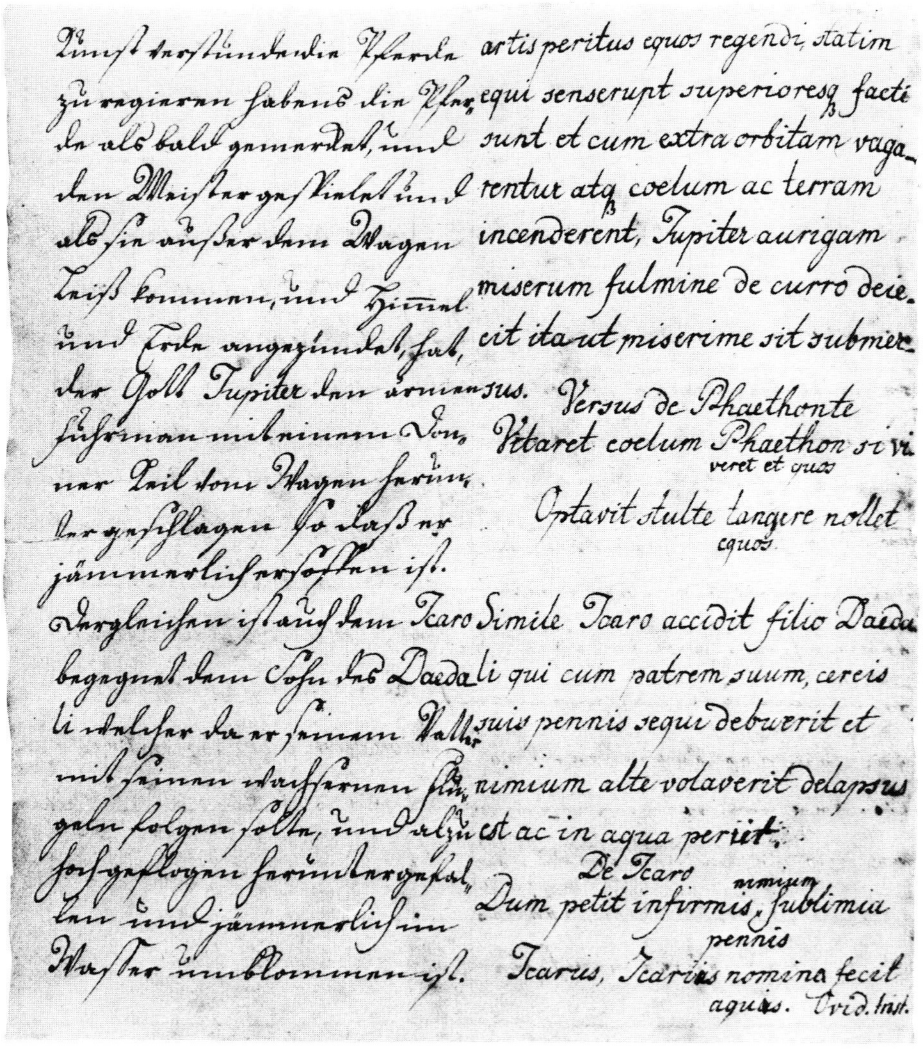

artis peritus equos regendi, statim equi senserupt superioresq facti sunt et cum extra orbitam vagarentur atq coelum ac terram incenderent, Jupiter aurigam miserum fulmine de curro deiecit ita ut miserime sit submersus.

Versus de Phaethonte
Vetaret coelum Phaethon si viveret et quos
Optavit stulte tangere nollet equos.

Simile Icaro accidit filio Daedali qui cum patrem suum, cereis suis pennis sequi debuerit et nimium alte volaverit delapsus est ac in aqua periit.

De Icaro
Dum petit infirmis nimium sublimia pennis
Icarus, Icariis nomina fecit aquis. Ovid. Inst.

16 Labores iuveniles (Jugendarbeiten) Schularbeiten des Knaben Johann Wolfgang Goethe aus der Zeit zwischen 1757 und 1762. GMD

17 Goethes Elternhaus am Großen Hirschgraben in Frankfurt am Main Aquarell von Louis Thiénon, 1851. Die abgebildete Gestalt hat das Haus erst 1755 erhalten, als Johann Caspar Goethe zwei ineinandergebaute Häuser zu einem Gebäude umbilden ließ. GMD

18 François de Théas Comte de Thoranc (1719–1794)
Ölgemälde von unbekanntem Künstler (Johann Christian Fiedler?), um 1760. FDH

19 Kücheninterieur
Öl auf Leinwand von Justus Juncker (1703–1767). GMD

20 Feuersbrunst
Öl auf Leinwand von Johann Georg Trautmann (1713–1769). GMD

21 Rheinlandschaft
Öl auf Holz, 1756, von Christian Georg Schütz d. Ä. (1718–1791). GMD

2. Leipzig

Der Aufbruch

Gleichsam reisefertig erscheint der junge Goethe in dem ersten wirklichen Porträt, das wir von ihm kennen. Man vermutet deshalb, daß es kurz vor seinem Aufbruch nach Leipzig entstanden ist. Der aus der Obhut des Elternhauses scheidende Sohn sollte im Bilde festgehalten werden, denn man würde ihn für lange Zeit nicht wiedersehen – womöglich erst nach Beendigung des Studiums, das er eben jetzt beginnen sollte.

Der umsichtige Vater hatte für alles gesorgt: Nicht nur, daß er dem Sohn das Studium der Rechte bestimmt hatte, weil es den Zugang zu öffentlichen Ämtern erschließt, und daß er ihm die Universität Leipzig ausgewählt hatte, weil er die dortigen Verhältnisse aus eigener Erfahrung noch zu kennen glaubte – nicht nur, daß er den Sohn ansehnlich mit Kleidung ausgestattet und ihm einen geradezu luxuriösen Monatswechsel von einhundert Gulden bewilligt hatte, auf daß er zeigen könne, wes Standes er sei, sondern auch die Reise selber und die Frage des Quartiers war dergestalt geregelt worden, daß Johann Wolfgang dem angesehenen Frankfurter Buchhändler Fleischer auf dessen Reise zur Leipziger Herbstmesse mitgegeben wurde und dessen dortige Wohnung nutzen durfte.

Vier Wochen nach Johann Wolfgangs sechzehntem Geburtstag brach man am 30. September 1765 in Frankfurt mit separat gemieteter Postkutsche auf und kam am vierten Tage der Reise in Leipzig an.

Die Ankunft

Damals lagen der Siebenjährige Krieg und die preußische Besetzung Leipzigs erst zwei Jahre zurück. Die finanziellen Schäden suchten die Leipziger alsbald wettzumachen, weshalb Handel und Wandel um 1765 reger als je zuvor erschienen und den jungen Goethe gerade zur „Meßzeit" an die „Fortsetzung eines vaterländischen Zustandes" glauben ließen.

Dennoch war in Leipzig vieles anders als in Frankfurt: Die Einwohner, an Zahl damals um etwa 8000 geringer als die Frankfurts, hatten einen anderen Lebensstil. Die Wohlhabenheit scheute man sich nicht, zur Schau zu stellen. Man gab etwas aufs Äußere. Das zeigte sich sowohl im Bild der Stadt mit breiten Straßen und stattlichen Fassaden der Häuser als auch in der Erscheinung der Menschen durch modische Kleidung und betonte Umgangsformen. Goe-

22 Die Schuhprobe
Öl auf Leinwand von Johann Konrad Seekatz (1719–1768). GMD

23 Johann Wolfgang Goethe
Ölgemälde von unbekannter Hand, um 1765. Vermutlich ist das Porträt kurz vor Goethes Aufbruch nach Leipzig entstanden. FDH

the merkte das. Was die Häuser betraf, erregte ihn vor allem ihre großzügige Bauweise, gleichsam „nach zwei Straßen ihr Gesicht wendend, in großen, himmelhoch umbauten Hofräumen eine bürgerliche Welt umfassend". Er selber hatte in einem solchen Gebäude, die „Feuerkugel" genannt, dank Fleischers Entgegenkommen sich einmieten können. Und die Notwendigkeit, sich nach Art der modebewußten Leipziger zu kleiden, wurde ihm bewußt, nachdem sein dortzulande antiquiert wirkender Anzug Anlaß zu Neckereien bot, und er entdeckte, daß eine damals beliebte Witzfigur auf dem Leipziger Theater nicht anders kostümiert war als er sich kleidete. Ja, selbst seine Art zu sprechen und sich auszudrücken gab Anlaß zur Verwunderung, weil sie als nicht standesgemäß empfunden wurde.

Der auf dem Gemälde noch selbstbewußt dreinschauende junge Bursche fühlte sich durch solche Erfahrungen in Frage gestellt. Neuorientierung war nötig. So verkaufte Goethe seine Kleider und legte sich eine Garderobe nach neuester Mode zu. Auch suchte er sich den Umgangsformen anzupassen und wurde darüber unversehens zu dem, was man einen „Stutzer" nannte. Verunsicherung verbarg er unter forciertem Selbstbewußtsein. Seine ersten Briefe an die Schwester zeugen davon.

Das Studium

Nur zu gern fühlte sich der junge Goethe durch die eigenen Erfahrungen den Bestimmungen des Vaters enthoben. Und wie der Vater erwiesenermaßen mit seinen Vorstellungen hinter der neuen Lebensart zurückgeblieben war, so mochte möglicherweise auch sein Auftrag, fleißig die Rechte zu studieren und die Stunde zu nützen, ebenfalls als nicht zeitgemäß gelten können. Jedenfalls glaubte sich der Sohn durch die neuen Verhältnisse bestärkt, mehr seinem Verlangen nach den anmutigen „schönen Wissenschaften" nachzugehen als dem vom Vater bestimmten Studium der Rechte.

Zwar befolgte der angehende Student die ihm von dem Staatsrechtler und Historiker Johann Gottlob Böhme aufgrund eines Empfehlungsschreibens entworfene Studienordnung und beherzigte dessen eindringliche Ermahnung, den Willen des Vaters zu erfüllen, allein: Die vorgezeichneten philosophischen und juristischen Kollegien konnten ihn nicht begeistern, weil sie entweder über Alltagsweisheiten nicht hinausführten oder das wiederholten, was schon vom Vater her bekannt war.

Um so glücklicher war Goethe, daß er Böhme das Zugeständnis abgerungen hatte, bei Gellert Literaturgeschichte zu hören und an dessen Stilübungen teilnehmen zu dürfen. Christian Fürchtegott Gellert war durch seine ‚Fabeln und Erzählungen' (1746–1748) und durch seinen Briefroman ‚Leben der schwedischen Gräfin von G.' (1747/48) berühmt geworden. Seit 1752 hatte er in Leipzig eine Professur für Poesie. Im gleichen Maße wie Gottscheds Ruhm verblaßte und der einstige Lehrmeister der deutschen Literatur der jungen Generation nur noch als ein Relikt aus früherer Zeit galt, stieg die Begeisterung für Gellert: „Die Verehrung und Liebe, welche Gellert von allen jungen Leuten genoß, war außerordentlich", denn er war bereit, sie anzuhören und auf sie einzugehen. Indessen konnte man von seinem Praktikum doch nur wenig profitieren, denn Stilanleitungen gab er lieber privat. So sah sich Goethe an Christian August Clodius verwiesen, der – 1764 ordentlicher Professor der Philosophie geworden – gleichfalls Stilkunde unterrichtete. Ihm legte Goethe ein gerade angefertigtes Gedicht vor, das jedoch keinerlei Gnade fand, vielmehr dem Kollegium als schlechtes Beispiel demonstriert wurde, so daß dem jungen Autor

24 Schriftzug von Goethes Leipziger Freund Ernst Wolfgang Behrisch: „gehorsamer D[iener] E.W. Behrisch". GMD

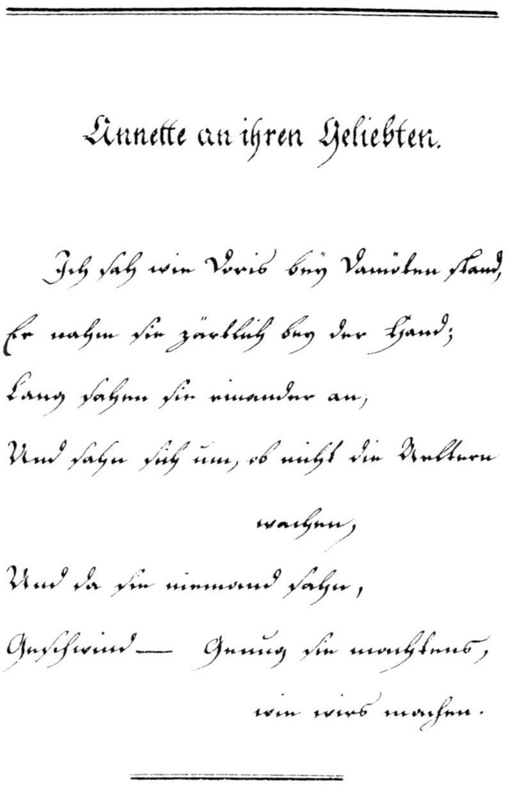

Annette an ihren Geliebten.

Ich sah wie Doris bey Damöten stand,
Er nahm sie zärtlich bey der Hand;
Lang sahen sie einander an,
Und sahn sich um, ob nicht die Eltern
wachten,
Und da sie niemand sahn,
Geschwind — Genug sie machtens,
wie wirs machen.

25 Textseite aus dem Buch ‚Annette', Goethes erster Gedichtsammlung, von Ernst Wolfgang Behrisch in Abschriften zu einem Band zusammengestellt. NFG

weitere Lust zur Teilnahme an solchem Praktikum verging.

Behrisch

Unter diesen mißlichen Verhältnissen war es Goethe Genugtuung, in Ernst Wolfgang Behrisch, dem Hofmeister des Grafen Lindenau, einen kenntnisreichen älteren Freund zu haben, dessen eigenständigem Urteil er sich anvertrauen durfte. Ein Bildnis von Behrisch ist uns nicht überliefert. Nach Goethes Beschreibung muß er ein Mann von ausgeprägten Eigenheiten gewesen sein. Zu ihnen zählte, daß er gegenüber dem Buchdruck die Schreibkunst bevorzugte. Er versprach Goethe, diejenigen seiner Gedichte, die er für gut befinden würde, selbst abzuschreiben und in einem schönen Bande zu vereinigen. In der Tat ist uns auf diese Weise Goethes früheste Gedichtsammlung überliefert: das Buch ‚Annette'.

Durch den Umgang mit Behrisch fühlte sich Goethe auf alle Weise gebildet: Nicht nur, daß Behrisch seine Unruhe bändigte und Ungeduld zähmte, ihn im Gespräch belehrte, seine geselligen Talente „förderte und ihn zu allerlei Artigem und Schicklichen zu bewegen" wußte, sondern auch, daß er ihm ermöglichte, sich auszusprechen, um dadurch Klarheit über sich selbst zu finden. Um so schlimmer war es für Goethe, als Behrisch im Oktober 1767 gekündigt wurde und Leipzig verließ.

Käthchen

Denn gerade zu dieser Zeit brauchte Goethe den Rat des Freundes besonders, weil er in der Liebe zu seinem Mädchen weder ein noch aus wußte. Die Sache war die, daß sich Goethe in die Tochter des Zinngießers Schönkopf verliebt hatte. Seit Frühjahr 1766 nahm Goethe an dem Mittagstisch teil, den Schönkopfs Frau für Studenten und Akademiker unterhielt, und an dem die Tochter Anna Katharina aufwartete.

Anna Katharina Schönkopf – von der wir nur ein Bildnis besitzen, das als ihr Porträt zwar nicht gesichert ist, allgemein aber dafür gilt – muß eine anmutige Erscheinung gewesen sein, die dadurch überzeugte, daß sie aus Teilnahme um das Wohl der Gäste bemüht war. Mancher der jungen Leute und wohl auch älteren herdlosen Gesellen kam vielleicht eigens der wärmenden Fürsorge wegen, die ihm von der Wirtstochter zuteil wurde.

Aber eben diese Fürsorge war es, die Goethe peinigte, wenn sein Mädchen sich anderen Gästen zuwendete. Obgleich ihm Käthchen herzlich zugetan war, plagte ihn bei solchen Gelegenheiten die Eifersucht, daß er sich und seiner Freundin den Tag verdarb. Er beanspruchte Käthchen gleichsam für sich, obwohl er sich in Augenblicken nüchterner Betrachtung eingestand, daß aus der Sache nichts werden könne.

In dieser Situation war sich Goethe nach Behrischs Abreise allein überlassen. Er konnte dem Freunde nur noch schreiben, wie es ihm erging. Aus seinen Briefen kennen wir seine Liebesqualen und wissen, daß es im April 1768 zu einer „Erklärung" kam, die den zweijährigen Liebesstreit zu einer einander geltenlassenden Freundschaft wandelte.

Beginn der literarischen Konfession

Zwar hatte Goethe seine erste Gedichtsammlung nach der Freundin Anna Katharina Schönkopf ‚Annette' benannt, aber persönliche Bezüge sind in den darin vereinigten 19 Gedichten kaum zu finden. Vielmehr sind sie Beispiele dafür, wie der junge Goethe sich am literarischen Stil seiner Zeit erprobte: am Formprinzip des Witzes und der tändelnden Anakreontik. Gleiches gilt für die ‚Neuen Lieder mit Melodien', deren Manuskript Goethe bei seinem Abschied von Leipzig Friederike Oeser schenkte.

Erst der seelische Aufruhr, der das Verhältnis zu Käthchen Schönkopf charakterisiert, führte Goethe auf einen eigenen Weg, von dem er in seiner Autobiographie ‚Dichtung und Wahrheit' schreibt: „Und so begann diejenige Richtung, von der ich mein ganzes Leben über nicht abweichen konnte, nämlich dasjenige, was mich freute oder quälte, oder sonst beschäftigte, in ein Bild, ein Gedicht zu verwandeln und darüber mit mir selbst abzuschließen, um sowohl meine Begriffe von den äußeren Dingen zu berichtigen, als mich im Innern deshalb zu beruhigen." – Das damals entstandene „Gedicht" war das Schäferspiel ‚Die Laune des Verliebten', das die Schäferspiele von Goethes Leipziger Poesie-Professor Gellert weit überholte – nicht zuletzt deshalb, weil ihm eigenes Erleben zugrunde lag. Ein Manuskript aus dieser frühen Zeit ist nicht erhalten, und gedruckt wurde das Stück erstmals 1806.

Die Krankheit

Gleich seinem poetischen Talent suchte Goethe seine graphischen Fähigkeiten auszubilden: Bei dem Leipziger Akademiedirektor Adam Friedrich Oeser nahm er Zeichenunterricht, und bei Johann Michael Stock lernte er die Techniken des Kupferstechens, Radierens und des Holzschnittes. Die eigene praktische Übung galt ihm als Mittel zum Kunstverständnis. Seine Arbeiten widmete und schenkte er Freunden als Zeichen der Verbundenheit und des Dankes.

Goethe hatte bald besonderen Anlaß, sich der Freunde zu vergewissern. Denn Ende Juli 1768 überfiel ihn eine Krankheit, die er selber als „Blutsturz" bezeichnete, die genauer zu bestimmen aber kaum möglich ist. Viele Anlässe dürften zusammengekommen sein: Statt auf fixierbare Momente wird man die Krankheit auf einen schleichenden Verschleiß der Gesundheit durch extreme Lebensweise zurückzuführen haben.

Außer den physischen müssen auch die psychischen Belastungen dem jungen Organismus, der ohnehin von Geburt an nicht der stabilste war, mehr zugesetzt haben, als er verkraften konnte. Denn Goethes Beschreibung des weiteren Krankheitsbildes läßt solche Symptome erkennen. Für sie war – auch wenn man von der Liebesgeschichte absieht – alle Ursache gegeben: Im Juli 1768 hatte Goethe sein viertes Studiensemester abgeschlossen und noch nichts Entsprechendes geleistet. Das Bewußtwerden, bei vielfältiger Tätigkeit im Grunde nichts erreicht zu haben, mochte eine als Krankheit erscheinende psychisch-physische Kapitulation bewirkt haben. Ihre Folge war der klägliche Rückzug des drei Jahre zuvor selbstbewußt aufgebrochenen Studenten in das Elternhaus.

26 Landschaft mit Wasserfall
Radierung von Johann Wolfgang Goethe für seinen Vater nach einem Gemälde von A. Thiele, 1768. GMD

27 Der Marktplatz in Leipzig
Kolorierter Kupferstich von
J. G. Geisler, vor 1800. GMD

28 Promenade de Leipzig
Kupferstich von Johann August
Rosmaesler, 1777. GMD

29 Auerbachs Hof in Leipzig –
Zentrum der Messe
Kupferstich von Johann August
Rosmaesler, 1778. GMD

30 Das Pauliner Collegium – Ansicht der alten Universität in Leipzig
Kolorierter Kupferstich von unbekannter zeitgenössischer Hand. GMD

31 „Große Feuerkugel"
Goethes erste Studentenwohnung in Leipzig (1765). Kolorierte Lithographie, Lith. Inst. von Adolph Werl, 19. Jh. GMD

32 Johann Gottlob Böhme (1717–1780) Kupferstich von J.F. Bause nach Anton Graff, 1782. GMD

33 Carl August Clodius (1738–1784) Kupferstich von Geyser nach Anton Graff, um 1768. GMD

34 Christian Fürchtegott Gellert (1715–1769)
Öl auf Leinwand von Adam Friedrich Oeser, um 1767. GMD

35 Johann Christoph Gottsched (1700–1766)
Schabkunstblatt von J. J. Haid nach A. M. Wernerin, um 1750. GMD

36 Käthchen Schönkopf (1746–1810)
Stahlstich von Auguste Hüsener nach einem verschollenen Gemälde von unbekanntem Künstler. GMD

37 Titelseite des Buchs ‚Annette'
Goethes erste Gedichtsammlung, von seinem Leipziger Freund Ernst Wolfgang Behrisch in Abschriften zu einem Band zusammengestellt, 1767. NFG

38 Exlibris für Käthchen Schönkopf
Radierung von Johann Wolfgang Goethe, 1768. GMD

39 Gebirgige Gegend mit Wasserfall
Radierung von Johann Wolfgang Goethe nach A. Thiele für seinen Leipziger Studienfreund Christian Gottfried Hermann, 1768. GMD

peint par A. Thiele
gravé par Goethe
Dedié à Monsieur le Docteur Hermann
Assesseur de la Cour provinciale supreme
de Justice de S. A. Elect. de Saxe et Senateur
de la Ville de Leipsic par son Ami Goethe

40 Ideale Landschaft
Zeichnung in Bleistift und Tusche von Adam Friedrich Oeser (1717–1799). GMD

41 Adam Friedrich Oeser (1717–1799), Goethes Leipziger Zeichenlehrer
Büste in Gips von Martin Gottlieb Klauer, 1780. GMD

42 Ideale Landschaft
Federzeichnung mit Kreide von Johann Wolfgang Goethe, 1781. GMD

43 Titelseite der ‚Neuen Lieder'
Goethes erste gedruckte Gedichtsammlung mit Goethes Widmung an seinen Leipziger Studienfreund Ernst Theodor Langer; erschienen 1769, vordatiert auf 1770. GMD

NEUE LIEDER

MIT

MELODIEN.

Horatius

Me tabula sacer
Votiva paries indicat uvida
Suspendisse potenti
Vestimenta maris Deo.

Göthe.

B. L. A

44 Die Schwestern Friederike Elisabeth
und Wilhelmine Oeser
Ölgemälde von Johann Heinrich Tischbein,
1776. FDH

3. Pietismus und Alchimie

Die Heimkehr

Der Vater hat die unrühmliche Heimkehr des Sohnes übel aufgenommen. Er, der auf Ökonomie bedacht war, sah seinen Aufwand vertan. Nur mühsam konnte er den Verdruß über die fehlgeschlagenen Hoffnungen verbergen, der Sohn würde in Kürze die ihm vorbestimmte Ausbildung durchlaufen.

So hielt sich der dem Vater viel zu langsam genesende Sohn in seinem Zimmer. Die Mutter umsorgte ihn; die Schwester widmete sich ihm ganz. Cornelia, nun 18 Jahre alt, ward mit allem möglichen Unterricht streng im Haus gehalten, so daß sie alle Liebe, die sie etwa anderen hätte entgegenbringen können, auf den Bruder verwendete.

Der Bruder fühlte sich auf solchen tröstlichen Umgang angewiesen. Denn in den krisenhaften Monaten des Winterhalbjahres 1768/69, in denen es wiederholt Rückfälle gab, versuchte er, Klarheit über seine zurückliegenden Verhältnisse zu gewinnen. Die Fragen, die sich ihm stellten, verwiesen auf ein ethisches Problem, das er auf dreifache Weise anging.

‚Die Mitschuldigen'

Die einfachste Lösung des Problems schien zu sein, die Umwelt zur Verantwortung zu ziehen. Goethe brauchte sich nur sein Leipziger Milieu vor Augen zu halten – das Verführerische der dortigen Lebenslust, die vielerlei Einflüsse, die mancherlei schiefen Situationen, in denen man sich befand –, um mit etwas rächendem Spott eine Typenkomödie nach Molières Vorbild zu schreiben, in der deutlich würde, daß alle Mitglieder der Gesellschaft, jedes auf seine Weise, mitschuldig waren, ja, daß es im Grunde die Verhältnisse waren, die einen schuldig werden ließen, und daß insofern jeder jedem vergeben konnte und die Sache damit abgetan wäre.

Vielleicht war es das Bedürfnis der Rechtfertigung, das Goethe sich in der Zeit von November 1768 bis Februar 1769 so intensiv mit seinem Lustspiel ‚Die Mitschuldigen' beschäftigen ließ, daß er gleich auf die erste Fassung eine zweite folgen ließ, die den ursprünglichen Einakter auf drei Akte erweiterte. Dabei ging es

45 Johann Wolfgang Goethe (?) in seinem Frankfurter Mansardenzimmer (?) Getuschte und aquarellierte Bleistiftzeichnung von Johann Wolfgang Goethe, 1768/70. NFG

Goethe nicht darum, eigene Erlebnisse vorzuführen und die Personen seines Leipziger Umgangs mit denen seines Dramas zu identifizieren. Ihm war es um das Typische zu tun, so wie es die ‚Typenkomödie' verlangte. Daß eben diese Komödienform ihm ermöglichte, seine Situation als eine allgemeine und typische darzustellen, war der erhoffte Gewinn, welcher ihm helfen sollte, seine „Begriffe von den äußeren Dingen zu berichtigen" und sich „im Innern deshalb zu beruhigen".

Pietismus

Allein Goethe wußte sehr wohl, daß die anstehenden Fragen mit einer Komödie nicht abzutun waren. Sie konnte wohl Distanz schaffen, aber dem eigenen Verhalten nicht für die Zukunft raten. Schon in Leipzig hatte Behrischs Nachfolger, der Pietist Ernst Theodor Langer, religiöse Gespräche mit Goethe geführt, die im Briefwechsel fortgesetzt wurden. Langer hatte Goethe auch die Gesellschaft der Frankfurter Pietisten empfohlen, deren Erbauungsstunden damals bereits von Goethes Mutter und Schwester besucht wurden.

Mutter und Schwester waren durch eine Kusine der Mutter, Susanna Katharina von Klettenberg, in die dem Herrnhuter Pietismus nahestehende Gesellschaft eingeführt worden. Fräulein von Klettenberg gehörte dem Kreis seit 1747 an. Goethe, der ihr in ‚Wilhelm Meisters Lehrjahre' mit den ‚Bekenntnissen einer schönen Seele' ein Denkmal setzte, hebt in ‚Dichtung und Wahrheit' ihr „herzliches natürliches Betragen" hervor, ihre „Heiterkeit und Gemütsruhe". Mit diesen Eigenschaften übte sie in seiner damaligen Lage den größten Einfluß auf ihn aus und gewann sein Vertrauen. „Ihre liebste, ja vielleicht einzige Unterhaltung waren die sittlichen Erfahrungen, die der Mensch, der sich beobachtet, an sich selbst machen kann", berichtet Goethe.

Damit ist das pietistische Prinzip der Selbstbefragung genannt. Im religiösen Sinn dient es der Gewissenserforschung über das Verhältnis zu Gott. Doch obgleich Goethe im Zusammenhang mit der Genesung von einem schweren Rückfall seiner Krankheit am 17. Januar 1769 Langer schrieb, ihn habe „der Heiland endlich erhascht" und es habe „sogar Versammlung" der „Brüder" im Elternhause stattgefunden, mochte er sich zu dem, was die Lehre verkündet, nicht bekennen. Dennoch übernahm er aus dem Umgang mit den Pietisten die Methode, sich selbst zu erforschen: sich über sein Tun Rechenschaft zu geben und seine Empfindungen zu artikulieren. Für seinen Gebrauch hat er das religiöse Prinzip gleichsam säkularisiert.

Alchimie

Mehr als von der abstrakten christlichen Lehre fühlte Goethe sich von Werken angesprochen, die sich mit der Schöpfung selber befaßten und ihre Geheimnisse offenlegten. Auf ihre Weise könnten sie wohl auch eine Lehre für rechtes Verhalten sein. In ‚Dichtung und Wahrheit' umschreibt Goethe das geschickt, indem er seinen Arzt empfehlen läßt, „gewisse mystische chemisch-alchemische Bücher" zu studieren, um selbst das Mittel der Genesung zu finden.

Herrn GEORGII von Welling
OPUS
MAGO-CABBALISTICUM
ET THEOSOPHICUM.
Darinnen der Ursprung/ Natur/ Eigenschafften und Gebrauch/
Des
Saltzes, Schwefels
Und
MERCURII,
In dreyen Theilen beschrieben/
Und nebst sehr vielen sonderbahren Mathematischen/ Theosophischen/ Magischen und Mystischen Materien,
Auch die
Erzeugung der Metallen und Mineralien/
aus dem Grunde der Natur erwiesen wird;
Samt dem Haupt-Schlüssel des gantzen Wercks/
Und vielen curieusen Mago-Cabbalistischen Figuren.
Deme noch beygefüget:
Ein Tractätlein von der Göttlichen Weißheit;
Und ein besonderer Anhang/
Etlicher sehr rar- und kostbahrer Chymischer Piecen.
Nunmehro das erstemahl also zusammen zum Druck befördert
Von einem
Liebhaber Göttlicher und Natürlicher Geheimnüsse.
HOMBURG vor der Höhe/
Gedruckt bey Joh. Philipp Helwig, Hochfürstl. Hof-Buchdruckern, 1735.

46 Herrn Georgii von Welling Opus Mago-Cabbalisticum et Theosophicum, Homburg vor der Höhe 1735. GMD

47 Gottfried Arnold (1666–1714), der Autor der ‚Unpartheyischen Kirchen- und Ketzer-Historie'
Kupferstich von unbekannter Hand. SGS

So beschäftigte sich Goethe zusammen mit Fräulein von Klettenberg, die in dieser Hinsicht gleichfalls empfänglich war, mit alchimistischen Werken, und nach seiner Genesung begann er sogar mit Hilfe eines Windofens zu experimentieren, indem er den sogenannten „Liquor silicium" (Kieselsaft) herstellte in der Hoffnung, die sagenhafte „jungfräuliche Erde" daraus zu gewinnen.

Insbesondere waren Wellings ‚Opus Mago-Cabbalisticum et Theosophicum' und die ‚Aurea Catena Homeri' die Werke, mit denen man sich beschäftigte. Letzteres Buch erregte Goethes besonderes Interesse, weil es „die Natur, wenn auch vielleicht auf phantastische Weise in einer schönen Verknüpfung" darstellt. Beide Werke beabsichtigen mehr als nur eine alchimistische Experimentieranweisung. Zumal Alchimie eine symbolhafte Wissenschaft ist, besteht Verbindung zur Magie. Die beschwört in Formeln, was der Alchimist in der Retorte sucht. Briefe jener Zeit und ‚Dichtung und Wahrheit' lassen durchblicken, daß Goethe auch dieser Bereich nicht unbekannt geblieben war.

Die „Übersinnlichen Dinge" hatten Goethe auf diese Weise so großes Interesse abgewonnen, daß es ihn danach verlangte, aufgrund seiner hermetischen, mystischen und kabbalistischen Studien sich einen „Begriff" von der Welt, ihrer Entstehung und ihrem Sinn zu bilden. Mit Hilfe von Arnolds ‚Kirchen- und Ketzergeschichte' orientierte er sich über die verschiedenen religiösen Meinungen und kam schließlich zu einem System, von dem so viel für ihn charakteristisch bleiben sollte, als es auf der Idee der Expansion und Konzentration, der Polarität und ihren dialektischen Möglichkeiten gründete. Goethe selber fühlte sich in dieses System eingebettet, das ihn bei zunehmender Genesung sowohl von der Seite der Natur wie von der Seite des Geistes bestätigte.

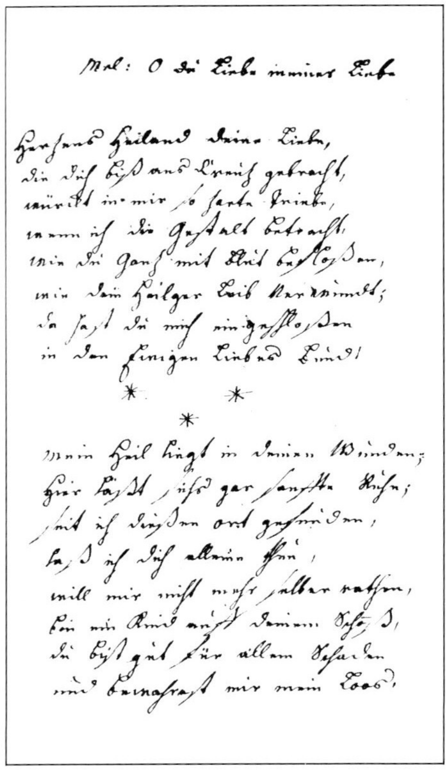

48 Susanna Katharina von Klettenberg (1723–1774)
Miniatur von unbekannter Hand, um 1760. NFG

49 Zwei ‚Lieder' von Susanna Katharina von Klettenberg
Eigenhändige Eintragung in ihr Predigtbuch ‚Evangelische Zeugnüße von Jesu Christo, dem gecreutzigten', 1746. GMD

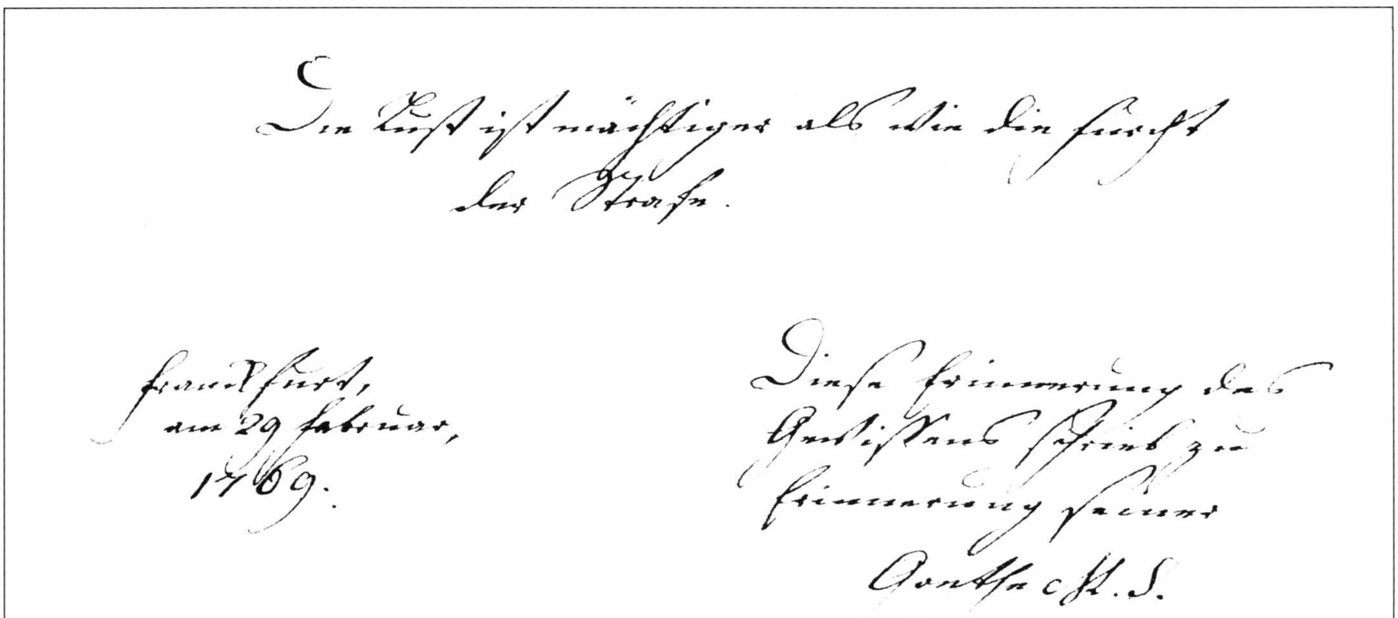

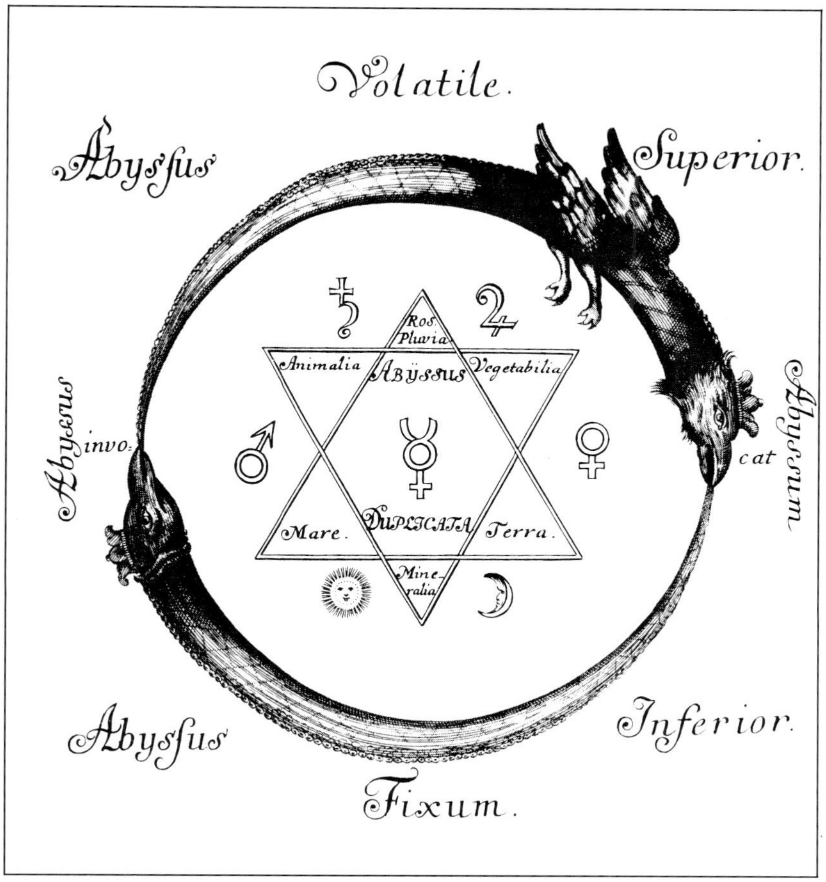

AURE A CATENA
HOMERI.
Das ist:
Eine Beschreibung
von dem
Ursprung der Natur
und natürlichen Dinge,
wie und woraus sie gebohren und gezeuget,
auch wie sie erhalten und wiederum in ihr uranfängliches
Wesen zerstöret werden, auch was das Ding sey,
welches alles gebähret und wieder zerstöret,
ganz simpliciter nach der Natur selbst eigner Anlei-
tung und Ordnung mit seinen schönsten natürlichen rationibus
und Ursachen überall illustriret.
Neue Auflage,
welche nach einem accuraten und vollständigen Manu-
script fast auf allen Blättern verbessert, und an sehr vielen
Orten um ein grosses auch nunmehro mit dem ächten
Dritten Theil
vermehret ist.

Jena,
bey Christian Henrich Cuno.
1757.

51 Aurea Catena Homeri. Das ist: Eine Beschreibung von dem Ursprung der Natur und natürlichen Dinge, Jena 1757. Titelblatt und Frontispiz. GMD

52 Magier, eine Lichterscheinung mit magischen Zeichen betrachtend Radierung von Rembrandt Harmensz van Rijn. GMD

50 Eigenhändiges Stammbuchblatt des neunzehnjährigen Johann Wolfgang Goethe, auf den 29. Februar 1769 datiert Frühestes Zeugnis von Goethes Arbeit an seinem Drama ‚Die Mitschuldigen', in dem der Text des Stammbuchblattes einen Vers Söllers aus dem 2. Akt, 3. Auftritt darstellt. GMD

4. Straßburg

Die Krönung der „juristischen Verdienste“

Am 6. Februar 1770 schrieb der genesene Goethe seinem Leipziger Freund Christian Gottfried Hermann: „Gegen Ende März will ich meinen Flug weiter nehmen. Zuerst nach Straßburg, wo ich gerne mögte meine juristischen Verdienste gekrönt haben.“ Von „juristischen Verdiensten“ konnte bisher kaum die Rede sein. Aber das durch die Krise geläuterte Selbstvertrauen war fest entschlossen, das noch zu bewältigende Studium nun im Flug zu nehmen.

Am 4. April kam Goethe in Straßburg an. Mit einem gegenüber der Leipziger Studienzeit auf 90 Gulden gekürzten Monatswechsel mietete er sich am Alten Fischmarkt ein. Straßburg, wo sich einst auch der Vater immatrikuliert hatte, war gewählt worden, weil der Studiengang dort nach französischem Muster nur aufs Praktische ausgerichtet war. Goethe nahm sich dafür einen Repetitor und legte mit dessen Einübung bereits am 25. und 27. September 1770 das juristische Vorexamen ab, das ihn von der Teilnahme an weiteren juristischen Kollegien entband.

Um so mehr gönnte sich Goethe Vorlesungen anderer Fächer: Chemie, Pharmazie und Medizin, Staatswissenschaft und Geschichte. Hier war nun wieder die Gefahr gegeben, sich zu verzetteln. Um ihr zu begegnen, suchte Goethe zu einem schnellen Abschluß zu kommen. Da er, nicht zuletzt durch das Studium von Arnolds umfangreichem Werk, in der Kirchengeschichte gut bewandert war, wählte er sein Dissertationsthema über das Verhältnis von Kirche und Staat. Die Abhandlung ‚De legislatoribus‘ (Von der Macht der Gesetzgeber, über Religion und Kultur zu bestimmen) erschien dem Dekan jedoch als zu brisant für eine akademische Dissertation, weshalb er Goethe riet, sich mit der öffentlichen Disputation über Thesen, die er aufstellen möge, zufrieden zu geben. Die Disputation aufgrund der von Goethe zusammengestellten ‚Positiones juris‘ fand am 6. August 1771 statt. Goethe promovierte damit zum ‚Lizentiaten der Rechte‘. Weil aber dieser Titel dem ‚Doktor‘ damals gleich kam, bezeichnete sich Goethe fortan als ‚Doctor juris‘.

Das Münster

Verband Goethe mit Straßburg zunächst nur die Vorstellung, sein Studium dort rasch beenden zu können, so nahm ihn noch am Tage seiner Ankunft der Eindruck gefangen, den ihm das Münster machte. Er bestieg sogleich den Turm bis zur Plattform und bekam bereits auf diese Weise ein Bewußtsein von den Dimensionen des Gebäudes.

54 Johann Wolfgang Goethe
Relief in Gips von Johann Peter Melchior, 1774/75.
GMD

53 Cornelia Goethe, verh. Schlosser (1750–1777)
Rötelzeichnung mit Weiß gehöht von J.L.E. Morgenstern, um 1775. Das Bildnis zeigt Johann Wolfgang Goethes Schwester etwa im 25. Lebensjahr. FDH

Das Münster erschien Goethe zunächst als etwas Ungeheures, von dem er später in ‚Dichtung und Wahrheit' sagte, daß es ihn nur deshalb nicht erschreckt habe, weil es ein „Geregeltes" sei. Hierin gründet Goethes Bewunderung für Erwin von Steinbach, den er als den alleinigen Baumeister des Münsters verstand. Weil Goethe die Geschichte der gotischen Baukunst nicht kannte und ihm das Straßburger Münster als erstes gotisches Denkmal begegnete, verband er mit ihm den Gedanken einer „deutschen Baukunst", die individuelle, geniale Schöpferkraft entfaltet habe. Das Münster wurde auf diese Weise zum Erlebnisspiegel für Goethes eigene Mentalität, die sich eben jetzt zu entfalten begann. Den ersten Abschnitt der hymnenartigen Abhandlung ‚Von deutscher Baukunst' schrieb Goethe im Frühjahr 1771. Bis zur Veröffentlichung im Herbst 1772 folgten vier weitere Abschnitte.

Herder

Was Goethe am Münster anzuschauen glaubte, vermittelte ihm gedanklich der Umgang mit Herder. Johann Gottfried Herder war im September 1770 nach Straßburg gekommen. Er hatte 1767 drei Sammlungen von Fragmenten ‚Über neuere deutsche Literatur' veröffentlicht, hatte 1769 ‚Kritische Wälder. Oder Betrachtungen, die Wissenschaft und Kunst des Schönen betreffend nach Maßgabe der neueren Schriften' folgen lassen und das ‚Journal meiner Reise im Jahre 1769' ausgearbeitet. Der Ertrag dieser Schriften war Aufmunterung, sich auf die eigenen Möglichkeiten zu besinnen. Ebenso wie das „Gotische Große" galten Homer, die Bibel, Shakespeare und Ossian als Beispiele dafür.

Vor allem aber wurde unter dem Einfluß von Herders Freund Johann Georg Hamann und dessen 1762 erschienener Schrift ‚Aestetica in nuce: Poesie als Muttersprache des menschlichen Geschlechts' auf die Sprache selber verwiesen, die als Muttersprache jedem Volk eigen ist. Von hier aus erhielt die Volksliteratur als Zeugnis eigener Geisteshaltung und Ausdruckskraft Bedeutung. Deshalb sammelte Goethe, nachdem Herder im April 1771 Straßburg verlassen hatte, auf seiner Reise durch das obere Elsaß Volkslieder und versuchte sich selber im Volksliedton.

Die Freunde

Ähnlich wie in Leipzig, fand Goethe in einer Tischgesellschaft Freunde. Herders Hinweis auf Shakespeare hatte unter einigen von ihnen Begeisterung geweckt: Besonders wetteiferte der junge Hofmeister Jakob Michael Reinhold Lenz mit Goethe im Shakespeare-Kult. Er hatte 1771 seine Zöglinge nach Straßburg begleitet und blieb dort fünf Jahre. In dieser Zeit schrieb er die Dramen ‚Der Hofmeister', ‚Der neue Menoza', ‚Die Soldaten'. Nachdem Goethe diese Werke anonym in Druck gegeben hatte, wiesen die Zeitgenossen sie ihm zunächst selber zu.

Heinrich Leopold Wagner war in Straßburg geboren. Er studierte dort gleich Goethe Rechtswissenschaften. Von Goethe fühlte er sich so angesprochen, daß er 1774, nachdem er aus politischen Gründen seine Hofmeisterstelle verloren hatte, nach Frankfurt zog. Dort ergriff er im Streit um den ‚Werther' Goethes Partei mit einer Satire ‚Prometheus, Deukalion und seine Recensenten'. Sein 1776 erschienenes bürgerliches Trauerspiel ‚Die Kindermörderin', von dem Goethe meinte, es sei ein Plagiat seiner noch unveröffentlichten Gretchen-Tragödie aus dem ‚Urfaust', trübte die Freundschaft empfindlich.

Enger als mit den übrigen Freunden war Goethe mit dem Theologiestudenten Franz Christian Lersé (auch ‚Lersee') verbunden. Ihn hatte er als Disputanten zu seinem Examen geladen, um die Diskussion anzufeuern. Zum Abschied widmete Goethe Lersé eine englische Ausgabe von Shakespeares ‚Othello', die mit Lersés Erwiderung erhalten ist. Das würdigste Denkmal setzte Goethe dem Freunde mit der Gestalt des Franz Lerse im Drama ‚Götz von Berlichingen', mit dessen Stoff er sich schon damals befaßte.

Zu diesem Kreis gesellte sich Johann Heinrich Jung, genannt Stilling, der, aus einfachsten Verhältnissen stammend, Goethe aufgrund seiner autodidaktisch erworbenen Bildung und wegen seiner redlichen Gesinnung aus pietistischer Selbsterforschung heraus „besonders interessierte". Mit ihm traf er 1774 zur Zeit der ausgeprägtesten Empfindsamkeit in Elberfeld und 1775 in Frankfurt wieder zusammen.

Sesenheim

Unter den Freunden führte der Medizinstudent Friedrich Leopold Weyland Goethe Anfang Oktober 1770 in das Pfarrhaus zu Sessenheim ein. Sessenheim, das nur durch Goethes weichen Frankfurter Dialekt als Sesenheim überliefert wurde, ist eine Ortschaft, die nach damaliger Rechnung sechs Wegstunden oder nach heutiger Strecke etwa dreißig Kilometer nordöstlich von Straßburg links des Rheines liegt.

Die Neugierde, den Landpfarrer Brion und seine Familie aufzusuchen, war aus der durch Herder vermittelten Kenntnis von Goldsmiths ‚Vicar of Wakefield' entsprungen. In der Tat begegnete Goethe in Sessenheim Verhältnissen, die Goldsmiths Dichtung entsprachen: Die Menschen ruhten in sich. Das machte ihre Natürlichkeit aus. Die von Goethe in ‚Dichtung und Wahrheit' angeführte „Anmut und Lieblichkeit" der jüngeren Tochter Friederike rührte daher. Noch dazu begegnete ihm Friederike in der „Nationaltracht", was bei seiner eben entflammten Begeisterung für das Eigenständige ein Übriges tat, daß er sich in das damals achtzehnjährige Mädchen verliebte.

Die Liebe währte ein Dreivierteljahr. Sie brachte Goethe eine seelische Entfaltung, wie er sie bis dahin nicht gekannt hatte. Aber der damit verbundenen zunehmenden Verantwortung gegenüber Friederike fühlte er sich nicht gewachsen. Kurz nach seiner Disputation nahm er Abschied von Friederike, ohne sich zu erklären. „Hier war ich zum erstenmal schuldig", bekennt Goethe später in ‚Dichtung und Wahrheit'. Der Ertrag des knapp eineinhalb Jahre dauernden Aufenthaltes in Straßburg und dem Elsaß wird in Goethes damaliger Lyrik offenkundig. Die Straßburger Lyrik vereinigt alles das zu einem neuen Ton, was auf Goethe gewirkt hat: Die pietistische Selbsterforschung führte zur Artikulation seelischer Empfindungen. Sie überhaupt auszusprechen, legitimierten große Beispiele des Genialen in Baukunst und Literatur. Den Anlaß zu solcher bekennenden Aussprache der Empfindungen gab das Liebeserlebnis.

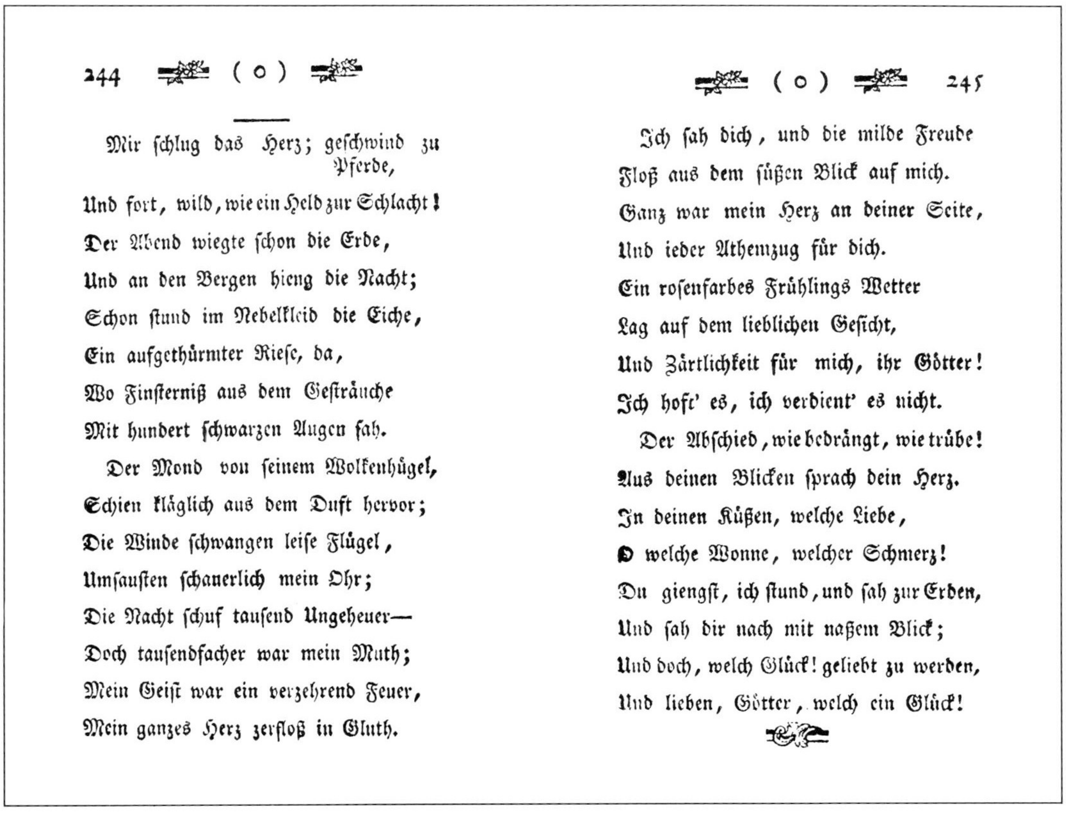

244 (o)

Mir schlug das Herz; geschwind zu Pferde,
Und fort, wild, wie ein Held zur Schlacht!
Der Abend wiegte schon die Erde,
Und an den Bergen hieng die Nacht;
Schon stund im Nebelkleid die Eiche,
Ein aufgethürmter Riese, da,
Wo Finsterniß aus dem Gesträuche
Mit hundert schwarzen Augen sah.
Der Mond von seinem Wolkenhügel,
Schien kläglich aus dem Duft hervor;
Die Winde schwangen leise Flügel,
Umsausten schauerlich mein Ohr;
Die Nacht schuf tausend Ungeheuer—
Doch tausendfacher war mein Muth;
Mein Geist war ein verzehrend Feuer,
Mein ganzes Herz zerfloß in Gluth.

(o) 245

Ich sah dich, und die milde Freude
Floß aus dem süßen Blick auf mich.
Ganz war mein Herz an deiner Seite,
Und ieder Athemzug für dich.
Ein rosenfarbes Frühlings Wetter
Lag auf dem lieblichen Gesicht,
Und Zärtlichkeit für mich, ihr Götter!
Ich hoft' es, ich verdient' es nicht.
Der Abschied, wie bedrängt, wie trübe!
Aus deinen Blicken sprach dein Herz.
In deinen Küßen, welche Liebe,
O welche Wonne, welcher Schmerz!
Du giengst, ich stund, und sah zur Erden,
Und sah dir nach mit naßem Blick;
Und doch, welch Glück! geliebt zu werden,
Und lieben, Götter, welch ein Glück!

55 „Mir schlug das Herz, geschwind zu Pferde …" Erstveröffentlichung von Goethes 1770/71 entstandenem Gedicht ‚Willkommen und Abschied' in Johann Georg Jacobis Zeitschrift ‚Iris', 2. Band, 3. Stück, März 1775. GMD

56 Das Straßburger Münster
Kupferstich von Harrewyn, um 1750.
GMD

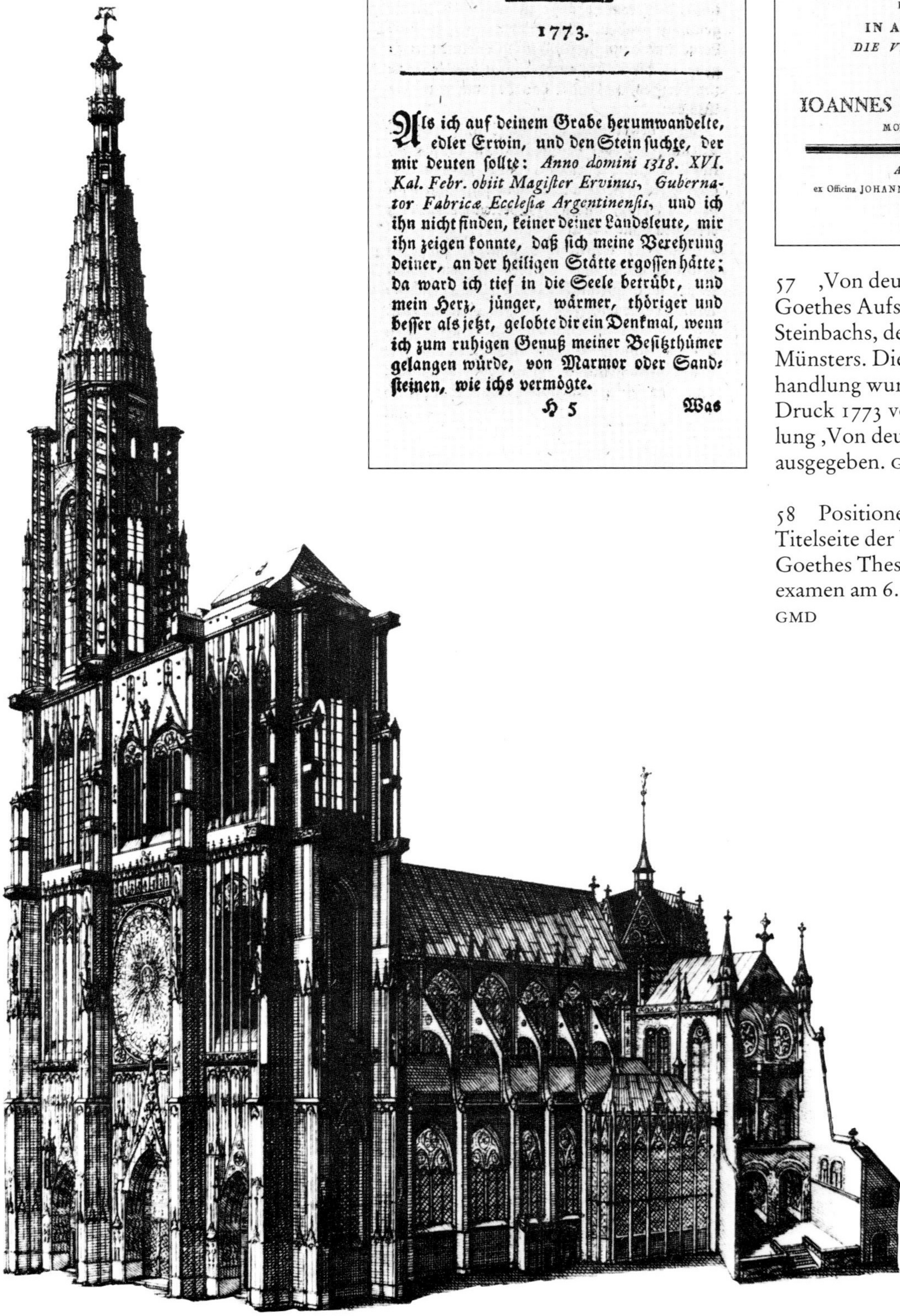

121

Von
Deutscher Baukunst.

D. M.
ERVINI A STEINBACH.

1773.

Als ich auf deinem Grabe herumwandelte, edler Erwin, und den Stein suchte, der mir deuten sollte: *Anno domini 1318. XVI. Kal. Febr. obiit Magister Ervinus, Gubernator Fabricæ Ecclesiæ Argentinensis*, und ich ihn nicht finden, keiner deiner Landsleute, mir ihn zeigen konnte, daß sich meine Verehrung deiner, an der heiligen Stätte ergossen hätte; da ward ich tief in die Seele betrübt, und mein Herz, jünger, wärmer, thöriger und besser als jetzt, gelobte dir ein Denkmal, wenn ich zum ruhigen Genuß meiner Besitzthümer gelangen würde, von Marmor oder Sandsteinen, wie ichs vermögte.

H 5 Was

POSITIONES
JURIS
QUAS
AUSPICE DEO
INCLYTI JURECONSULTORUM ORDINIS
CONSENSU
PRO LICENTIA
SUMMOS IN UTROQUE JURE HONORES
RITE CONSEQUENDI
IN ALMA ARGENTINENSI
DIE VI. AUGUSTI MDCCLXXI.
H. L. Q. C.
PUBLICE DEFENDET
IOANNES WOLFGANG GŒTHE
MOENO - FRANCOFURTENSIS.

ARGENTORATI
ex Officina JOHANNIS HENRICI HEITZII, Universit. Typographi.

57 ‚Von deutscher Baukunst'
Goethes Aufsatz zum Lob Erwin von Steinbachs, dem Erbauer des Straßburger Münsters. Die 1772 entstandene Abhandlung wurde nach einem ersten Druck 1773 von Herder in seiner Sammlung ‚Von deutscher Art und Kunst' herausgegeben. GMD

58 Positiones Juris
Titelseite der Veröffentlichung von Goethes Thesen zu seinem Lizentiatenexamen am 6. August 1771 in Straßburg.
GMD

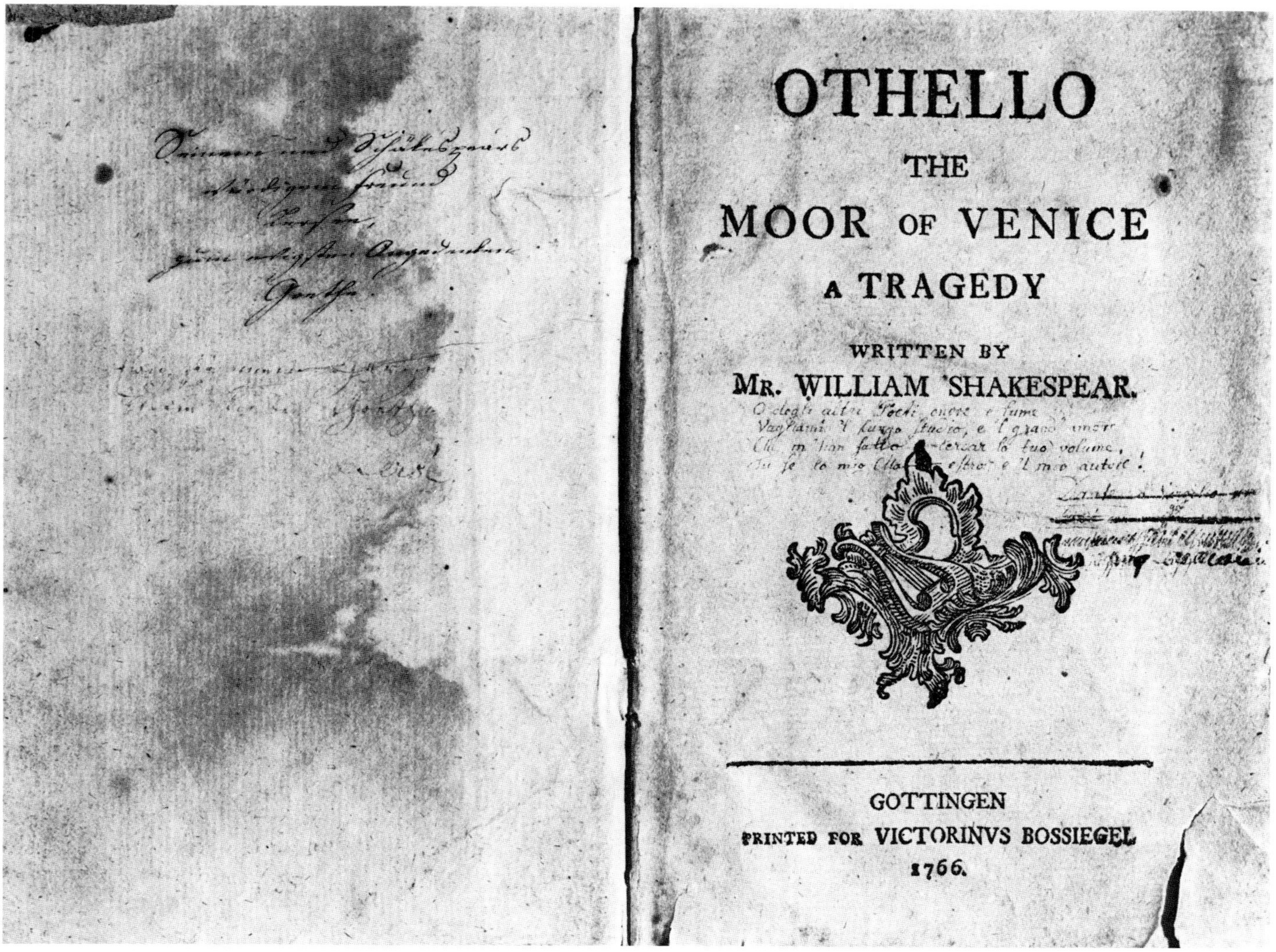

59 Othello
Englische Ausgabe des Dramas von Shakespeare, Göttingen 1766, mit Goethes eigenhändiger Widmung für seinen Straßburger Studienfreund Franz Christian Lersé auf dem Vorsatzblatt: „Seinem und Schäkespears würdigem Freund Lersen zum ewigsten Angedenken. Goethe". Darunter von Lersés Hand: „Ewig sey mein Hertze Dein, mein lieber Goethe. Lersé". GMD

60 Johann Gottfried Herder (1744–1803)
Kupferstich aus Lavaters ‚Physiognomischen Fragmenten', 1. Ausgabe, 3. Band, 1777. GMD

61 Johann Georg Hamann (1730–1788)
Kohlezeichnung mit Weiß gehöht von unbekanntem Künstler nach einem Ölgemälde von unbekanntem Künstler, um 1770. GMD

62 Straßburg. Prospekt der Stadt um 1770. Ausschnitt aus dem kolorierten Kupferstich von Georg Balthasar Probst. GMD

M I STRASBURG
19
20
21
22
23
24
25
26
27
28
29
30
31
32

63 Johann Heinrich Jung-Stillings (1740–1817) Begegnung mit Goethe in Straßburg
Tuschfederzeichnung in Rot und Braun über Bleistift von Daniel Nikolaus Chodowiecki. Vorzeichnung zum Titelkupfer aus ‚Henrich Stillings Wanderschaft', 1778. GMD

64 Heinrich Leopold Wagner (1747–1779)
Getuschte Silhouette, um 1770. FDH

65 Jacob Michael Reinhold Lenz (1751–1792)
Getuschte Silhouette, um 1770. GMD

66 Der alte Pfarrhof zu Sesenheim
Rötelzeichnung von Johann Wolfgang Goethe, 1770. NFG

67 Eines der angeblichen Bildnisse von Friederike Brion
Aus: Franz Neubert, Goethe und sein Kreis, Leipzig 1919, S. 42

68 Ansicht der Umgebung von Straßburg
Radierung von J. D. Heimlich, um 1770. GMD

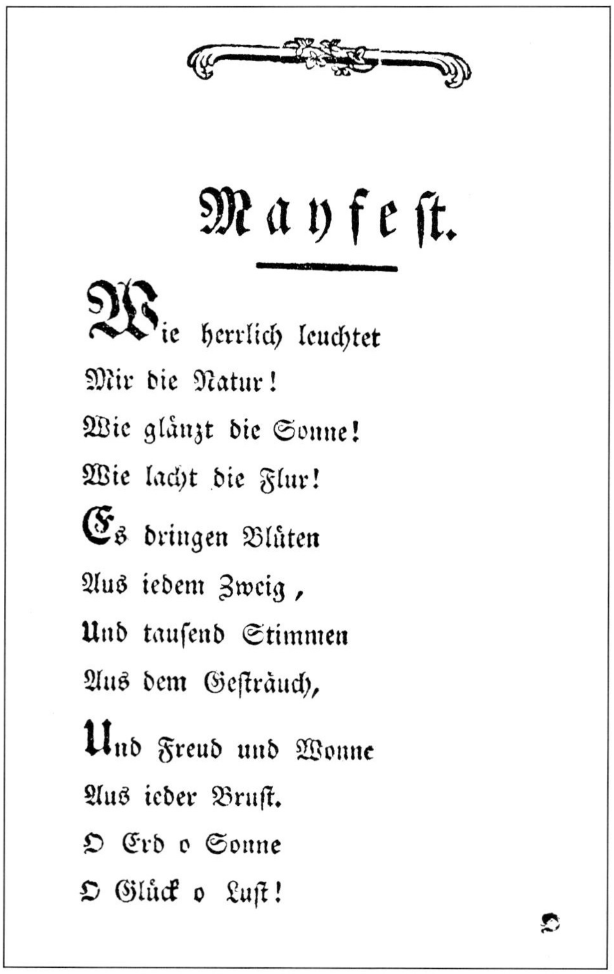

Mayfest.

Wie herrlich leuchtet
Mir die Natur!
Wie glänzt die Sonne!
Wie lacht die Flur!

Es dringen Blüten
Aus iedem Zweig,
Und tausend Stimmen
Aus dem Gesträuch,

Und Freud und Wonne
Aus ieder Brust.
O Erd o Sonne
O Glück o Lust!

69 ‚Mayfest‘
Erstveröffentlichung von Goethes 1771 entstandenem, später ‚Maylied‘ betitelten Gedicht in Johann Georg Jacobis Zeitschrift ‚Iris‘, 2. Band, 1. Stück, Januar 1775. GMD

5. Wetzlar

Die Stadt des Reichskammergerichts

„Die Stadt liegt teils an, teils zwischen den Bergen, welches verursacht, daß die Gassen uneben, bald auf, bald niederlaufend sehr unansehnlich sind. In der Tat gibt es darin wenig Gassen, sondern nur Winkel", beschrieb der Gesandtschaftssekretär Johann Christian Kestner den Ort, an den er als Mitglied einer zur Kammergerichtsvisitation abgeordneten Subdelegation bestimmt worden war. Eine starke Mauer mit acht markanten Türmen umschloß diese winkelige Enge, die sich „des Kaysers und des Heiligen Reiches freye Stadt" nannte. Ganze sechstausend Einwohner zählte sie um 1770, wovon allein etwa tausend auf die Mitglieder des Reichskammergerichts und deren Familienangehörige und Dienerschaft entfielen.

Das Reichskammergericht hatte über Landfriedensbruch und Reichsacht zu befinden. Ebenso war es zuständig für alle fiskalischen Fragen und für Besitzstreitigkeiten zwischen Reichsunmittelbaren und gegen diese gerichtete Zivilklagen. Der schleppende Gang seiner Verhandlungen war geradezu sprichwörtlich.

Solcher gleichsam amtlich verordneten schläfrigen Atmosphäre zogen die jungen Mitarbeiter der Gesandten den Verkehr mit den Stadthonoratioren vor, insbesondere, wenn diese hübsche Frauen oder gar Töchter hatten. Der Gothaer Legationssekretär Friedrich Wilhelm Gotter zum Beispiel zählte fast schon zur Familie des Amtmanns Heinrich Buff im Deutschordenshaus, und eben der Kestner, der über die Stadt nichts Erfreuliches zu berichten wußte, hatte im Deutschordenshaus dergestalt seinen Trost gefunden, daß er um die Hand der Tochter des Amtmanns anhielt.

Die von Kestner 1768 erwählte Charlotte zählte gerade fünfzehn Jahre. Zu jung zum Heiraten, war man seither „versprochen". Charlotte hatte sich schon damals in Mutterpflichten geübt, indem sie zunächst die Mutter bei der Versorgung der elf Geschwister entlastete und, als die Mutter 1771 gestorben war, zu ersetzen suchte.

Biographische Liebesgeschichten

Als Goethe sich am 25. Mai 1772 in die Matrikel des Reichskammergerichts eintrug, war er wiederum der Erfahrung des Vaters gefolgt: Er sollte dort gleichsam sein juristisches Praktikum machen. „Im Frühjahr kam hier ein gewisser Goethe aus Frankfurt, seiner Handthierung nach Dr. Juris, 23 Jahre alt, einziger Sohn eines sehr reichen Vaters, um sich hier – dieß war seines Vaters Absicht – in Praxi umzusehen, der seinigen nach aber, den Homer, Pindar usw. zu studieren, und was sein Genie, seine Denkungsart und sein Herz ihm weiter für Beschäftigungen eingeben würden", schrieb Kestner damals einem Freund.

Was das „Herz" Goethe vor allem eingeben würde, sollte Kestner bald erfahren: Am 9. Juni 1772 lernte Goethe Charlotte Buff kennen, um – weil Kestner verreist war – für sie den Tanzherrn auf einer Gesellschaft im nahen Volpertshausen abzugeben. Zu welcher Leidenschaft diese Begegnung und der anschließende

70 Johann Wolfgang Goethe
Getuschte Silhouette, 1774.
GMD

Verkehr im Hause Buff Goethe entflammten, belegt die Tatsache, daß er sein damals bereits erprobtes Rezept zur Bewahrung seiner Existenz befolgte, indem er die Flucht ergriff und am 11. September 1772 ohne Abschied Wetzlar verließ. – An denselben Freund, dem er die Ankunft „eines gewissen Goethe" angekündigt hatte, schrieb Kestner damals: „... ob er gleich in Ansehung Lottchens alle Hoffnung aufgeben mußte, und auch aufgab, so konnte er, mit all seiner Philosophie und seinem natürlichen Stolze so viel nicht über sich erhalten, daß er seine Neigung ganz bezwungen hätte, allein Lottchen wußte ihn so zu behandeln, daß keine Hoffnung bey ihm aufkeimen konnte, und er sie, in ihrer Art zu verfahren, noch selbst bewundern mußte. Seine Ruhe litt sehr dabey [...] Er fing nach einigen Monaten an, einzusehen, daß er zu seiner Ruhe Gewalt brauchen mußte. In einem Augenblick, da er sich darüber völlig determiniert hatte, reisete er ohne Abschied davon, nachdem er schon öfters vergebliche Versuche zur Flucht gemacht hatte."

Der mit Kestner und Goethe befreundete Gotter meldete: „Göthe ist seit ein paar Tagen verschwunden – im eigentlichsten Verstande verschwunden. Denn kein Mensch weiß wo er hin ist." Goethe war derweil das Lahntal hinab nach Ems und weiter nach Ehrenbreitstein geeilt zu seiner mütterlichen Freundin Sophie La Roche und – wendete sich ihrer Tochter Maximiliane zu. Im August 1773 kamen dann Mutter und Tochter nach Frankfurt. Aber im Januar 1774 heiratete Maximiliane den kurtrierischen Residenten Peter Anton Brentano. Goethe dachte die Verbindung mit Maximiliane zu erhalten. Doch Brentano wollte sich dazu nicht verstehen und wies dem Verehrer seiner Frau die Tür.

Da hatte Goethe selber erlebt, was wenige Monate zuvor dem ihm wohlbekannten braunschweigischen Gesandtschaftssekretär Carl Wilhelm Jerusalem in Wetzlar widerfahren war, der sich darauf das Leben genommen hatte. Jerusalem war ein hochintelligenter, feinsinniger, Kunst und Wissenschaft gegenüber aufgeschlossener, ja selber schriftstellerisch tätiger junger Mensch gewesen. Seine empfindsame Natur hatte sich durch Differenzen mit dem Vorgesetzten, Verkennen seiner Fähigkeiten und gesellschaftliche Kränkung ins Depressive gewendet. Der seine Tat zuletzt auslösende Vorfall war das Hausverbot, das ihm der Geheime Sekretär Herd erteilt hatte, um die Schwärmerei für seine Frau zu unterbinden.

Jerusalem schickte zu dem ahnungslosen Kestner mit der Bitte, ihm „zu einer vorhabenden Reise" seine Pistolen zu leihen, die ihm ausgehändigt wurden. – Das makabre Billet ist uns in zwei Teilen überliefert. Ob es aus nachträglichem Entsetzen über die wahre Bedeutung seiner Worte zerrissen wurde, wissen wir nicht.

‚Die Leiden des jungen Werthers'

Jerusalems Schicksal fand in Goethe einen Teilnehmenden – nicht von der Art des achselzukkenden Bedauerns, sondern des geheimen Bewußtwerdens, daß dieses Schicksal auch ihm möglich wäre – sowohl im September 1772 in Wetzlar, als auch wieder im Januar 1774 in Frankfurt. Aber Goethe floh nicht aus dem Leben, sondern in die Welt, und er griff nicht zur Pistole, sondern – zur Feder!

Innerhalb nur weniger Wochen schrieb Goethe jetzt den Roman von den ‚Leiden des jungen Werthers' nieder und befolgte damit wiederum seine Methode, das, was ihn „erfreute oder quälte", in Dichtung zu verwandeln, um darüber mit sich selbst „abzuschließen", indem er solcherweise seine „Begriffe von den äußeren Dingen" berichtigte und sich deshalb selber beruhigte.

71 Charlotte Buff, verh. Kestner (1753–1828) Geschnittene Silhouette, 1772. GMD

Was in diesem Falle Goethes „Begriffe von den äußeren Dingen" betraf, so war nun Gelegenheit gegeben, den Roman nicht nur zum Gegenstand einer tragischen Liebesgeschichte zu machen, sondern diese vielmehr als Spiegel der Verhältnisse ihrer Zeit zu nutzen. Die geistesgeschichtlichen und politischen Regungen einer Generation, ästhetische und philosophische, theologische und gesellschaftliche Fragen drängen sich in diesem wie konkav wirkenden Spiegel zusammen und bündeln sich zu einem Brennpunkt, der die damaligen Leser zu Pro und Contra gestimmter Leidenschaft steigerte.

‚Die Leiden des jungen Werthers' wurden im Hinblick auf ihre Ursache wie auf ihre Folgen von den Gebildeten der Aufklärung, der Empfindsamkeit und der Orthodoxie ebenso diskutiert, befürwortet und bekämpft, wie sie die Nichtreflektierenden erlebten. Ein sogenanntes „Werther-Fieber" ging durch Deutschland und durch Europa. Viele Tränen wurden vergossen, und manche vom Fieber befallene Seele tat es Werther gleich: Im Januar 1778 hält Goethe selber die Totenwache für ein junges Mädchen, Christel von Laßberg, das sich mit dem ‚Werther' in der Tasche in der Ilm ertränkt hatte.

Wie einst Goethe die Silhouette Lotte Buffs an seine Stubenwand geheftet hatte und wie er es Werther mit der Silhouette seiner Lotte nachmachen ließ, so tauschten ungezählte Paare ihre Silhouetten aus. Was anfangs als Zeiterscheinung in den Roman eingegangen war, wurde nun durch ihn erst recht zur Mode. Die aufregendsten und ergreifendsten Szenen des Romans wurden in Kupfer gestochen und dienten solcherweise bald in Stammbüchern als Bildersprache. Ja, auf Porzellan ließ man Werther-Szenen malen, und das bedeutendste Zeugnis des Werther-Kults hat uns jener unbekannte Enthusiast hinterlassen, der in Meißen Auftrag gab, Werthers und Lottes Idealporträt, wie es Chodowiecki entworfen hatte, als Sonderanfertigung auf eine Ziertasse zu übertragen.

Von der ungeheuren Wirkung, die der Roman ausübte, blieb Goethe selber nicht verschont. Noch fünfzig Jahre nach der ersten Veröffentlichung des Werkes gestand er: „Übrigens habe ich das Buch, wie ich schon öfter gesagt, seit seinem Erscheinen nur ein einziges Mal wieder gelesen und mich gehütet, es abermals zu tun. Es sind lauter Brandraketen! Es wird mir unheimlich dabei, und ich fürchte den pathologischen Zustand wieder durchzuempfinden, aus dem es hervorging."

72 Werther-Tasse mit Untertasse und Deckel Porzellanmanufaktur Meißen, nach 1775. – Die Bildnisse Werthers und Lottes gehen auf die von Daniel Berger nach Daniel Nikolaus Chodowiecki gestochenen Illustrationen zum 1775 erschienenen Nachdruck der Erstausgabe des Werther-Romans zurück (vgl. Abb. 88 und 89). Die Deckelkomposition wird Johann Georg Loehnig zugeschrieben, der seit 1763 in Meißen tätig war. GMD

73 Ansicht von Wetzlar
Kolorierte Radierung von unbekannter Hand, um 1770. GMD

74 Das Reichskammergericht in Wetzlar
Aquarell von J. W. Cramer, 1808. FDH

75 Charlotte Kestner, geb. Buff (1753–1828)
Pastell von Johann Heinrich Schröder, 1782. FDH

76 Johann Georg Christian Kestner (1741–1800)
Pastell von Johann Heinrich Schröder, 1782. Privatbesitz

77 Das Deutsche Haus in Wetzlar
Stahlstich. Die Familie Buff bewohnte den Bau links der Toreinfahrt vor der Zehntscheuer. GMD

78 Sophie La Roche (1731–1807)
Farbstich von H. Sintzenich nach Brekenkamp, 1782. GMD

79 Maximiliane La Roche, verh. Brentano (1756–1793)
Kreidezeichnung, Daniel Nikolaus Chodowiecki zugeschrieben, entstanden nach Maximilianes Heirat 1773. GMD

80 Peter Anton Brentano (1735–1797)
Pastellgemälde von unbekanntem Künstler. FDH

81 Werther am Schreibpult, die Pistolen in der Hand
Aquarell eines unbekannten Zeitgenossen. GMD

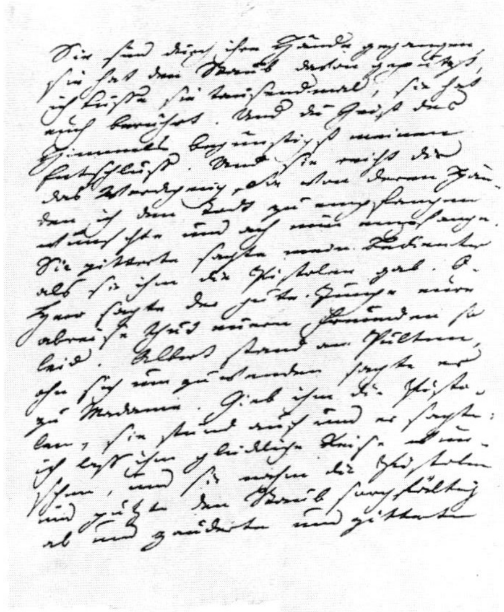

Die Leiden

des

jungen Werthers.

Erster Theil.

Leipzig,

in der Weygandschen Buchhandlung.

1774.

82 Lotte, die Pistolen überreichend
Rötelzeichnung von Daniel Nikolaus Chodowiecki, 1775. GMD

83 Fragment des ‚Werther'-Manuskripts
Einzig erhaltenes Blatt der eigenhändigen Niederschrift Goethes. Die Passage betrifft Werthers Empfindungen bei Empfang der Pistolen. NFG

84 ‚Die Leiden des jungen Werthers'
Titelseite der Erstausgabe des Romans, 1774. Exemplar aus dem Besitz von Goethes Brieffreundin Auguste Louise Stolberg-Stolberg. GMD

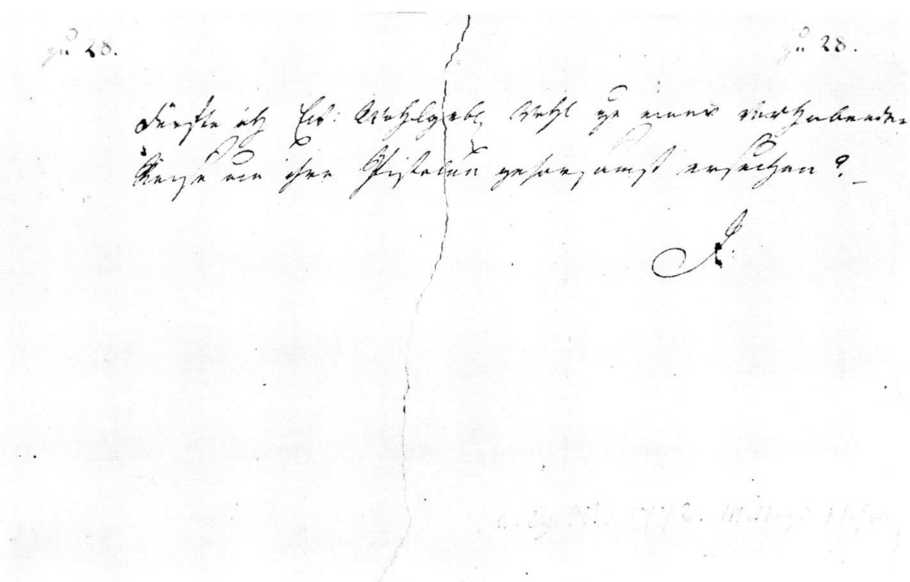
Dürfte ich Ew. Wohlgeb. wohl zu einer vorhabenden Reise um ihre Pistolen gehorsamst ersuchen? –

J.

85 Stammbuchblatt mit der Kanapee-Szene aus ‚Die Leiden des jungen Werthers'
Nach Daniel Nikolaus Chodowieckis Titelkupfer (vgl. Abb. 89), 1779. GMD

86 Billett von Karl Wilhelm Jerusalem
An J. G. Chr. Kestner vom 29. Oktober 1772 mit der Bitte um Pistolen. NFG

87 Karl-Wilhelm Jerusalem (1747–1772)
Ölgemälde von unbekanntem Künstler, um 1770. ‚Lottehaus' Wetzlar

88 „Lotte“
Titelkupfer von D. Berger nach Daniel Nikolaus Chodowiecki zur himburgischen ‚Werther‘-Ausgabe, 1775. GMD

89 „Werther“
Titelkupfer von D. Berger nach Daniel Nikolaus Chodowiecki zur himburgischen ‚Werther‘-Ausgabe, 1775. GMD

6. Frankfurt und Darmstadt. Rheinreise

Der Advokat

Am 14. August 1771 war Goethe von Straßburg in seine Vaterstadt zurückgekehrt. Genau vierzehn Tage später, am 28. August, seinem 22. Geburtstag, stellte er einen Antrag, als Anwalt tätig werden zu dürfen. Nach umständlicher Anrede und Darlegung seines Studienganges kam er zur Sache: „... so kann mir nunmehro nichts angelegner und erwünschter seyn, als die bisher erworbene Kenntnisse und Wissenschafften meinem Vaterlande brauchbaar zu machen, und zwar vorerst als Anwald meinen Mitbürgern in ihren rechtlichen Angelegenheiten anhanden zu gehen, um mich dadurch zu denen wichtigern Geschäfften vorzubereiten, die, einer Hochgebietenden und verehrungswürdigen Obrigkeit mir dereinst hochgewillet aufzutragen, gefällig seyn könnte". Goethe bezeichnete damit gleicherweise sein Nahziel, wie er die Perspektive auf sein Fernziel eröffnete.

Goethes Antrag wurde stattgegeben: am 3. September 1771 leistete er den Advokaten- und Bürgereid. Er war fortan eingetragener Anwalt. Bis zu seiner Reise nach Weimar im November 1775 führte Goethe 28 Prozesse, bei denen er von seinem Vater unterstützt wurde. Die Eingaben haben bis auf eine Schreiber ausgefertigt. Von Goethes eigener Hand stammen nur seine Unterschriften und etliche Korrekturen.

Obwohl Goethe sich erklärtermaßen in der submissesten Weise gegenüber den „Herren Gerichts Schultheiss und Schöffen" auszudrükken wußte, verfiel er gleich im Laufe seines ersten Prozesses in eine drastische Bildersprache. So urteilte er über die Argumentation seines Kontrahenten zum Beispiel: „Nachdem sich die verhüllte tieffe Rechtsgelehrsamkeit lange Zeit in Geburtsschmerzen gekrümmt, springen ein paar lächerliche Mäuse von Compendien-Definitionen hervor und zeugen von ihrer Mutter.« Mehrere solcher Formulierungen führten im April 1772 zu einem Verweis der Richter, „die gebrauchte unanständige, nur zur Verbitterung der ohnehin aufgebrachten Gemüther ausschlagende Schreibart" zu meiden.

Götz von Berlichingen

Die Ausfälle aus dem Ritual des Kanzleistils zeigen das ‚Kraftgenie' an, das sich aus dem eifrigen Studium der ‚Lebensbeschreibung Herrn Gözens von Berlichingen, zugenannt mit der Eisern Hand' nährte. Die „Eisern Hand" war das ausschlaggebende Moment für Goethe, sich mit Götz von Berlichingen und seiner Lebensgeschichte zu befassen. Denn im übertragenen Sinn macht sie Kraft und Selbstbewußtsein anschaulich – noch dazu in der Luther-Zeit, die als eine Epoche der Selbstbehauptung gegenüber dem Zeitwandel und den politischen

90 Johann Wolfgang Goethe
Miniatur in Öl von Johann Daniel Bager, um 1773. BÖN

Mächten galt. Alles Mißliche, gegen das eine junge Generation immer aufbegehrt, schien sich mit diesem Helden, der für Recht und Freiheit eintrat, bekämpfen zu lassen.

Zumal Goethes Shakespeare-Begeisterung damals dergestalt ihren Höhepunkt fand, daß am Namenstag Shakespeares, dem 14. Oktober, im Elternhaus eine Feier abgehalten wurde, zu der Goethe seine Rede ‚Zum Schäkespears Tag' vortrug, Anregung genug gegeben war, die Lebensgeschichte des Götz von Berlichingen nach Shakespeares Vorbild „dramatisiert" zu bringen. In etwa sechs Wochen hatte Goethe den Lebensbericht in Handlung umgesetzt. Allein, er merkte bald, daß auf diese Weise noch kein Drama entstanden war. So begann Goethe im Januar 1773 die Umarbeitung des ‚Götz', die er im Selbstverlag erscheinen ließ. Am 14. April 1774 wurde das Schauspiel in Berlin erstmals aufgeführt. Die nach wie vor bestehende Problematik des Stückes, die daher rührt, daß sich die Handlung nicht auf Götz konzentrieren ließ, erfuhr Goethe später in seiner eigenen Theaterpraxis. 1804, 1809 und 1819 hat er in Bühnenbearbeitungen versucht, das Drama zusammenzufassen, ohne recht befriedigt zu werden. Indessen begeisterten sich zunächst Goethes Freunde und dann alle späteren jungen Generationen am ‚Götz'.

Cornelia

Goethes Schwester kommt das Verdienst zu, auf die Verwirklichung des ‚Götz'-Dramas gedrängt zu haben, nachdem ihr der Bruder bis in Einzelheiten hinein die Möglichkeiten des Projekts wiederholt erläutert hatte.

Cornelia war, bis sie am 11. November 1773 Goethes Freund Johann Georg Schlosser heiratete und nach Emmendingen zog, mit allem, was den Bruder beschäftigte, vertraut. Nach ihrem frühen Tod am 8. Juni 1777 trug

91 Johann Georg Schlosser (1739–1799) Goethes Schwager. Kolorierter Kupferstich von J. T. Prestel nach Ph. J. Becker. GMD

sich Goethe mit dem Gedanken, ihre Individualität in der Form der Richardsonschen Romane darzustellen, wozu es nicht kam. Später beschrieb er „dieses geliebte, unbegreifliche Wesen" in ‚Dichtung und Wahrheit': „Sie war groß, wohl und zart gebaut und hatte etwas Natürlich-Würdiges in ihrem Betragen, das in eine angenehme Weichheit verschmolz. Die Züge ihres Gesichts, weder bedeutend noch schön, sprachen von einem Wesen, das weder mit sich einig war noch werden konnte." Nicht zuletzt war es dieser Nachteil, der die Schwester auf den Bruder verwies und ein ganz eigenes seelisches Verhältnis bewirkte.

Im Dezember 1771 hatte Johann Georg Schlosser die Bekanntschaft zwischen Goethe und Johann Heinrich Merck vermittelt. Der mit scharfem Intellekt begabte und literarisch außerordentlich gebildete Darmstädter Kriegsrat gehörte fortan zu den Persönlichkeiten, die auf den jungen Goethe den größten Einfluß ausübten. Er wurde zum ständigen Gast im Haus am Hirschgraben. Selbst während Goethes Aufenthalt in Wetzlar riß die Verbindung nicht ab. Ja, Merck kam nach Wetzlar, um Goethes seligunselige Bindung an Charlotte Buff zu lösen.

Merck hatte nicht nur in dieser Beziehung Ernüchterung zu bewirken gesucht. Mehr erreichte er als Kritiker von Goethes literarischer Produktion, die aus der Fülle des Erlebens und Empfindens jetzt oftmals rasch und unkontrolliert aufs Papier geworfen wurde.

Mercks kritisches Urteilsvermögen regte Goethe zunächst an, bei den von Merck herausgegebenen ‚Frankfurter gelehrten Anzeigen' als Kritiker mitzuarbeiten. In Weimar wird sich Goethe später selber um eines der bedeutendsten Rezensionsorgane, die ‚Allgemeine Literaturzeitung', kümmern.

Mehr Vergnügen bereitete Goethe einstweilen die von Mercks Sarkasmus beeinflußte Gestaltung kleiner Satiren. Das ‚Jahrmarktsfest zu Plundersweilern', das ‚Fastnachtsspiel [...] vom Pater Brey', ‚Satyros oder der vergötterte Waldteufel', ‚Götter, Helden und Wieland' entstanden in kurzer Folge 1773. Alle diese Stücke sind ebenso witzig wie verletzend. Als Goethe 1774 das ‚Jahrmarktsfest' veröffentlichte, bekam er offensichtlich Schwierigkeiten mit der Zensur: Statt der Verse 164–173, die den christlichen Glauben verspotten und die Bibel „ein schlechtes Buch" nennen, zeigt der Druck eine freie Fläche im Umfang der betreffenden Verse. Und als Goethe zwei Jahre später in Weimar Wieland gegenüberstand, wäre es ihm weit lieber gewesen, er hätte seine Bosheiten gegen ihn nicht geschrieben.

Darmstadt

Den Stoff seiner Satiren fand Goethe im Umgang mit der Darmstädter Gesellschaft um Merck. Hierzu gehörten unter anderen Herders Braut Caroline Flachsland und der Hofrat Franz Michael Leuchsenring. Dessen intrigantes Wesen, das unter dem Vorwand eines Seelenfreundes Mißhelligkeiten zwischen Herder und Caroline Flachsland stiftete, hatte Goethe bald durchschaut und im ‚Pater Brey' entlarvt. Wie leicht die jungen Frauen dieses Kreises von falschen Propheten zu verführen waren, legte Goethe im ‚Satyros' offen.

Spott und Empfindsamkeit standen in Darmstadt nahe beieinander. Entsprechend gegensätzlich ist die Thematik von Goethes Dichtung dieser Zeit. Neben den Satiren gibt es hymnische Gefühlsausbrüche der Schaffensfreude wie in ‚Künstlers Morgenlied', des trotzenden Selbstbewußtseins wie in ‚Prometheus', des pantheistischen Verlangens nach Vereinigung mit Natur und Gott wie in ‚Ganymed' und schließlich der alle diese Tendenzen zusammenraffenden und überbietenden Lebensdynamik, wie sie auf der Rückreise von Darmstadt nach Frankfurt am 10. Oktober 1774 „An Schwager Kronos" gerichtet sind.

Goethe reagierte jetzt auf alles, was ihm begegnete. Die Vielzahl seiner eigenen Erlebnisse und die Breite seiner Empfindungsmög-

92 ‚Jahrmarktsfest zu Plundersweilern'
Erster Druck mit den von der Zensur bestimmten Auslassungen, 1774. GMD

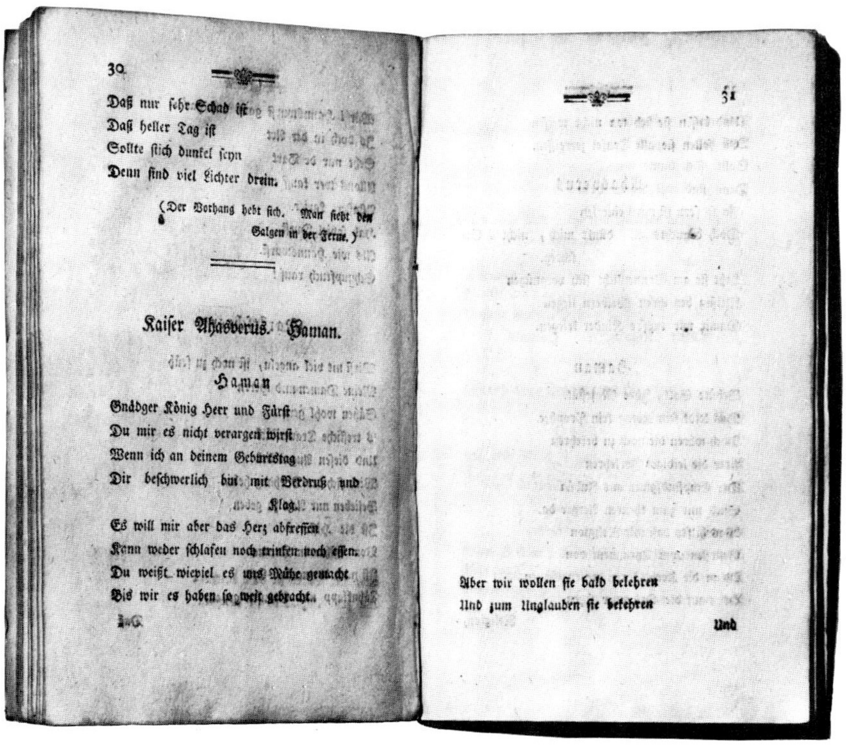

30

Daß nur sehr Schad ist
Daß heller Tag ist
Sollte sich dunkel seyn
Denn sind viel Lichter drein.

(Der Vorhang hebt sich. Man sieht den Galgen in der Ferne.)

Kaiser Ahasverus. Haman.

Haman

Gnädger König Herr und Fürst
Du mir es nicht verargen wirst
Wenn ich an deinem Gebürtstag
Dir beschwerlich bin mit Verdruß und Klag.
Es will mir aber das Herz abfressen
Kann weder schlafen noch trinken noch essen.
Du weißt wieviel es uns Mühe gemacht
Bis wir es haben so weit gebracht.

31

Aber wir wollen sie bald belehren
Und zum Unglauben sie bekehren
Und

93 ‚An Schwager Kronos', 1774
Goethes eigenhändige Niederschrift aus seiner handschriftlichen Gedichtsammlung für Frau von Stein. NFG

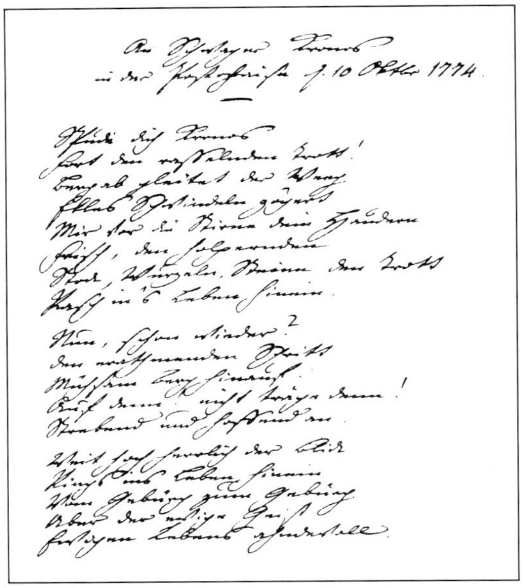

lichkeiten ließen ihn jedes Thema aufgreifen. So entstand im März 1774 das Trauerspiel ‚Clavigo' innerhalb von acht Tagen, nachdem Goethe im Kreise von jungen Frankfurter Leuten die Geschichte des José Clavijo aus den Memoiren von Beaumarchais erfahren hatte. Das Schuldgefühl eigener Untreue, die Kenntnis eigener Gefühlsumbrüche und durchgestandene Reue wirkten zusammen, ein Gelegenheitsstück zu schreiben, dem der theatralische Erfolg nicht versagt blieb, wenngleich Merck tadelte: „Solch einen Quark mußt Du mir künftig nicht mehr schreiben."

Rheinreise

Unterbrochen wurde die Verbindung mit Darmstadt durch die Ankunft von Johann Caspar Lavater bei Goethe in Frankfurt am 23. Juni 1774. Der Zürcher Prediger hatte Goethe für sein breitangelegtes Werk ‚Physiognomische Fragmente zur Beförderung der Menschenkenntniß und Menschenliebe' gewonnen. Goethe erschien das Vorhaben, von den Gesichtszügen eines Menschen auf dessen Charakter, Gemüt und Seelenzustand schließen zu wollen, interessant genug, um sich damit zu beschäftigen. Lavaters Einfühlungsvermögen weckte Goethes Vertrauen in solchem Maße, daß er ihm schon am zweiten Abend aus dem noch unveröffentlichten ‚Werther' vorlas. Empfindsamkeit wurde zum Medium der Verständigung.

Goethe begleitete Lavater nach Bad Ems zur Kur, reiste zurück nach Frankfurt und war vierzehn Tage später wieder da, um die neue Freundschaft auszukosten. Inzwischen hatte Lavater den Philanthropen Johann Bernhard Basedow getroffen. Man beschloß, zu dritt – „Prophete rechts, Prophete links, / Das Weltkind in der Mitten" – über Lahnstein und Koblenz Lahn und Rhein hinab zu fahren, wobei Lavater im Sinne hatte, die Elberfelder Pietisten zu besuchen, und Goethe daran dachte, die Düsseldorfer Galerie zu besichtigen und, wenn möglich, eine Aussöhnung mit den Brüdern Jacobi herbeizuführen, die er in den ‚Frankfurter gelehrten Anzeigen' und in ‚Götter, Helden und Wieland' empfindlich getroffen hatte.

Die damalige Düsseldorfer Galerie – Grundstock der heutigen „Alten Pinakothek" in München – genoß vor allem ihrer niederländischen Meister wegen hohes Ansehen. Goethe, der sich in der Malerei fortzubilden suchte und von Kindheit an durch die in seinem Elternhaus verkehrenden Maler auf die Schule der Niederländer ausgerichtet war, fand in der Düsseldorfer Galerie reichlich Anschauung.

Auf solche Weise begeistert, fühlte Goethe seines „Herzens Härtigkeit erweicht", und die anschließende Begegnung mit Fritz Jacobi brachte eine entsprechende Wende im Verhältnis beider zueinander: „Die gesperrte Schiffart geöffnet, Handel und Wandel im Flor", umschrieb Goethe damals das Ereignis des gegründeten Bundes. Auch hier hatte die Welle der Empfindsamkeit das ihrige bewirkt. Gemeinsam zog man nach Elberfeld, um mit den dortigen „Brüdern" ein Freundschaftsfest zu feiern. Heinse, der im Hause Jacobi lebte, um die gemeinsame Zeitschrift ‚Iris' zu betreuen, berichtete darüber ausführlich und schwärmte von Goethes „Götterkraft". Vor allem fanden sich Goethe und Jacobi im Austausch ihrer Auffassungen von Spinozas ‚Ethik', der Goethe, wie er in ‚Dichtung und Wahrheit' bekannte, durch die „freie Aussicht über die sinnliche und sittliche Welt" eine Beruhigung seiner Leidenschaften verdanken wollte.

Der Verlobte

Spinozas Begriff von der Uneigennützigkeit der Liebe gab Goethe in jener Zeit sehr zu denken. Zwar wählte er ihn sich zur Maxime, konnte ihm in der Praxis aber wenig folgen. Das alte Leiden der Eifersucht brach wieder auf. Um die Jahreswende 1774/75 war Goethe in das Haus der Frankfurter Bankierswitwe Schönemann eingeführt worden und hatte schon beim ersten Besuch zu der noch nicht siebzehnjährigen Tochter „Lili" (Anna Elisabeth) Zuneigung empfunden, die erwidert wurde. ‚Neue Liebe, Neues Leben' ist ein Gedicht auf Lili benannt, das Goethe im Februar 1775 an Merck schickte. Im April 1775 gab es eine regelrechte Verlobung.

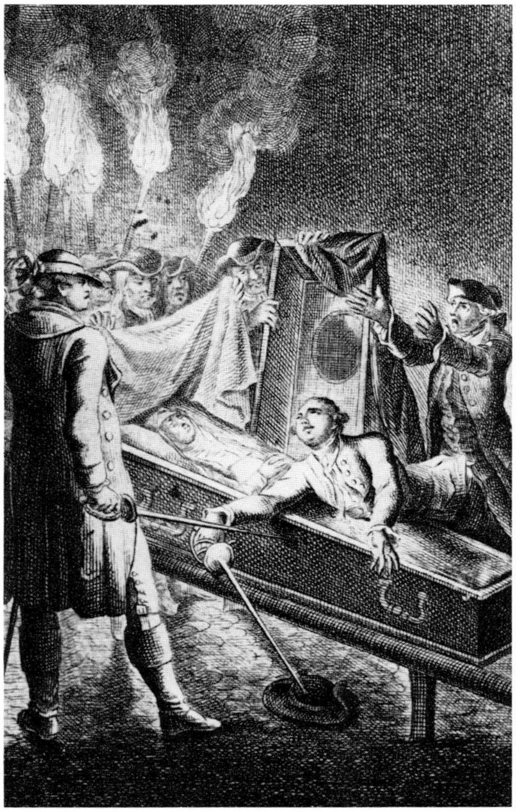

Mit dem beginnenden Frühjahr wurden die Geselligkeiten nach Offenbach in Haus und Garten des Bruders der Witwe Schönemann, Johann Georg d'Orville, verlegt. Dort sorgte der gefällige und „allzeitig fertige Dichter und Componist" Johann André für die Unterhaltung. Bei ihm wurde Goethe einquartiert. Er vertonte 1775 Goethes Singspiel ‚Erwin und Elmire' gleich nach der Entstehung und 1780 noch ‚Claudine von Villa Bella'. Er war es auch, dessen sich „die beiden Liebenden" versicherten, um bei seiner Musik „bis Nachmitternacht" beisammenbleiben zu können.

Zu Goethes Leidwesen waren solche Gelegenheiten selten. Denn Lili entzog sich nicht dem gesellschaftlichen Kreis, den das Handelshaus pflegte. Mancher Geschäftsfreund trat gar als Verehrer des jungen Mädchens auf, was ihm schmeichelte, Goethe aber die größten Qualen bereitete: „Gestern führte mich ein böser Geist zu Lili in einer Stunde da sie mich so *ganz entbehren* konnte, da es denn meinem Herzen ward als wenn's *gemangt* würde", klagte er in einem solchen Fall der ihm vertrauten Tante Lilis. Die Frage, wie das ausgehen möchte, hatte er wiederholt in seinem Herzen bewegt. Ob er sich von Lili trennen könnte, erprobte er mit seiner Reise in die Schweiz. Aber wie wollte man nach einer Trennung in Frankfurt bestehen, nachdem das Verlöbnis des jungen Advokaten mit der Bankierstochter offiziell bekannt war?

In dieser Ratlosigkeit kam die Einladung gelegen, die der junge Herzog Carl August von Weimar im September 1775 während seiner Reise zur Vermählung mit Prinzessin Louise von Hessen-Darmstadt in Frankfurt aussprach, nachdem er schon im Vorjahr auf der Kavalierstour den Dichter des ‚Götz' und des ‚Werthers' kennengelernt hatte. In Erwartung eines längeren Aufenthaltes in Weimar ließ sich das Verlöbnis wohl lösen, was denn auch im Einvernehmen beider Familien geschah.

94 ‚Clavigo'
Kupferstich zum 5. Akt von Daniel Nikolaus Chodowiecki. GMD

95 ‚Götz von Berlichingen mit der eisernen Hand'
Illustration in Deckfarben
von J. H. W. Tischbein (1751–1829)
zur 3. Szene im 1. Akt des Schauspiels. GMD

Lebens-Beschreibung
Herrn
Gözens
von
Berlichingen,
Zugenannt mit der Eisern Hand,
Eines zu Zeiten Kaysers Maximiliani I. und Caroli V. kühnen und tapfern
Reichs-Cavaliers,
Worinnen derselbe 1.) alle seine von Jugend auf gehabte Fehden, und im Krieg ausgeübte That-Handlungen, 2.) seine in dem Bauern-Krieg A. 1525. wiederwillig geleistete Dienste, und dann 3.) einige andere, ausserhalb dem Krieg, und denen Fehden, gethane Ritter-Dienste aufrichtig erzehlet, und dabey seine erlebte Fatalitäten mit anführet.
Mit verschiedenen Anmerckungen erläutert,
und
Mit einem vollständigen Indice versehen, zum Druck befördert,
von
Verono Franck von Steigerwald
welchem
Zu noch mehrerer Illustrirung eine Dissertation de Diffidationibus & Faidis, beygefügt sich befindet,
von
Wilhelm Friedrich Pistorius,
Hohenloh-Weickersheimischen Hof-Rath.
Nürnberg, verlegts Adam Jonathan Felßecker. 1731.

Götz von Berlichingen
mit der
eisernen Hand.
Ein
Schauspiel.
1773.

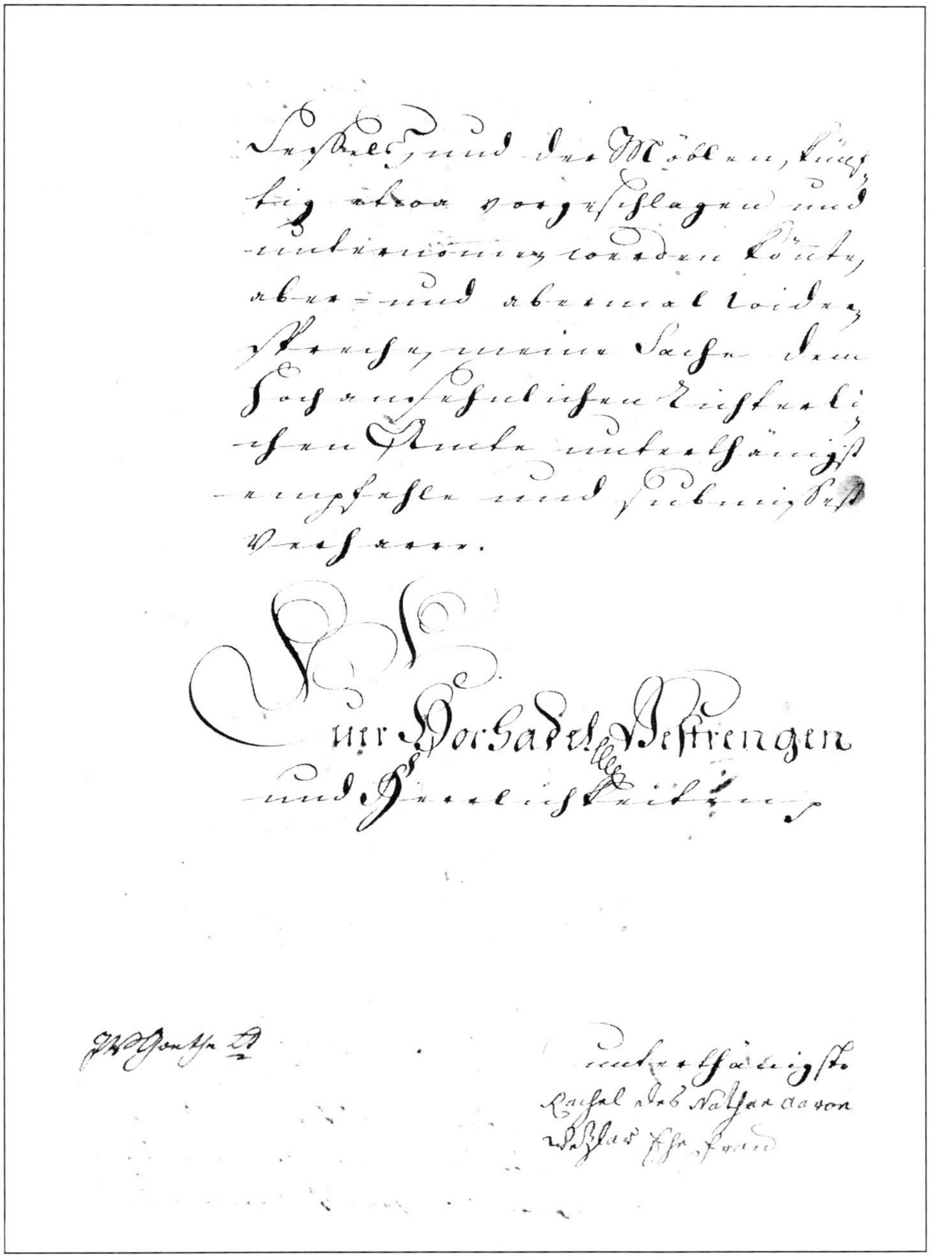

96 'Lebensbeschreibung Herrn Gözens von Berlichingen'
Titelseite der Autobiographie Götzens von Berlichingen, Nürnberg 1731. GMD

97 'Götz von Berlichingen mit der eisernen Hand. Ein Schauspiel. 1773'
Titelseite der Erstausgabe von Goethes Drama. GMD

98 Rechtsanwaltseingabe
von Johann Wolfgang Goethe für Rachel Wetzlar in Sachen Nathan Wetzlar gegen Creditores mit eigenhändiger Unterschrift [Frankfurt, 18. 7. 1774]. GMD

99 Cornelia Goethe (1750–1777)
Lithographie nach Goethes Zeichnung (vgl. oben Abb. 15). GMD

Frankfurter
gelehrte
Anzeigen.
vom Jahr 1772.
Frankfurt am Mayn
bey den Eichenbergischen Erben.

100 Johann Heinrich Merck
(1741–1791)
Öl auf Leinwand von Ludwig Strecker,
1772. MAD

101 ‚Frankfurter gelehrte Anzeigen'
Titelblatt des Jahrgangs 1772, in dem
Goethe rezensierte. GMD

102 Caroline Flachsland, verh. Herder
(1750–1809)
Ölgemälde. Kopie von unbekanntem
Künstler nach J. L. Strecker, 1775. NFG

103 „Wie herrlich ist dem die Welt /
Dessen Sinne bis in's Herz reichen"
Eigenhändige Stammbucheintragung von
Johann Wolfgang Goethe, datiert auf den
17. Mai 1775. GMD

104 Ansicht von Darmstadt
Ausschnitt aus dem hillschen Prospekt
von 1775, Kupferstich auf Seide gedruckt. GMD

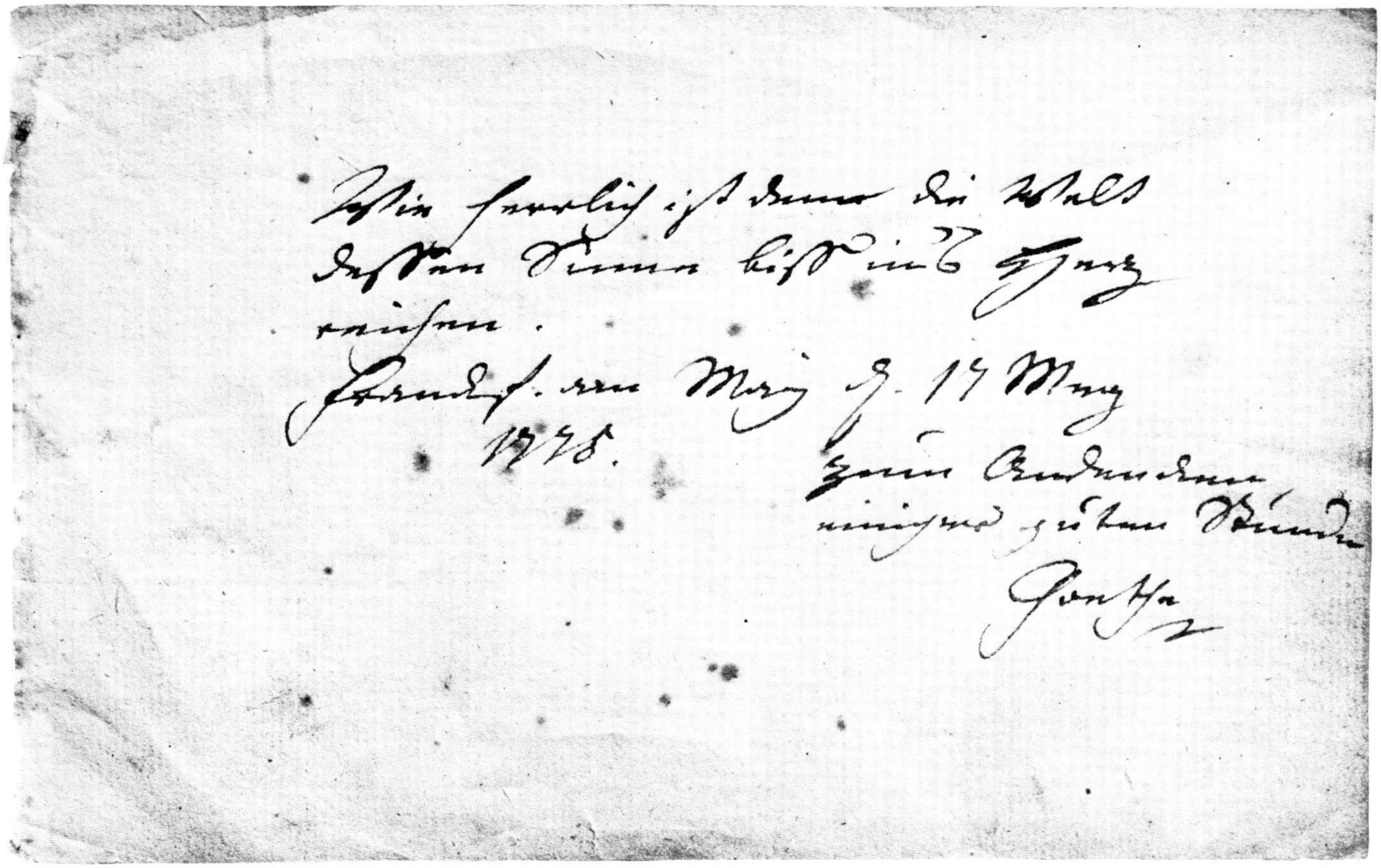

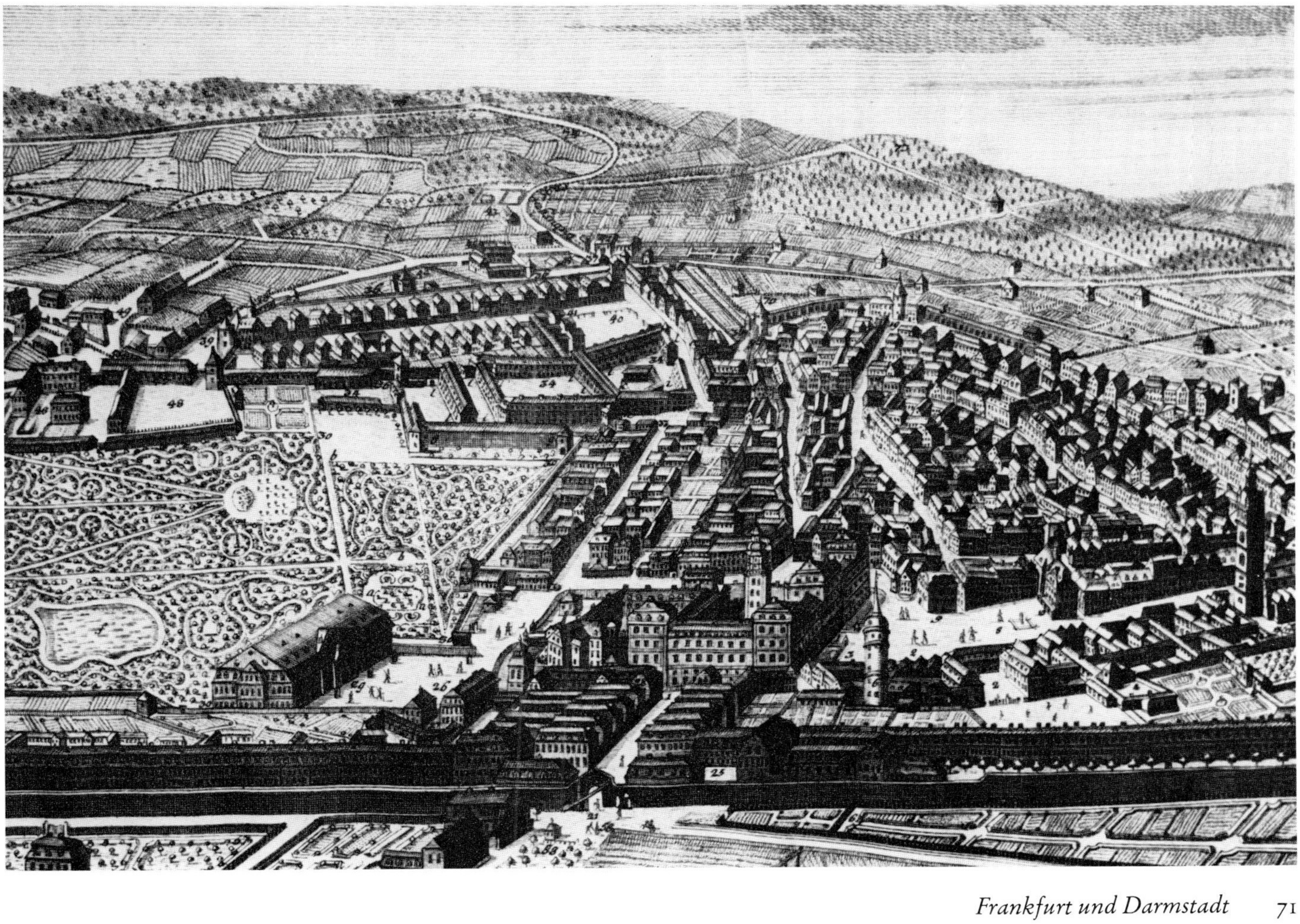

Physiognomische Fragmente,
zur Beförderung
der Menschenkenntniß und Menschenliebe,
von
Johann Caspar Lavater.

Gott schuf den Menschen sich zum Bilde!

Erster Versuch.
Mit vielen Kupfern.

Leipzig und Winterthur, 1775.
Bey Weidmanns Erben und Reich, und Heinrich Steiner und Compagnie.

105 ‚Physiognomische Fragmente, zur Beförderung der Menschenkenntniß und Menschenliebe, von Johann Caspar Lavater'. Erstausgabe des 1. Bandes, Leipzig und Winterthur, 1775. GMD

106 Johann Bernhard Basedow (1723–1790)
Tuschfederzeichnung von Daniel Nikolaus Chodowiecki, um 1774. GMD

107 Johann Wolfgang Goethe
Proberadierung von Friedrich Georg Schmoll für Lavaters Physiognomik, 1774. GMD

108 Johann Caspar Lavater (1741–1801)
Öl auf Leinwand von Johann Rudolf Schellenberg (1740–1806). Das Bildnis charakterisiert den Dargestellten vorzüglich: Lavater suchte die Menschen nach ihrer Physiognomie zu beurteilen. Deshalb erscheint sein eigenes Porträt nicht farbig und en façe, sondern als Grisaille und im Profil: Aus der Profillinie des Gesichts zog Lavater meist in einem knappen Satz sein Urteil. Demgemäß steht auch unter seinem Profilbildnis eine Charakteristik: „Scharfsinn und Frömmigkeit sind hier unverkennbar". Auf Lavaters physiognomische Studien verweisen die Beigaben unter seinem Bildnis: Ein Blatt mit Physiognomien und zwei Bücher mit die Physiognomie betreffenden Rückentiteln. GMD

Scharfsinn
und
Frömmigkeit
sind hier
unverkennbar

109 Ansicht von Bad Ems
Aquarell von Friedrich Christian Reinermann (1764–1835). GMD

110 Ansicht von Burg Lahneck und Unterlahnstein
Kolorierte Radierung von Friedrich Christian Reinermann (1764–1835). GMD

111 Ansicht von Koblenz
Kolorierte Radierung, gezeichnet von L. Janscha, gestochen von J. Ziegler, vor 1798. GMD

113 Friedrich Heinrich Jacobi
(1743–1819)
Kupferstich von Carl Ernst Christoph Hess nach der Zeichnung von François Hemsterhuis, 1781. GMD

112 Ansicht von Düsseldorf
Kolorierte Radierung, gezeichnet von L. Janscha, gestochen von J. Ziegler, vor 1794. GMD

114 Johann Georg Jacobi (1740–1814)
Kupferstich von Fr. W. Müller nach einem Gemälde von Franz Joseph Zoll. GMD

115 Johann Jacob Wilhelm Heinse (1749–1803)
Kupferstich, gestochen von Friedrich Christian Gottlieb Geyser nach Johann Friedrich Eich. GMD

116 Offenbach
Kolorierte Radierung von unbekanntem
Künstler, um 1775. GMD

117 Johann André (1741–1799)
Kupferstich von D. Berger nach
J. C. Frisch, 1780. GMD

118 Carl August Herzog von Sachsen-Weimar-Eisenach (1757–1828)
Büste in gebranntem Ton mit schwarzer Lasur von Martin Gottlieb Klauer, um 1775. GMD

119 Anna Elisabeth (Lili) von Türckheim, geb. Schönemann (1758–1817)
Pastell von F. B. Frey, 1782. Privatbesitz

120 Johann Wolfgang Goethe, eigenhändiges Billett an Rahel d'Orville über sein Verhältnis zu Lili Schönemann, vermutlich April 1775. GMD

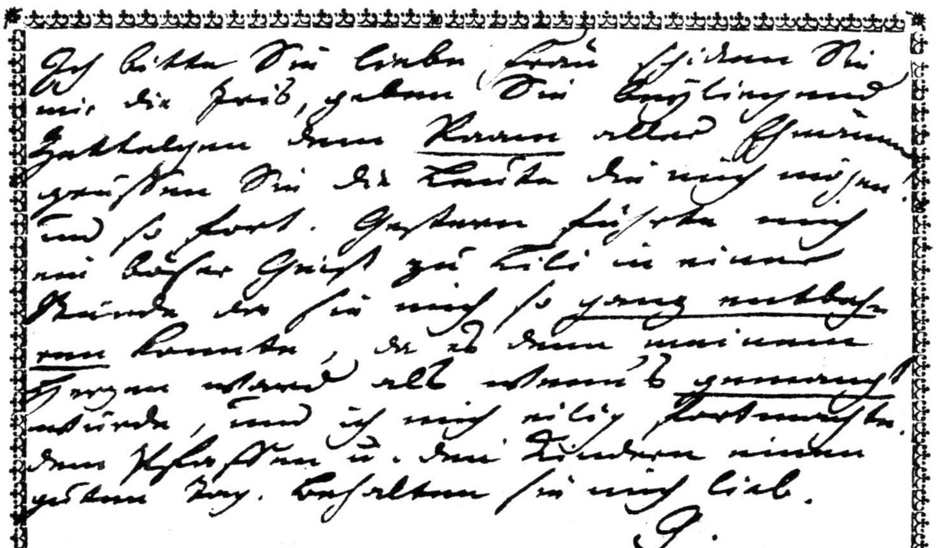

121 „Premiére Salle, Premiére Façade“
der Düsseldorfer Galerie
Nach dem Katalog ‚La Galerie electorale
de Düsseldorf‘ von Nicolas de Pigage,
Basel 1778. GMD

7. Schweizer Reisen

Biographische Reiseberichte

Dreimal bereiste Goethe die Schweiz: 1775, 1779 und 1797 – die Rückwege 1788 und 1790 von Italien nach Weimar nicht gerechnet, die ihn ebenfalls einmal auf längerer und einmal auf kürzerer Strecke durch die Schweiz führten.

Den Verlauf der ersten Schweizer Reise erzählt Goethe im 18. und 19. Buch von ‚Dichtung und Wahrheit'. Von der zweiten Reise berichtet Goethe in Briefen, die er 1796 in Schillers ‚Horen' veröffentlichte. Briefschaften, Notizen und Entwürfe, die dritte Reise betreffend, hat schließlich Eckermann aus Goethes Nachlaß bearbeitet und im 43. Band der Ausgabe letzter Hand von Goethes Werken 1833 als ‚Reise in die Schweiz' herausgegeben.

Über diese Reiseberichte hinausgehend hat Goethe 1808 im 11. Band der Ausgabe seiner Werke bei Cotta – gleichsam als Anhang zu dem im selben Band enthaltenen Briefroman ‚Die Leiden des jungen Werthers' – eine Sammlung ‚Briefe aus der Schweiz' herausgegeben, die er im Vorwort als Nachtrag aus ‚Werthers Papieren' deklarierte. Die ‚Erste Abteilung' dieser Briefe ist eine Gesellschaftsabsage im Werther-Ton, die als Reaktion auf die „bürgerlich eingeschränkten Menschen" in einem novellistisch gestalteten, in Genf spielenden erotischen Abenteuer endet. Die ‚Zweite Abteilung' jener ‚Briefe aus der Schweiz' dagegen wiederholt die bereits 1796 in den ‚Horen' veröffentlichten Reiseberichte von 1779.

Allem Anschein nach hat Goethe durch die Einkleidung seiner ‚Briefe aus der Schweiz' in Werther-Tracht versucht, einen Zusammenhang der ersten und zweiten Reise zu gestalten, wie das den späteren, ihm selber Rechenschaft gebenden Autobiographischen Schriften entspräche.

Der Fluchtversuch

In der Tat waren „die vier Haimonskinder", wie sich Goethe und seine Freunde, die Grafen Christian und Friedrich Leopold zu Stolberg und Graf Christian August Heinrich Kurt von Haugwitz in ihrer Begeisterung für das dem 16. Jahrhundert entstammende Volksbuch ‚Die Haymonskinder' nannten, am 14. Mai 1775 in Werther-Tracht – blauer Rock, gelbe Hosen, braune Stiefel – zur Reise in die Schweiz aufgebrochen. Goethe verstand diese ‚Werther'-Reise mehr noch als seine Gefährten im Sinne einer Befreiung des „bürgerlich eingeschränkten

122 Johann Wolfgang Goethe
Bleistiftzeichnung von Georg Friedrich Schmoll, 1775. Vermutlich während Goethes Aufenthalt vom 9. bis 15. Juni bei Lavater in Zürich entstanden. KMH

Menschen". Denn seine problematische Verlobung mit Lili Schönemann drohte ihn in gesellschaftliche Verhältnisse solcherweise zu verstricken, daß er um seine Genialität fürchtete. Die erste Fassung des am 15. Juni 1775 auf dem Zürcher See entworfenen Gedichts ‚Auf dem See' kennzeichnet die zwiespältige Situation.

Über Darmstadt, Mannheim, Heidelberg, Karlsruhe, Straßburg, Emmendingen, Freiburg, Schaffhausen, Konstanz, Winterthur war man am 9. Juni nach Zürich gelangt, wo Goethe bei Lavater wohnte. Dort lernte er den damals für die Physiognomik zeichnenden Johann Heinrich Lips kennen, den er später an die Weimarer Zeichenschule berufen wird. Er begegnete dem Frankfurter Komponisten Philip Christoph Kayser, der einige von Goethes Singspielen vertonen wird, darunter das nach Schweizer Motiven auf der zweiten Reise entstandene Stück ‚Jery und Bätely'. Goethe machte dem alten Johann Jacob Bodmer, dem Wegbereiter der jungen Literatur seit Klopstock, seine Aufwartung – und er machte Bekanntschaft mit „Bäbe" (Barbara) Schultheß, die er 1779, 1788 und 1797 wieder aufsuchen wird. Ihr wird er seine Gedichte anvertrauen, von denen sie sorgfältige Aufzeichnungen macht, einschließlich einer Abschrift von ‚Iphigenie' und ‚Wilhelm Meisters theatralische Sendung', der Urfassung des Wilhelm-Meister-Romans. – Aber auch den vom ‚Werther'-Roman beeinflußten todessüchtigen Heinrich Julius von Lindau lernte Goethe damals bei Lavater kennen, dessen Mündel Peter im Baumgarten, einen Hütebuben aus dem Haslital im Berner Oberland, gegebenenfalls zu übernehmen er sich verpflichtete.

Von Zürich aus ging die Reise weiter über Schwyz, Rigi, Vierwaldstätter See, Göschenen, Andermatt zum Sankt Gotthard. – Hier war die Versuchung groß, die Schwelle nach Italien zu überschreiten. Statt dessen entstand eine Zeichnung „Scheideblick nach Italien", und Goethe kehrte über Zürich und Basel am 22. Juli 1775 nach Frankfurt zurück.

Das pädagogische Unternehmen

Als Goethe 1779 das zweitemal zu einer Reise in die Schweiz aufbrach, hatten sich seine Verhältnisse inzwischen gänzlich verändert: Seit fast vier Jahren lebte er in Weimar als enger Freund des Herzogs Carl August. Der war acht Jahre jünger als Goethe. Die Freiheit für das Genie, um die Goethe in Frankfurt gefürchtet und um derentwillen er sich 1775 in die Schweiz geflüchtet hatte, war ihm allein schon durch die Jugendlichkeit seines Gastgebers garantiert. Aber gerade hieraus erwuchsen Probleme. Denn es zeigte sich bald, daß Genietreiben nicht taugt, ein Land zu regieren. Deshalb war Goethe in den weimarischen Staatsdienst eingetreten und hatte begonnen, Verantwortung auf sich zu nehmen. Das schwierigste seiner Ämter war – unausgesprochen – die Mentorschaft gegenüber seinem Fürsten. Goethe übte sie auf alle Weise. Die nun unternommene Reise, zu der Goethe den Herzog angeregt hatte, stand ganz bewußt unter solchem Zeichen. Sie sollte in jeder Hinsicht der herzoglichen Bewährung dienen.

Zusammen mit einem Kammerherrn und in Begleitung einiger Bedienter machten sich Goethe und Carl August am 12. September auf und kehrten erst im Januar 1780 wieder nach Weimar zurück.

In Basel betrat man Anfang Oktober Schweizer Boden und reiste weiter nach Biel,

123 Heinrich Julius Freiherr von Lindau (um 1750–1777)
Kupferstich aus Lavaters ‚Physiognomischen Fragmenten', Band 3, S. 156, 1777. GMD

Bern, Thun, Lauterbrunnen, zum Grindelwaldgletscher und zur Großen Scheidegg, von dort über Interlaken und den Brienzer- und Thuner See zurück nach Bern und weiter nach Lausanne, Genf, Chamonix, durchs Wallis zum Sankt Gotthard, von dort am Vierwaldstätter See entlang nach Luzern, Zürich und schließlich Schaffhausen, von wo aus man nach dem 8. Dezember wieder auf deutsches Gebiet zurückkehrte.

Zunächst wickelte man in Bern Geschäfte ab, die schon von Weimar aus eingeleitet worden waren: Der Große Rat der Stadt bewilligte dem Herzogtum einen Kredit in Höhe von 50 000 Reichstalern. Der junge Landesherr unterschrieb selber und fühlte sich schon solcherweise in die Pflicht genommen. Nun wollte Goethe sehen, was noch die Natur dazu bewirken könnte. „Hätte mich nur das Schicksal in einer großen Gegend heißen wohnen, ich wollte mit jedem Morgen Nahrung der Großheit aus ihr saugen, wie aus einem lieblichen Tal Geduld und Stille." Nichts könnte besser erklären, warum Goethe gerade die Schweiz für sein pädagogisches Unternehmen ausgewählt hatte, als dieser Satz, der im ersten Brief der ‚Zweiten Abteilung' seiner ‚Briefe aus der Schweiz' steht. Anblick und Erleben der „Großen Gegend" sollten dem Menschen zur Klarheit über sich selber verhelfen.

In dieser Erwartung kam man am 9. Oktober nach Lauterbrunnen, um das Naturschauspiel des großen Wasserfalls zu erleben. Von dort berichtete Goethe: „Wir sind $^1/_2$5 wirklich hier in der Gegend angelangt und alles was ich bisher gewünscht, wir haben den Staubbach bei gutem Wetter zum erstenmal gesehen die Wolken der Obern Luft waren gebrochen und der blaue Himmel schien durch. An den Felswänden hielten Wolken, selbst das Haupt wo der Staubbach herunter kommt, war leicht bedekt. Es ist ein sehr erhabener Gegenstand." Sein wiederholter Anblick drängte einen Vergleich mit der menschlichen Seele und ihrem Schicksal auf: Es entstand das Gedicht ‚Gesang der Geister über den Wassern'.

Am 10. Oktober zog man das Tal hinauf, kam in die Region des Tschingelgletschers und sah den Schmadribach – den Goethe nach seinem Gehör „Schwatri Bach" nannte – „in starckem Fall aus dem Gletscher kommen". Am 14. Oktober berichtete er: „Die merckwürdige Tour durch die Bernischen Glätscher ist geendigt [...] Wär ich allein gewesen ich wäre höher und tiefer gegangen aber mit dem Herzog muss ich thun was mäsig ist. Doch könnt ich uns mehr erlauben wenn er die böse Art nicht hätte den Speck zu spicken, und wenn man auf dem Gipfel des Bergs mit Müh und Gefahr ist, noch ein Stiegelgen ohne Zweck und Noth mit Müh und Gefahr suchte."

124 Schweizer Berghütten
Bleistiftzeichnung mit Bister- und Tuschlavierung von Johann Wolfgang Goethe, 1775. NFG

„Geduld und Stille", die Goethe wünschte, waren also des Herzogs Sache noch nicht. Goethe empfand darüber Verdruß: „Ich bin auch einigemal unmutig in mir drüber geworden", fuhr er in seinem Bericht fort, „dass ich heut Nacht geträumt habe ich hätte mich drüber mit ihm überworfen, wäre von ihm gegangen, und hätte die Leute die er mir nachschickte mit allerley Listen hintergangen." – Also wieder Flucht, wenn auch nur geträumte? Doch Goethe lernte selber: Er zog aus jener erhabenen Gegend „Großheit" und aus ihren lieblichen Tälern „Geduld und Stille". Goethe bekehrte sich: „Wenn ich aber wieder sehe, wie iedem der Pfahl in's Fleisch gegeben ist den er zu schleppen hat, und wie er" – jetzt auf Carl August bezogen – „sonst von dieser Reise wahren Nuzzen hat, ist alles wieder weg."

Weil Goethe den Herzog mit Lavater bekannt machen wollte, reiste man über Zürich zurück. Den Sinn dieser Absicht erklärte Goethes Nachricht von dort: „Hier bin ich bey Lavatern, im reinsten Zusammengenuss des Lebens, in dem Kreise seiner Freunde ist eine Engelsstille und Ruhe, bey allem Drange der Welt und ein anhaltendes mitgeniessen von Freud und Schmerz [...] Lavater ist und bleibt ein einziger Mensch [...] Solche Wahrheit, Glauben, Liebe, Gedult, Stärcke, Weisheit, Güte, Betriebsamkeit, Ganzheit, Manigfaltigkeit, Ruhe pp ist weder in Israel noch unter den Haiden." – Es ist die Zeit der engsten Freundschaft mit Lavater. Alles, was Goethe in diesen Jahren der Entwicklung eines eigenen Humanitätsideals anstrebte, schien Lavater zu bieten: „Wir sind in und mit Lavatern glücklich, es ist uns allen eine Cur, um einen Menschen zu seyn, der in der Häuslichkeit der Liebe lebt und strebt, der an dem was er würckt Genuss im Würcken hat, und seine Freunde mit unglaublicher Aufmercksamkeit, trägt, nährt, leitet und erfreut [...] Erst hier geht mir recht klar auf in was für einem sittlichen Todt wir gewöhnlich zusammen leben, und woher das Eintrocknen und Einfrieren eines Herzens kommt das in sich nie dürr, und nie kalt ist. Gebe Gott dass unter mehr grosen Vortheilen auch dieser uns nach Hause begleite, dass wir unsre Seelen offen behalten, und wir die guten Seelen auch zu öffnen vermögen." – So endete das pädagogische Unternehmen mit Einsichten des Mentors, die ihn selber als einen Lernenden ausweisen.

125 Johann Wolfgang Goethe
Kupferstich von Johann Heinrich Lips, 1791.
GMD

Die Forschungsreise

Unter abermals ganz anderen Voraussetzungen äußerer und innerer Art hat Goethe seine dritte Reise in die Schweiz angetreten: Eigentlich war beabsichtigt, mit dem Freunde Heinrich Meyer, den Goethe seit dem ersten Aufenthalt in Rom kannte und der seit 1791 sein Hausgenosse in Weimar war, zu einer dritten Italienreise aufzubrechen. Aber Napoleons Vordringen in Italien ließ das 1797 nicht mehr ratsam erscheinen. So beschränkte man sich auf einen dritten Aufenthalt in der Schweiz, der vom 17. September bis zum 26. Oktober dauerte.

Von Schaffhausen führte der Weg nach Zürich und Meyers Geburtsort Stäfa am Zürcher See, von dort nach Einsiedeln, auf den Sankt Gotthard und zurück über Altdorf und Küßnacht. Nach abermaliger Unterbrechung in Stäfa kehrte man über Zürich und Schaffhausen zurück.

Obgleich scheinbar nur bereits Bekanntes wieder aufgesucht wurde, hatte Goethe die Reise gut vorbereitet: Einen ganzen Fragenkatalog hatte er sich zusammengestellt, anhand dessen er frühere Eindrücke überprüfen und präzisieren wollte. Insbesondere geographische, geologische und meteorologische Aspekte interessierten ihn nun, aber auch wirtschaftliche und ethnologische, für die Meyer sich als vorzüglicher Führer und Interpret erwies. So gestaltete sich diese letzte Schweizer Reise Goethes zu einer Forschungsreise im eigentlichen Sinne.

Niederschläge der Reise finden sich allenthalben in Goethes Werken. Noch in ‚Wilhelm Meisters Wanderjahren' leuchten sie auf. Unmittelbar begegnen sie im Gedicht ‚Euphrosyne', das dem Andenken der Weimarer Schauspielerin Christiane Becker gewidmet ist, von deren Tod Goethe während seines Aufenthaltes in Stäfa erfuhr.

Aber auch Schillers Drama ‚Wilhelm Tell' wäre ohne diese dritte Reise Goethes in die Schweiz nicht entstanden. Denn seinen angesichts der Tell-Stätten am Vierwaldstätter See gefaßten Plan, ein Tell-Epos zu schreiben, überließ Goethe dem Freunde und wußte ihm Land und Leute so anschaulich zu beschreiben, daß Schiller – ohne je in der Schweiz gewesen zu sein – ein Schauspiel dichten konnte, mit dem die Zeitgenossen die Schweiz identifizierten.

Wie sinnvoll es auch ist, Goethes drei Schweizer Reisen charakterisierend voneinander zu unterscheiden, so bleibt doch zu bedenken, daß die mit ihnen verbundenen Absichten und die aus ihnen gewonnenen Einsichten nicht voneinander getrenntes Stückwerk blieben, sondern sich zu einem Ganzen verbanden. Früh Erfahrenes wirkte nach, und späte Einsichten gründeten auf einstigen Ansätzen. Allein die Szene ‚Anmutige Gegend' des 1. Aktes von ‚Faust' II bestätigt das: Es spiegelt sich darin ebenso die Stimmung des Gedichts ‚Auf dem See' wie das die Elegie ‚Euphrosyne' umrahmende Naturbild. Und mehr noch als dem Anblick des Staubbachfalles verdanken die den „Wassersturz" beschreibenden Verse dieser Szene dem Katarakt des Rheins bei Schaffhausen, den Goethe bei jeder seiner Reisen in die Schweiz aufsuchte und dessen „ungeheure Erscheinung" ihm nach und nach immer bedeutsamer wurde: Vom anfänglichen Ausdruck befreiender Kraft über das „herrliche Farbenspiel" des sprühenden Wassers im Sonnenlicht bis hin zur Reflexion „Am farbigen Abglanz haben wir das Leben".

126 Der Apfelschuß
Darstellung zur Geschichte Wilhelm Tells.
Holzschnitt aus Sebastian Münsters
‚Cosmographie', 1544. GMD

127 Der Rheinfall bei Schaffhausen
Kupferstich von G. F. Gmelin nach
J. J. Schalch, 1783. GMD

130 Zürich mit Blick auf den Zürich-See
Kolorierter Umrißstich, um 1780. GMD

128 Graf Christian August Heinrich Kurt von Haugwitz (1752–1831)
Kupferstich aus Lavaters ‚Physiognomischen Fragmenten', Band 2, S. 236, 1776.
GMD

129 Die Grafen Friedrich Leopold (oben, 1750–1819) und Christian (unten, 1748–1821) zu Stolberg
Kupferstich aus Lavaters ‚Physiognomischen Fragmenten', Band 2, S. 242, 1776.
GMD

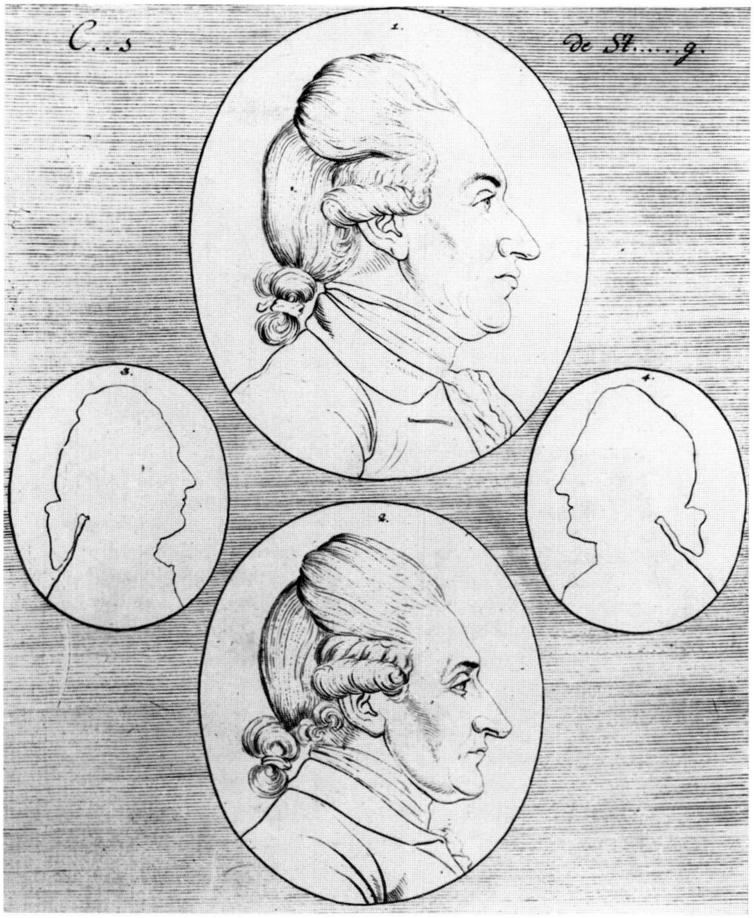

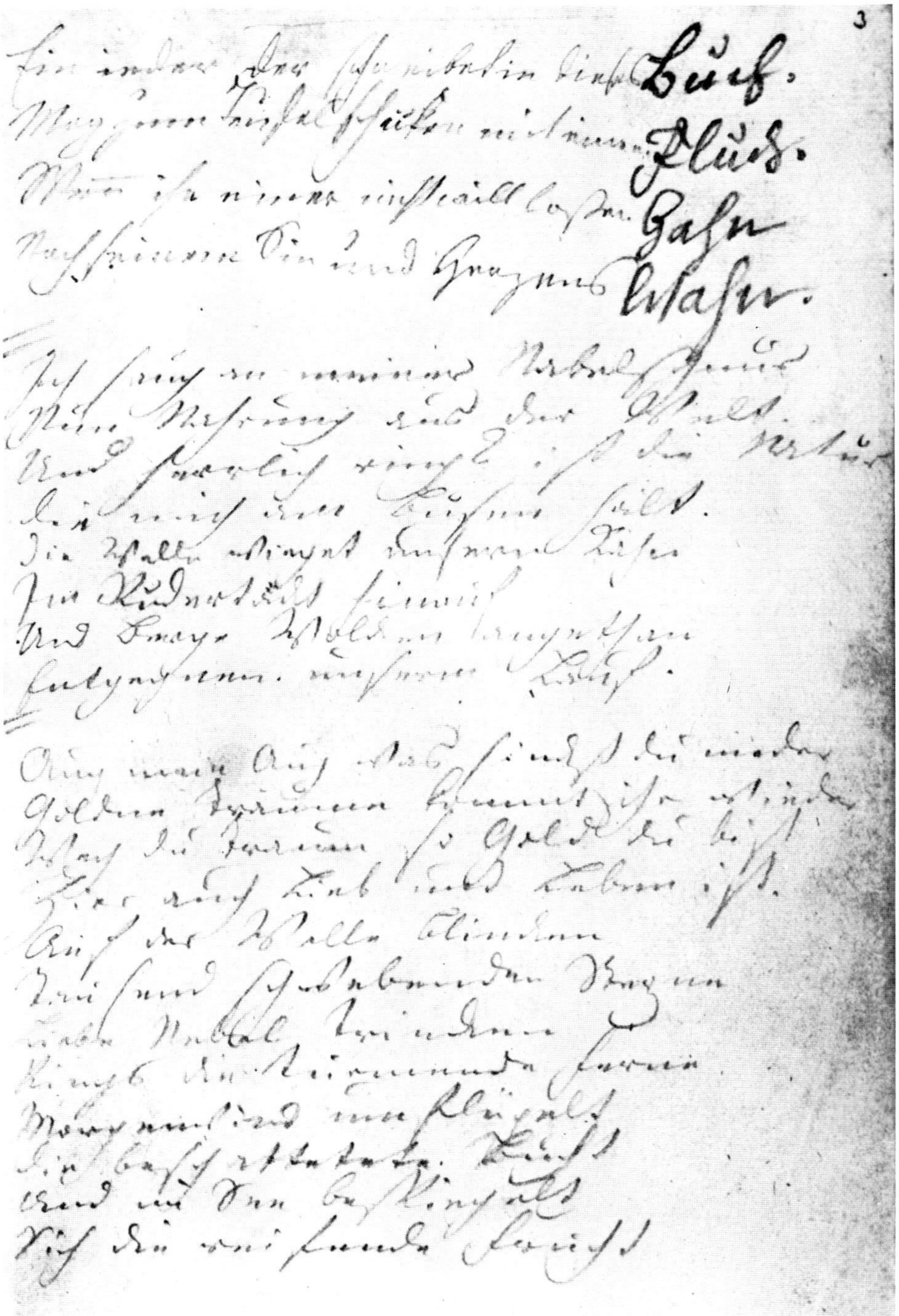

131 „Ich saug an meiner Nabelschnur ...“ Goethes erstes Konzept seines Gedichts ‚Auf dem See‘ im Notizbuch seiner ersten Schweizer Reise, 15. 6. 1775. NFG

132 Johann Jacob Bodmer (1698–1783) Öl auf Leinwand nach Anton Graff, 1782. GMD

133 Johann Wolfgang Goethe Vermutlich von G. F. Schmoll angefertigte Kopie der verschollenen Kreidezeichnung von Jens Juel, 1779. BÖN

134 Johann Caspar Lavater (1741–1801)
Öl auf Leinwand von Felix-Maria Diogg, um 1795. GMD

135 Barbara („Bäbe") Schultheß (1745–1818)
Gestochene Silhouette aus Lavaters ‚Physiognomischen Fragmenten', Band 2, S. 243, 1776. GMD

136 „Scheideblick nach Italien"
Bleistiftzeichnung mit Tuschlavierung von Johann Wolfgang Goethe gelegentlich der Rast auf dem St. Gotthard am 22. 6. 1775. NFG

137 Der Staubbachfall bei Lauterbrunnen
Lavierte Sepiatuschzeichnung über Feder von Adrian Zingg, 1757/59. GMD

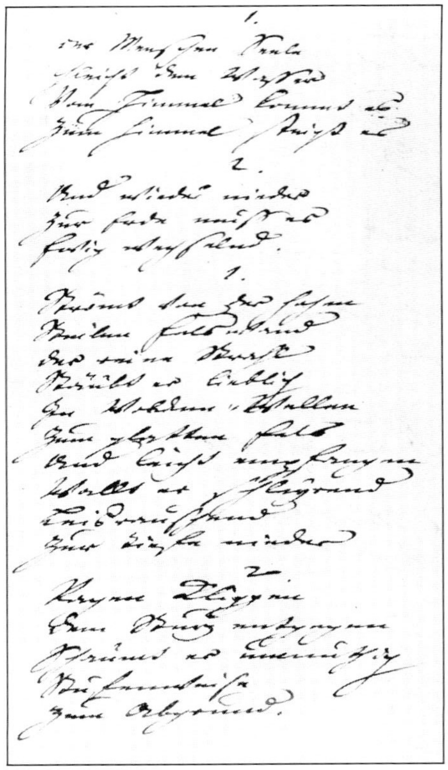

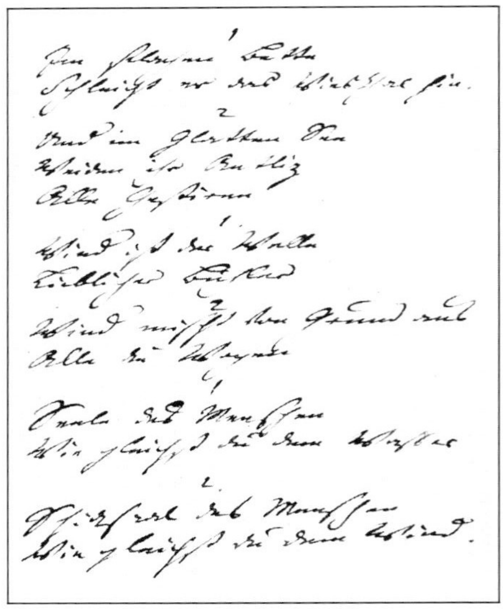

138/139 „Des Menschen Seele / Gleicht dem Wasser ...“
Goethes eigenhändige Niederschrift seines Gedichts ‚Gesang der Geister über den Wassern‘, 1779. Das Autograph gelangte aus Barbara Schultheß’ Nachlaß in die Zentralbibliothek Zürich. ZBZ

140 Der Schmadribachfall
Öl auf Leinwand von Joseph Anton Koch, 1821/22. NPM

141 Ansicht der Stadt Bern von der Promenade aus
Kolorierter Kupferstich von Hauer nach N. Perignon, um 1780. GMD

142 Ansicht von Lausanne
Aquarell über Bleistiftzeichnung, J. Chr. Xeller zugeschrieben. GMD

143 Ansicht der Stadt Basel
Kupferstich von F. D. Née nach N. Perignon, um 1777. GMD

144 Ansicht von Genf
Aquarellierter Kupferstich, um 1780.
GMD

145 Vue de la Mer de Glace et de l'Hôpital de Blair
Kolorierter Kupferstich von Carlo Hackert, 1781. GMD

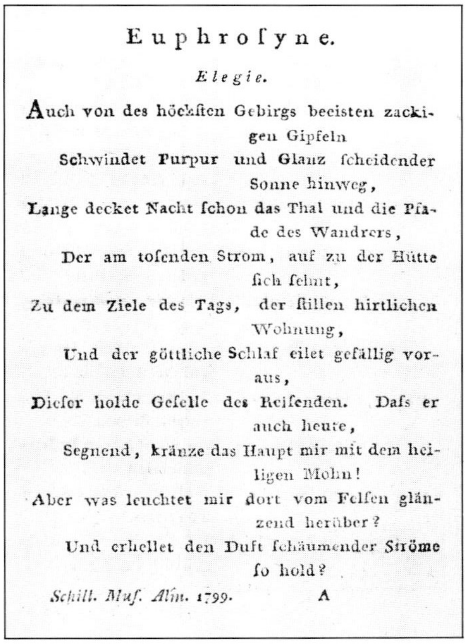

Euphroſyne.

Elegie.

Auch von des höchſten Gebirgs beeiſten zacki-
gen Gipfeln
Schwindet Purpur und Glanz ſcheidender
Sonne hinweg,
Lange decket Nacht ſchon das Thal und die Pfa-
de des Wandrers,
Der am toſenden Strom, auf zu der Hütte
ſich ſehnt,
Zu dem Ziele des Tags, der ſtillen hirtlichen
Wohnung,
Und der göttliche Schlaf eilet gefällig vor-
aus,
Dieſer holde Geſelle des Reiſenden. Daſs er
auch heute,
Segnend, kränze das Haupt mir mit dem hei-
ligen Mohn!
Aber was leuchtet mir dort vom Felſen glän-
zend herüber?
Und erhellet den Duft ſchäumender Ströme
ſo hold?

Schill. Muſ. Alm. 1799. A

146 Stäfa, Schiffslände im Dorfteil Oetikon
Kolorierte Umrißradierung von Heinrich Brupbacher, 1794. ZBZ

147 Euphrosyne
Goethes Elegie auf den Tod der Weimarer Schauspielerin Christiane Becker, geb. Neumann, die während seiner dritten Schweizer Reise starb. Erstdruck in Schillers Musenalmanach auf das Jahr 1799. GMD

148 Ansicht der Tell-Kapelle am Vierwaldstätter See
Kolorierte Aquatinta von C. M. Descourtis nach F. Rosenberg, 1782. GMD

149 Vue du Wetterhorn
Kolorierter Kupferstich von Hammer,
um 1780. GMD

8. Frühe Weimarer Jahre

Die Residenzstadt

„Bittet, daß eure Flucht nicht geschehe im Winter, noch am Sabath", ließ der Kaiserliche Rat Goethe seinem Sohn, mit dem unzufrieden zu sein er abermals Ursache hatte, bestellen, als der diesmal das Elternhaus verließ. Am 7. November 1775, morgens fünf Uhr, traf Goethe in Weimar ein.

Die Residenzstadt des Duodezfürstentums Sachsen-Weimar-Eisenach zählte damals rund 6000 Einwohner, war also Wetzlar vergleichbar. Und wie in Wetzlar der größte Teil der Bevölkerung sich durch direkte oder indirekte Arbeit für das Gericht ernährte, so war er in Weimar auf den Hof orientiert. Der Hofadel zählte kaum sechzig Personen. Knapp die Hälfte der Bewohner waren Bürger, insbesondere „Ackerbürger", das heißt solche, die neben ihrem zumeist handwerklichen Betrieb noch Landwirtschaft unterhielten. Mehr als die Hälfte der Einwohner stellten Handwerksgesellen, Dienstboten und Tagelöhner. So war diese thüringische Residenz nach Herders Bemerkung „halb Dorf, halb Stadt" und hatte wenig Ansehnliches zu bieten, zumal das Schloß samt dem in ihm eingerichteten Theater am 6. Mai 1774 abgebrannt war und man an schnellen Wiederaufbau aus Geldmangel nicht denken konnte. Als Goethe nach Weimar kam, fand er die herzogliche Familie im sogenannten ‚Fürstenhaus' unweit der Schloßruine einquartiert und die Hofhaltung über mehrere Gebäude in der Stadt verteilt.

Die Hofgesellschaft

Die Herzoginmutter Anna Amalia hatte sich in das ‚Wittumspalais' zurückgezogen und hier, wie später zur Sommerzeit besonders auf dem Landsitz ‚Schloß Tiefurt' bei Weimar, einen musischen Kreis um sich versammelt. Dessen Hauptmitglieder waren Christoph Martin Wieland, den Anna Amalia 1773 als Erzieher Carl Augusts gewählt hatte, Carl Ludwig von Knebel, der Carl Augusts jüngeren Bruder Constantin erzog, und Luise von Göchhausen, die als Hofdame der Herzoginmutter wirkte. – Herder kam hinzu, nachdem er 1776 auf Goethes Vorschlag als Generalsuperintendent nach Weimar berufen worden war.

Die junge Herzogin Luise tat sich schwer in den Weimarer Verhältnissen, die durch den Regierungswechsel ohnehin labil geworden waren. Ihre Sensibilität als Sprödigkeit bis zu herber Zurückhaltung äußernd, konnte die Achtzehnjährige nur wenig gewinnen und mit dem gleich alten glutvollen Herzog nicht harmonieren, zumal der sich selber noch zu orientieren suchte.

150 Johann Wolfgang Goethe
Öl auf Leinwand
von Georg Oswald May, 1779. YUAG

151 Christoph Martin Wieland (1733–1813) Geschnittene Silhouette von J. Chr. Th. Starcke, um 1780. GMD

Diese Gegebenheiten traf Goethe in Weimar an. Auf Knebel, den er wegen des Anstoßes zur Verbindung mit Carl August den „Urfreund" nannte, konnte er rechnen. Die Herzoginmutter und Fräulein von Göchhausen, beide literarisch aufs beste informiert, nahmen den Dichter des ‚Götz' und des ‚Werther' neugierig auf und erwarteten von ihm Belebung ihres Zirkels. Der Hofmann Wieland überspielte das für Goethe peinliche Zusammentreffen, indem er das Genie des Jüngeren bewunderte und ihn auf diese Weise zum Freund gewann. Der Herzogin Luise begegnete Goethe – unabhängig von aller gebotenen Ehrerbietung – mit aufrichtig empfundener Verehrung, weil ihm ihre Verhaltensweise von seiner Schwester her nicht fremd war.

Der Herzog freute sich des Freundes, der als Repräsentant der jungen Generation anerkannt war und zu dem er, weil der von auswärts kam, ein ungezwungenes Verhältnis haben konnte. Das ‚Sturm-und-Drang'-Ideal der ‚Kraftgenies' sollte ausgetobt werden in Feld und Wald, bei Jagd und Lagerfeuer. Im Rausch der Jugend galten keine Konventionen und Standesunterschiede. Nur der „Bruder" war gefragt, der „ehrliche Kerl". Den hatten der Herzog und Goethe aneinander gefunden und waren sich im „dunklen Drange" ihres tollen Treibens „des rechten Weges wohl bewußt". Aus solchem Bewußtsein hat Goethe dem ob des Weimarer Lebens besorgt mahnenden Klopstock eine herbe Abfuhr erteilt: „Verschonen Sie uns ins Künftige mit solchen Briefen, lieber Klopstock! Sie helfen nichts, und machen uns immer ein paar böse Stunden."

Das war am 21. Mai 1776. Schon am 22. Januar hatte Goethe Merck wissen lassen, er sei „in alle Hof- und politische Händel verwickelt und werde fast nicht wieder weg können". Am 6. März folgte eine dezidierte Erklärung gegenüber Lavater: „Ich bin nun ganz eingeschifft auf der Woge der Welt – voll entschlossen: zu entdecken, gewinnen, streiten, scheitern, oder mich mit aller Ladung in die Lufft zu sprengen." Goethe hatte sich entschieden, in Weimar zu bleiben. Am 22. April 1776 schenkte ihm Carl August als Dank dafür und als Voraussetzung für das Weimarer Bürgerrecht ein Gartenhaus an der Ilm, worin Goethe vom 18. Mai 1776 bis 1. Juni 1782 wohnte. Am 11. Juni 1776 trat Goethe in den weimarischen Staatsdienst ein und erhielt als Geheimer Legationsrat Sitz und Stimme im Geheimen Consilium.

Was das bedeutete, kann nur ermessen, wer sich vergegenwärtigt, daß ein achtzehnjähriger Fürst, dessen Lebensform und Regierungsweise man ohnehin skeptisch gegenüberstand, sich einen sechsundzwanzigjährigen Bürgerlichen zum engsten Berater gewählt hatte, von dem man nicht mehr wußte, als daß er außer durch ein freiheitsdurstiges Drama, einige Gedichte und eine boshafte Satire auf den Prinzenerzieher Wieland, im Jahr zuvor durch einen Roman von den Empfindungen der jungen Generation bekanntgeworden war, der übrigens höchst zweifelhaften, um nicht zu sagen skandalösen Inhalts sein und den landläufigen Moralbegriffen widersprechen sollte, nicht zuletzt deshalb, weil er anscheinend den Selbstmord verherrlichte. Außerdem hatte dieser junge Mensch, der sich zwar Lizentiat der Rechte und gar deren Doktor nannte, eigentlich aber nur Schriftsteller war, keinerlei Verwaltungserfahrung, geschweige denn solche aus dem Lande Sachsen-Weimar-Eisenach.

Der seit 1754 in weimarischen Diensten gestandene und 1772 zum Vorsitzenden des Geheimen Consiliums berufene Wirkliche Geheime Rat Jakob Freiherr von Fritsch drohte denn auch voller Empörung über diese Berufung mit seinem Rücktritt. Vielleicht mehr als die Argumentation des Herzogs hat ihn die Fürsprache der Herzoginmutter zu bleiben bewogen. Dennoch: der Herzog hatte seine erste Bewäh-

152 Louise von Göchhausen (1752–1807) Gipsbüste mit bronzefarbenem Anstrich von Gottlieb Martin Klauer, 1782. GMD

rungsprobe, die er auf respektable Weise durch überzeugende Rechtfertigung seines Entschlusses bestand, indem er von Fritsch gegenüber erklärte: „Goethe [...] ist rechtschaffen, von einem außerordentl[ich] guten und fühlsamen Hertzen [...] Einen Mann von Genie, nicht an dem Ort gebrauchen, wo er seine außerordentl[ichen] Talente [...] gebrauchen kann, heißt denselben mißbrauchen."

Amtliche Tätigkeiten

Mit 1200 Talern im Jahr, dem zweithöchsten Gehalt im Geheimen Consilium, trat Goethe den Staatsdienst an. Aus der „lustigen Zeit" kannte Goethe das ‚Amt Ilmenau'. Nun sollte versucht werden, das dort stillgelegte Kupfer- und Silberbergwerk wieder in Betrieb zu nehmen. Am 14. November 1777 erhielt Goethe zusammen mit dem Kammerpräsidenten von Kalb sämtliche Bergwerksangelegenheiten übertragen. Im Frühjahr 1778 leitete er die Neugestaltung des Weimarer Parks. Im Januar 1779 übernahm er die Kriegskommission und die Direktion des Wegebaus. 1782 brachte die Entlassung Kalbs Goethe nicht nur die Alleinverantwortung der Bergwerksangelegenheiten, die er praktisch ohnehin schon ausübte (erst später übernahm Christian Gottlob von Voigt die Hauptlast), sondern es kam auch das eigentliche Ressort Kalbs, die Leitung der obersten Finanzbehörde, auf ihn. In diesem Zusammenhang übernahm Goethe schließlich noch 1784, nachdem der Unterschleif des Ilmenauer Steuereinnehmers aufgedeckt worden war, die Leitung der nötig gewordenen Steuerkommission.

Am 6. September 1779 empfing Goethe in Anerkennung seiner Verdienste „das Dekret als Geheimderath". „Es ziemt sich nicht, diese innern Bewegungen aufzuschreiben", vermerkte

153 Carl Ludwig von Knebel (1744–1834) Geschnittene Silhouette, um 1780. GMD

154 Johann Gottfried Herder (1744–1803) Geschnittene Silhouette von J. Chr. Th. Starcke, um 1780. GMD

er im Tagebuch. – Am 10. April 1782 wurde Goethe auf Antrag seines Herzogs von Kaiser Joseph II. in den Adelsstand erhoben. Was das bewirkte, bezeugt am anschaulichsten die geradezu symbolische Tatsache, daß Goethe erst jetzt zur herzoglichen Tafel zugelassen war, während er vorher mit der Marschalltafel hatte vorliebnehmen müssen! Bei aller persönlichen Verbindung bestand bis dahin offizielle Distanz.

Nichts charakterisiert Goethes amtliche Tätigkeit in den frühen Weimarer Jahren prägnanter als seine Mitteilung vom 4. März 1782 an Jenny von Voigts, der Kammerdame der um Goethes Seelenheil besorgt gewesenen Fürstin Gallitzin: „Danken Sie Ihrer fürtrefflichen Fürstinn für den Anteil den sie an meinem Daseyn nehmen will, sehr lieb wäre es mir mich durch sie besser kennen zu lernen, sagen Sie ihr: Sie könne versichert seyn, daß ich mir's in der Welt sauer werden lasse." – Goethe hatte den Sinn seines Lebens auf praktische Bewährung gestellt. Hatte er im Februar 1776 gegenüber Lavater noch beteuert, „gut und böse wie die Natur" sein zu wollen, so ließ er im Herbst 1783 ein zehnstrophiges Gedicht beginnen: „Edel sei der Mensch, / Hilfreich und gut! / Denn das allein / Unterscheidet ihn / Von allen Wesen, / Die wir kennen." Während die Natur „unfühlend" ist, und „die Sonne über Bös' und Gute" scheint, vermag der Mensch „das Unmögliche: / Er unterscheidet, / Wählet und richtet; / [...] Er allein darf / Den Guten lohnen, / Den Bösen strafen, / Heilen und retten". Gerade weil sich Goethe des „Unmöglichen" bewußt war, tat er sein Möglichstes: Er stand mit seinem Votum für Urteile, und er suchte mit Einsatz seiner Person zu heilen und zu retten. So heißt es in einem Brief vom 26. Juni 1780: „Die Nachricht von Feuer in Gros Brembach iagte mich fort, und ich war geschwind in den Flammen [...] Ich habe ermahnt, gebeten, getröstet, beruhigt [...] Meine Augenbrauen sind versengt, und das Wasser in meinen Schuhen siedend hat mir die Zehen gebrüht".

Frau von Stein

Der Brief über den Einsatz in Groß-Brembach ist an Charlotte von Stein gerichtet. Der Gemahlin des Oberstallmeisters von Stein war Goethe recht bald nach seiner Ankunft in Weimar begegnet. Als noch keine Rede von einer Reise nach Weimar war, hatte Goethe schon eine Silhouette von ihr gesehen, während sie sich nach dem Dichter des ‚Werther' erkundigte.

Charlotte von Stein war dreiunddreißig Jahre, als Goethe sie kennenlernte. Auf ihn, den sieben Jahre Jüngeren, machte die reife Frau, die siebenmal das Kindbett gehütet hatte, den Eindruck einer in sich ruhenden Persönlichkeit: „Tropftest Mäßigung dem heißen Blute, / Richtetest den wilden irren Lauf", heißt es in einem Gedicht, das Goethe ihr am 14. April 1776 an Stelle eines Briefes nach Schloß Großkochberg, ihrem Wohnsitz, sandte. Mehr als jede andere Frau bisher hatte Charlotte von Stein Einfluß auf Goethe. Die Fülle seiner Briefe und Sendzettelchen, aber mehr noch die Zahl seiner an sie gerichteten Gedichte, belegen das.

Frau von Steins Briefe an Goethe sind uns nicht erhalten; sie hatte sie zurückgefordert und verbrannt. Kein Zweifel ist, daß ihr die umwerbende Liebe des jungen Mannes wohltat in ihrer glücklosen Ehe. Ob sie der Liebe Goethes Vergleichbares empfunden hat, wissen wir nicht. Indessen gibt es von ihr eine Abschrift der ersten Fassung von Goethes Gedicht ‚An den Mond', woraus sie etliche Verse mit Recht auf sich beziehen durfte. Auch wissen wir aus ihren nach Goethes Verschwinden an ihre Schwägerin gerichteten Briefen von ihrem Alptraum, daß Goethe verunglückt sei.

Goethe als Erzieher

Frau von Steins Vertrauen in Goethe war so groß, daß sie ihm im Mai 1783 ihren jüngsten Sohn – den elfjährigen Fritz – zur Erziehung übergab. Drei Jahre lebte Fritz von Stein bei Goethe. Nach 1786 hatte Frau von Stein Mühe, die Anhänglichkeit ihres Sohnes an Goethe zu untergraben.

Schon 1777 hatte Goethe ein pädagogisches Experiment gewagt. Damals löste er die Verpflichtung ein, die er zwei Jahre zuvor auf seiner ersten Schweizer Reise gegenüber Baron Lindau im Sinne von Rousseaus philanthropischen Ideen eingegangen war: Er nahm dessen Pflegesohn Peter im Baumgarten auf. Aber die Verpflanzung des Knaben wollte nicht fruchten: Für den Bildungsunterricht taugte Peter nicht. Eine Lehre beim Förster in Ilmenau schlug fehl. Schließlich verloren sich Peters Spuren auf seinem Wege als Kupferstecher.

Im selben Jahr, als Goethe Fritz von Stein zu sich nahm, gab er sich mit seinem dem 26. Geburtstag Carl Augusts gewidmeten Gedicht ‚Ilmenau' Rechenschaft über sein pädagogisches Vermögen: „Wer kennt sich selbst? wer weiß, was er vermag? / Hatt nie der Mutige Verwegnes unternommen? / Und was du tust, sagt erst der andre Tag, / War es zum Schaden oder Frommen." Nach acht Jahren Mentorschaft zog Goethe damit gelegentlich eines visionären Jagdgelages in Ilmenau das Fazit seines Bemühens um den Herzog. Hoffnung und Skepsis hielten sich dabei die Waage.

Humanitäre Ziele

Goethe hatte vor allem auf humanitäre Ziele gesetzt. Er selbst hatte sich einiges abverlangt, nicht zuletzt finanziell: Im April 1780 hatte er Gottfried August Bürger mit einer Geldsendung unterstützt. Seit 1778 unterhielt er einen Unbekannten, den er in Ilmenau unter dem Namen ‚Krafft' einquartiert hatte, mit einem ansehnlichen Teil seines Jahresgehaltes. Der Aderlaß dauerte bis zu ‚Kraffts' Tod 1785. Ausgerechnet bei Anbruch des Winters entschloß sich Goethe 1777 zu einer Exkursion in den Harz, den dortigen Bergbau zu studieren. Indessen war der dringend gebotene Anlaß dieser Reise zu unfreundlicher Jahreszeit die seelische Not des Friedrich Victor Leberecht Plessing, den Goethe in Wernigerode aufsuchte. Das Zeugnis dieser Hilfsaktion wurde das große Gedicht ‚Harzreise im Winter'.

Die damals aus täglicher Begegnung erwachsenden Fragen der Humanität suchte Goethe nach ihrer prinzipiellen Bedeutung in Dramen zu beantworten. Aber da offenbarte sich der Notstand: Nur ‚Iphigenie' mit den Problemen von Schuld und Wahrheit konnte Goethe in den ersten elf Weimarer Jahren notdürftig vollenden. ‚Egmont' und ‚Tasso' blieben Fragment. Das ist bezeichnend: Denn nicht nur ließ die Fülle der Verpflichtungen den Dichter immer weniger zu Wort kommen, sondern auch die realen Gegebenheiten widersprachen einer überzeugenden Antwort auf die Fragen der Dramen. So war das Verhältnis der „Großen" zu „den Menschen" und der „Götter" zu „den Großen" in der Realität so wenig geklärt, wie sich für ‚Egmont' eine Lösung anbot. Und was ‚Tasso' betraf, war auch in der Wirklichkeit nicht abzusehen, wie das Liebesproblem zu bewältigen und der Gegensatz von Dichter und Staatsmann zu vereinen wäre.

Um der Verstrickung in die Gegebenheiten nicht zu erliegen, bedurfte es seelischer Distanz. Sie war nur durch räumliche Entfernung zu gewinnen. Deshalb entschloß sich Goethe wiederum zu einer Reise. Sie sollte die weiteste und zeitlich längste seines Lebens werden. Das Ziel war Italien.

155 Anna Amalia Herzogin von Sachsen-Weimar-Eisenach (1739–1807) Öl auf Leinwand von Johann Ernst Heinsius, zwischen 1772 und 1775. GMD

156 „Plan von der Fürstl. Saechsischen Residenz Stadt Weimar, gemessen im Jahr 1782“ Kupferstich von F. L. Güssefeld. GMD

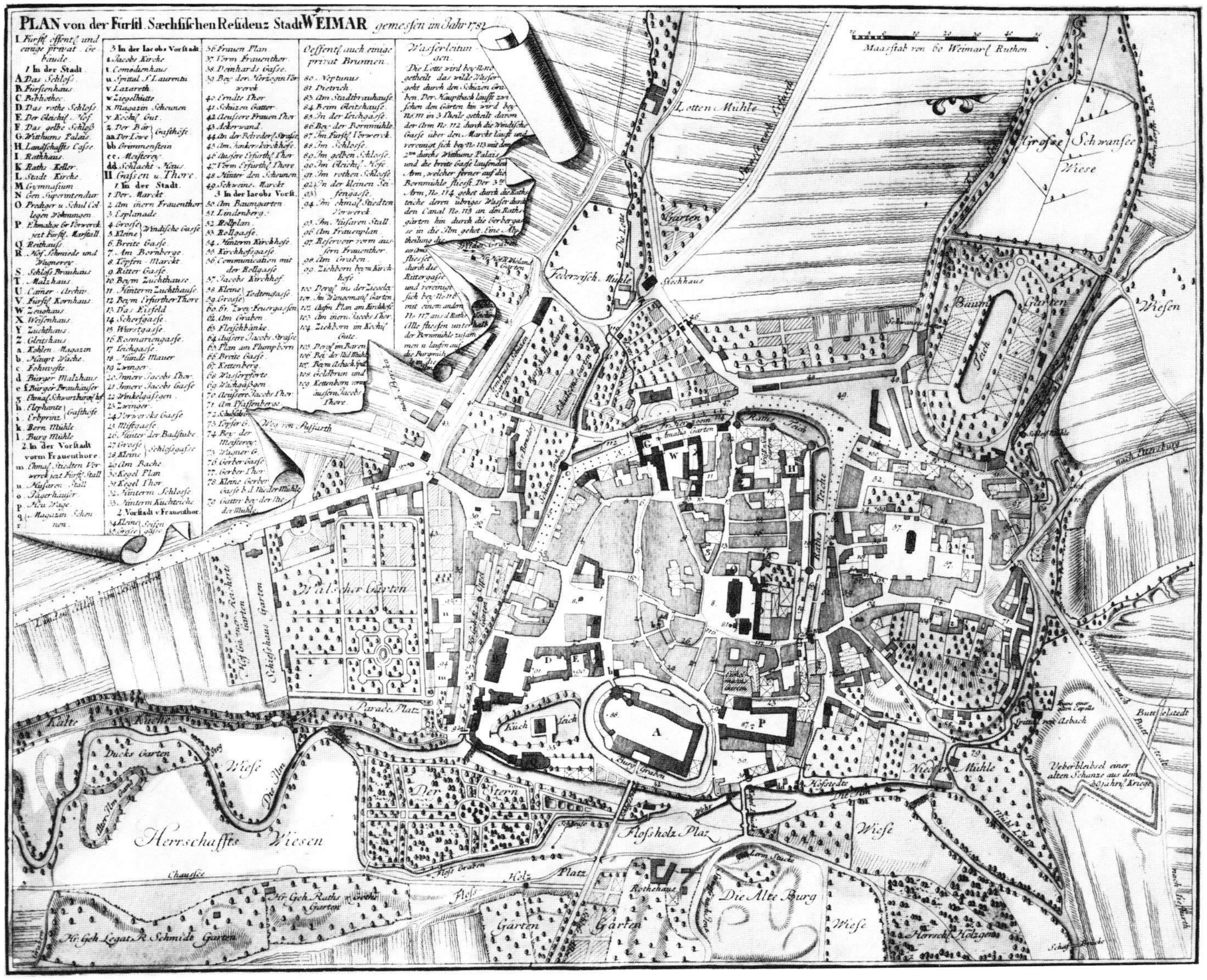

157 Carl August Herzog von Sachsen-Weimar-Eisenach (1757–1828)
Öl auf Papier von unbekannter Hand, um 1780. GMD

158 Luise Herzogin von Sachsen-Weimar-Eisenach (1757–1830)
Öl auf Leinwand von Georg Melchior Kraus, um 1780. GMD

159 „Prospect des Fürstl. Sächs. Weimar. Schlosses, Die Wilhelms-Burg genant, wie solches nach dem Brand Anno 1774. d. 10t May gestanden."
Aquarell von F. C. A. Starcke, 1774. GMD

160 Das Ilmtal vor der Umgestaltung zum Park mit Blick auf Goethes Gartenhaus
Aquarell von Georg Melchior Kraus, vor 1778. GMD

161 Schloß Tiefurt
Radierung von Carl Hummel nach Carl Holdermann. GMD

162 Ansicht von Weimar
Kolorierter Kupferstich von Georg Melchior Kraus, 1778. GMD

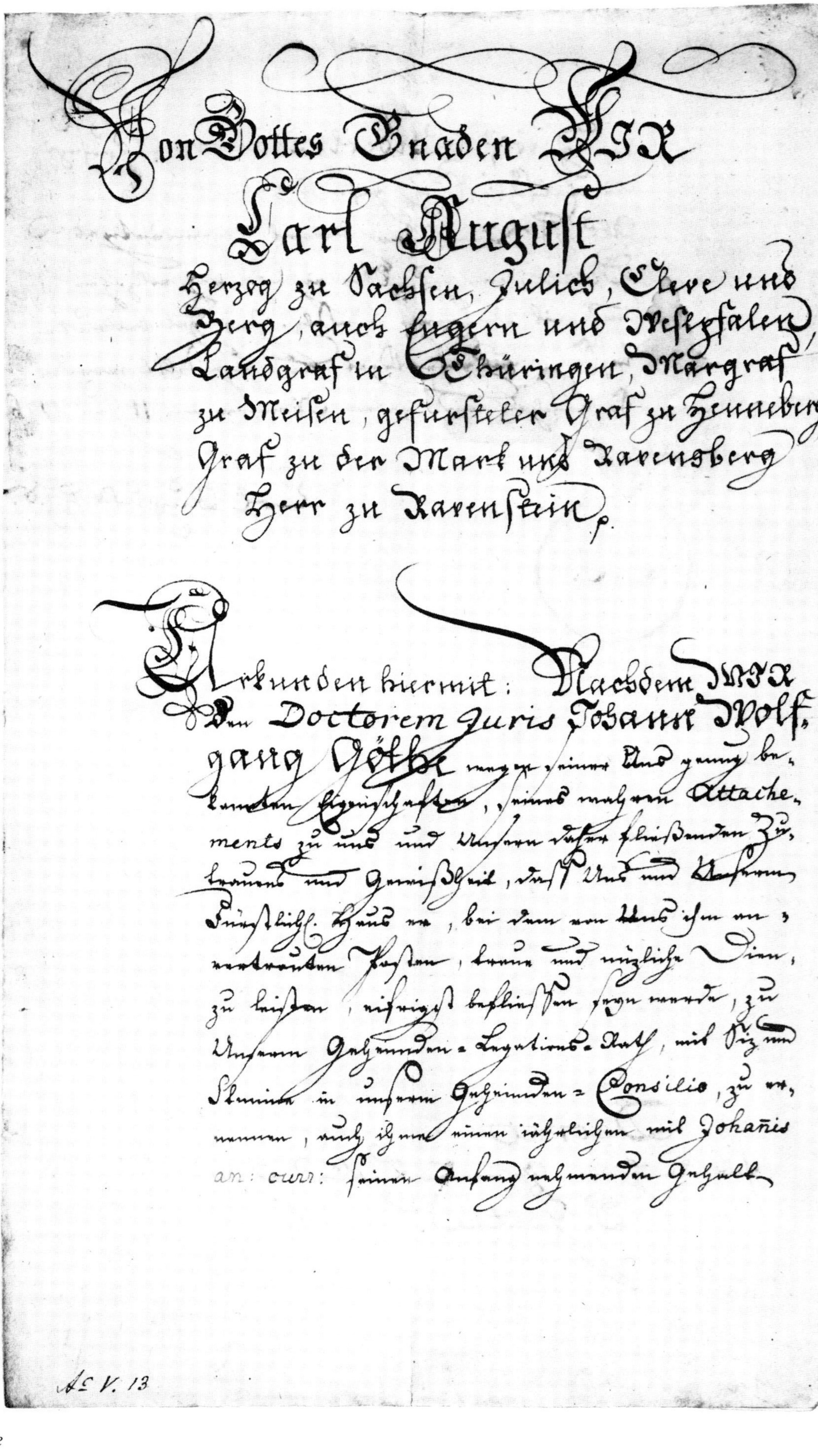

Von Gottes Gnaden WIR
Carl August
Herzog zu Sachsen, Julich, Cleve und Berg, auch Engern und Westphalen, Landgraf in Thüringen, Marggraf zu Meisen, gefursteter Graf zu Henneberg Graf zu der Mark und Ravensberg Herr zu Ravenstein,

Urkunden hiermit: Nachdem WIR den Doctorem Juris Johann Wolfgang Göthe wegen seiner Uns genug bekanten Eigenschaften, seines wahren Attachements zu uns und Unsern Hause fließenden Zutrauens und Gewißheit, daß Uns und Unserm Fürstlich. Hause er, bei dem von Uns ihm anvertrauten Posten, treue und nüzliche Dienste zu leisten, richtigst beflissen seyn werde, zu Unserm Geheimden-Legations-Rath, mit Siz und Stimme in unserem Geheimden-Consilio, zu ernennen, auch ihm einen jährlichen mit Johannis an: curr: seinen Anfang nehmenden Gehalt

A.º V. 13

163 Dekret zu Goethes Ernennung zum „Geheimden-Legations-Rath“ am 11. Juni 1776. GMD

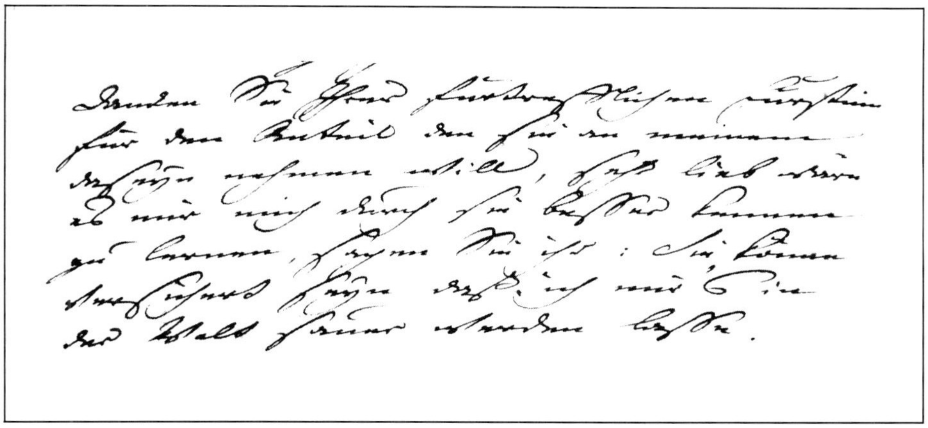

164 Johann Wolfgang Goethe
Ausschnitt aus einem eigenhändigen Brief vom 4. März 1782 an Jenny Voigts: „Danken Sie Ihrer fürtrefflichen Fürstinn [Adelheid Amalia von Gallitzin] für den Anteil den sie an meinem Daseyn nehmen will, sehr lieb wäre es mir mich durch sie besser kennen zu lernen, sagen Sie ihr: Sie könne versichert seyn daß ich mir's in der Welt sauer werden lasse." GMD

165 Gefängnisszene
Bleistift- und Federzeichnung mit lavierter Tusche von Johann Wolfgang Goethe, 1780. NFG

166 Dorfbrand
Zeichnung mit schwarzer Kreide und Weißhöhungen von Johann Wolfgang Goethe, 1776. KSW

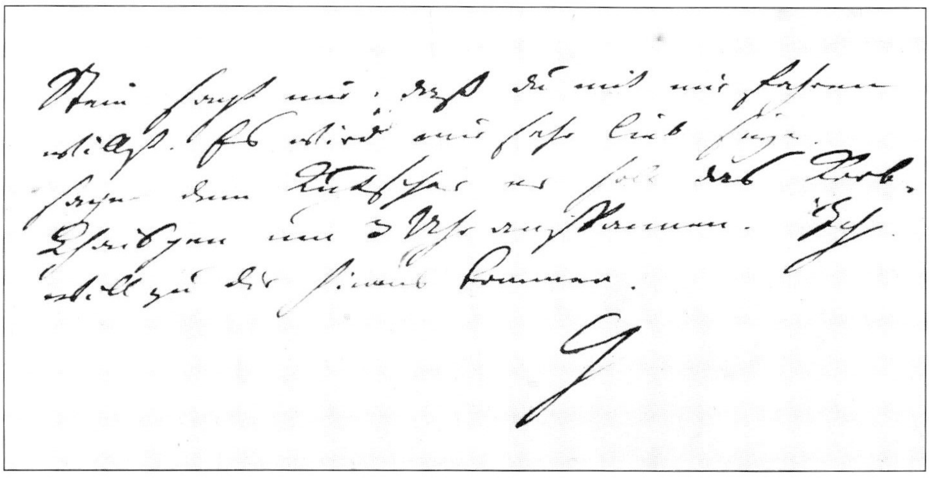

168 Charlotte von Stein
Getuschte Silhouette, um 1780. GMD

169 Großkochberg
Zeichnung in Bleistift, Feder und Tusche von Johann Wolfgang Goethe, 1777. NFG

170 Johann Wolfgang Goethe
Eigenhändiges Billett an Frau von Stein: „Stein sagt mir, daß Du mit mir fahren willst. Es wird mir sehr lieb seyn, sage dem Kutscher er soll das Korbchaisgen um 3 Uhr anspannen. Ich will zu Dir hinaus kommen. G.“ GMD

167 Johann Wolfgang Goethe
Kopie in Öl von H. Junker nach dem Ölgemälde von G. M. Kraus, 1775. FDH

171 Peter im Baumgarten (1766 bis etwa 1798)
Kupferstich aus Lavaters ‚Physiognomischen Fragmenten', Band 3, S. 147, 1777. GMD

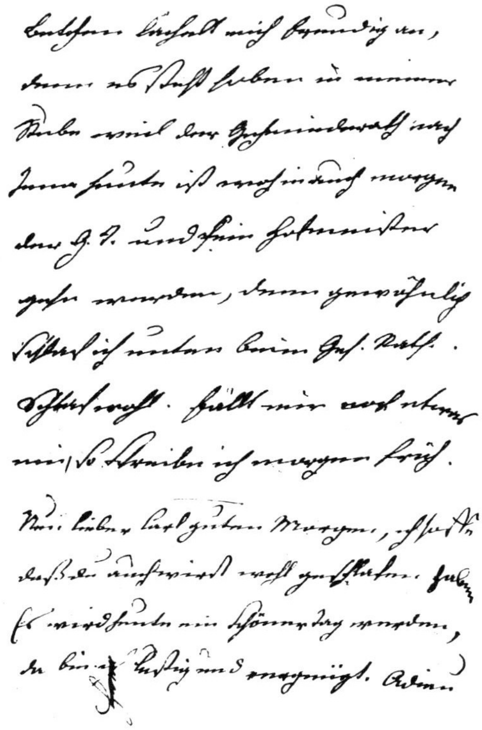

172 Fritz von Stein (1772–1844)
Eigenhändiger Brief des Elfjährigen an seinen Bruder Carl, [1783]: „Mein Betchen lächelt mich freudig an, denn es steht hoben in meiner Stube weil der Geheimderath nach Jena heute ist [...] denn gewöhnlich schlaf ich unten beim Geh. Rath." GMD

173 Johann Wolfgang Goethe und Fritz von Stein
Gestochene Silhouette aus Lavaters ‚Physiognomischen Fragmenten', Band 2, S. 187, 1776. GMD

174 Ansicht von Ilmenau
Radierung von G.M. Kraus, 1778. GMD

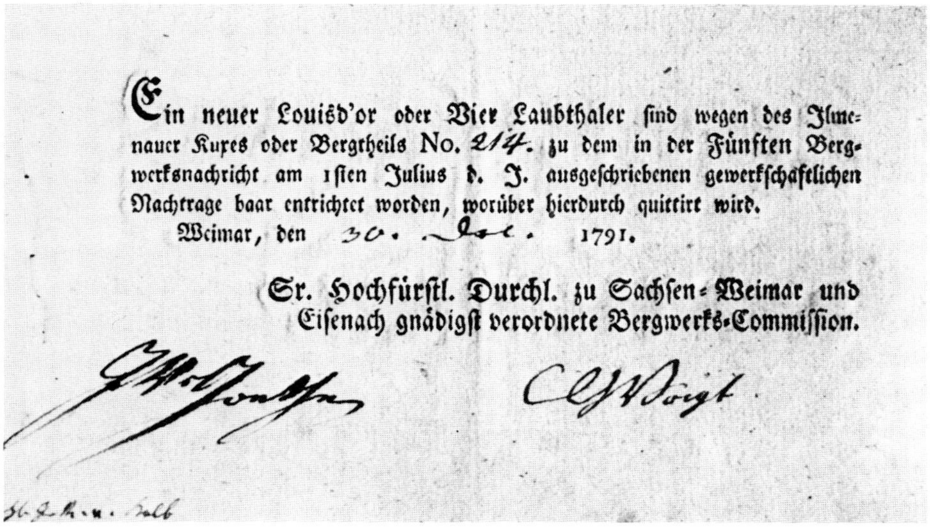
Ein neuer Louisd'or oder Vier Laubthaler sind wegen des Ilmenauer Kuxes oder Bergtheils No. 214. zu dem in der Fünften Bergwerksnachricht am 1sten Julius d. J. ausgeschriebenen gewerkschaftlichen Nachtrage baar entrichtet worden, worüber hierdurch quittirt wird.

Weimar, den 30. Jul. 1791.

Sr. Hochfürstl. Durchl. zu Sachsen-Weimar und Eisenach gnädigst verordnete Bergwerks-Commission.

175 Kux für das Ilmenauer Bergwerk mit den Unterschriften von Goethe und Voigt. GMD

176 Illustration zu Goethes 1783 entstandenem Gedicht ‚Ilmenau' Bleistift mit Weißhöhungen von Theobald Oer, 1866. GMD

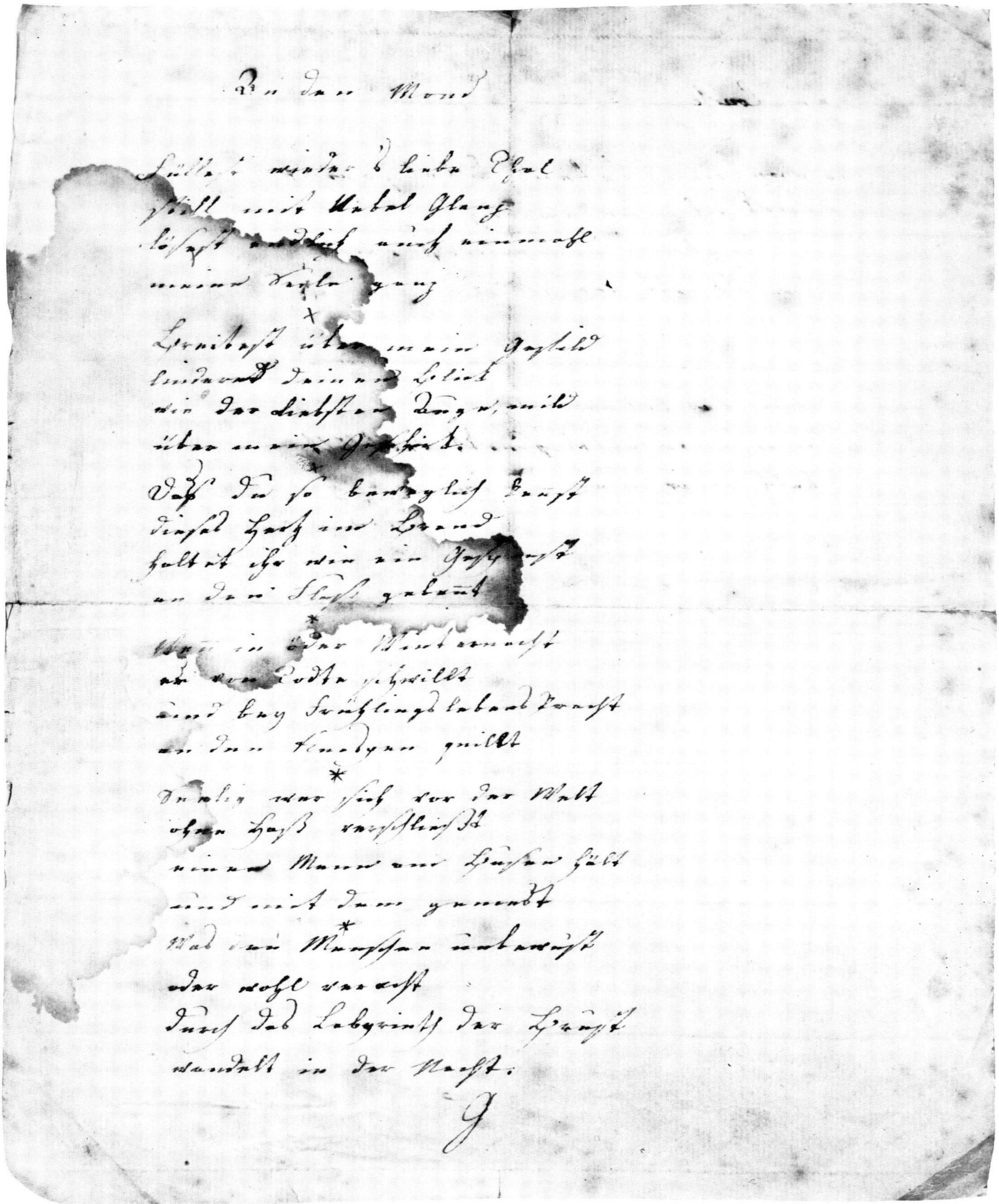

An den Mond

Füllest wieder 's liebe Thal
Still mit Nebel Glanz
Lösest endlich auch einmahl
Meine Seele ganz

Breitest über mein Gefild
Lindernd deinen Blick
Wie der Liebsten Auge, mild
Über mein Geschick.

Das du so beweglich kennst
Dieses Herz im Brand
Haltet ihr wie ein Gespenst
An den Fluß gebannt

Wenn in öder Winternacht
Er vom Tode schwillt
Und bey Frühlingslebens Pracht
An den Knospen quillt

Selig wer sich vor der Welt
Ohne Haß verschließt
Einen Mann am Busen hält
Und mit dem genießt

Was den Menschen unbewußt
Oder wohl veracht
Durch das Labyrinth der Brust
Wandelt in der Nacht.

G

177 Goethes Gedicht ‚An den Mond', 1. Fassung
Abschrift von Charlotte von Stein. GMD

9. Italien

Vorgeschichte und biographische Auswertung

„d. 3. Sept[ember 1786]. früh 3 Uhr stahl ich mich aus dem Karlsbad weg, man hätte mich sonst nicht fortgelassen“, begann Goethe sein ‚Reise-Tagebuch‘, in dem er gewissenhaft protokollierte, was ihm auf der größten Flucht seines Lebens begegnete. „Hätt' ich nicht den Entschluß gefaßt, den ich jetzt ausführe, so wär' ich rein zugrunde gegangen und zu allem unfähig gewesen“, rechtfertigte er seinen Ausbruch aus den Weimarer Verhältnissen.

In großer Eile reiste Goethe über Regensburg, München, Mittenwald, Innsbruck, den Brenner, Bozen, Trient, Malcesine und legte erstmals in Verona und Vicenza jeweils mehrtägige Pausen ein. Dann ging es weiter nach Venedig, wo Goethe sich länger als zwei Wochen aufhielt. Über Ferrara und Cento gelangte er nach Bologna und setzte nach einer abermals mehrtägigen Pause die Reise – nur durch Übernachtungen unterbrochen – bis nach Rom fort. Das Ziel zu erreichen, war ihm so dringend, daß er Florenz kaum drei Stunden gönnte und in Perugia „nichts gesehen“ hatte: „aus Zufall und Schuld“, wie er im ‚Reise-Tagebuch‘ vermerkte.

Das ‚Reise-Tagebuch‘ wurde die Quelle des biographischen Berichts ‚Italienische Reise‘, der 1816 und 1817 aber zuerst unter dem Titel ‚Aus meinem Leben. Zweiter Abteilung Erster und Zweiter Teil‘ erschien und damit eindeutig als Fortsetzung von ‚Dichtung und Wahrheit‘ ausgewiesen war. Erst 1829 kam in der ‚Ausgabe letzter Hand‘ der Teil ‚Zweiter Römischer Aufenthalt‘ hinzu, der die Zeit von der Rückkehr aus Sizilien bis zur Abreise von Rom enthält. Dagegen hatte Goethe die ‚Beschreibung des römischen Carneval‘ schon 1789 separat veröffentlicht.

Die Sehnsucht nach Italien war in Goethe auf zweierlei Weise geweckt worden. Winckelmanns aus den italienischen Denkmälern der Antike gebildetes Ideal „edle Einfalt und stille Größe“ hatte ihm schon Oeser in Leipzig zu vermitteln gesucht. Je mehr Goethe selber ein Ideal menschlichen Verhaltens zu finden verlangte, desto mehr begann ihn Winckelmann zu interessieren und desto größere Hoffnung setzte er auf Italien. Zum anderen hatte Goethes Vater 1740 eine Reise nach Italien unternommen. Von Venedig hatte er das Modell einer Gondel mitgebracht und im Hause römische Stiche aufgehängt. Zusammen mit den Erzählungen des Vaters hinterließ das im Sohn unauslöschliche Eindrücke: „Die ersten Schnäbel von Eisenblech, die schwarzen Gondelkäfige, alles grüßte ich wie alte Bekanntschaft“, berichtete Goethe nach seiner Ankunft in Venedig; und von Rom aus schrieb er: „Alle Träume meiner Jugend seh' ich nun lebendig; die ersten Kupferbilder, deren ich mich erinnere [...] seh' ich nun in Wahrheit, und alles, was ich in Gemäl-

178 Johann Wolfgang Goethe
Öl auf Leinwand von Joseph Friedrich August Darbes, 1785, NFG

den und Zeichnungen, Kupfern und Holzschnitten, in Gips und Kork schon lange gekannt, steht nun beisammen vor mir; wohin ich gehe, finde ich eine Bekanntschaft in einer neuen Welt; es ist alles wie ich mir's dachte, und alles neu."

Das Prinzip der Identität

Goethe suchte nun auf alle Weise nach einer Möglichkeit, Vorstellung und Erfahrung, Ideal und Wirklichkeit zu vereinen. Ganz unerwartet entdeckte er die Spur dorthin in Venedig auf den Stufen der „dem Meer entgegengebauten Mauerwerke": „Dort habe ich heute die Wirtschaft der Seeschnecken, Patellen und Taschenkrebse gesehen und mich herzlich darüber gefreut, was ist doch ein Lebendiges für ein köstliches, herrliches Ding! Wie abgemessen zu seinem Zustande, wie wahr, wie seiend!" – Es ist nicht nur ein erneutes Bekenntnis zum Leben, zum Lebendigen, das Goethe hier gab. Ihm war bei dieser Beobachtung aufgegangen, wie die Natur die Lebewesen ihren spezifischen Lebensbedingungen angemessen ausrüstet, wie sie ihnen an Organen verleiht, wessen sie bedürfen, und mit allen ihrem Dasein abträglichen Zugaben verschont. Nichts seiner Art Fremdes ist an solchem „Lebendigen" zu bemerken. Erst diese Identität von Erscheinungsform und Lebensweise macht es *„wahr"* und *„seiend"* – die Zweckmäßigkeit, die Goethe in einzelnen Erscheinungen der Natur erkennt, ließ ihn ein Gesetz vermuten, auf das alles Leben zurückzuführen ist.

Antike und Christentum

Wie Goethe den Erscheinungen in der Natur auf ihren allgemeingültigen Grund zu kommen trachtete, so erhoffte er sich für die gültige Lebensform des Menschen Aufschluß aus dessen klassischer Vergangenheit. An Hand der ‚Historisch-kritischen Nachrichten aus Italien', die ihm der Reiseführer von Volkmann vermittelte, suchte er die klassischen Stätten auf.

Volkmann nennt auch den Renaissance-Baumeister Andrea Palladio. Goethe suchte alle seine Bauten auf: in Vicenza sowohl wie in Venedig. Am meisten beeindruckte Goethe Palladios Rotonda bei Vicenza: „Es ist ein viereckiges Gebäude, das einen runden, von oben erleuchteten Saal in sich schließt. Von allen vier Seiten steigt man auf breiten Treppen hinan und gelangt jedesmal in eine Vorhalle, die von sechs korinthischen Säulen gebildet wird. [...] Jede einzelne Seite würde als Ansicht eines Tempels befriedigen." Die aus der antiken Baukunst entwickelten Auffassungen Palladios verhalfen Goethe zu einem ersten Verständnis antiker Architektur.

Indessen hatte Goethe in Verona schon das Amphitheater gesehen und einige antike Grabmäler: „Da ist ein Mann, der neben seiner Frau aus einer Nische wie zu einem Fenster heraus [sieht], da steht Vater und Mutter, den Sohn in der Mitte, und sehn einander mit unaussprechlicher Natürlichkeit an, da reichen ein Paar einander die Hände. Da scheint ein Vater von seiner Familie, auf dem Sterbebette liegend, ruhig Abschied zu nehmen [...] Hier hat der Künstler immer nur die einfache Gegenwart der Menschen hingestellt, ihre Existenz dadurch fortgesetzt und bleibend gemacht. Sie falten nicht die Hände zusammen, schauen nicht gen Himmel; sondern sie sind, was sie waren, sie stehn beisammen, sie nehmen Anteil aneinander, sie lieben sich".

Dagegen empfindet Goethe auf seiner ganzen Reise Unbehagen an der christlichen Kunst im allgemeinen. Nach ihren immer das Extreme und Übersinnliche darstellenden Motiven urteilt er über sie: „Man ist immer auf der Anatomie, dem Rabenstein, dem Schindanger, immer

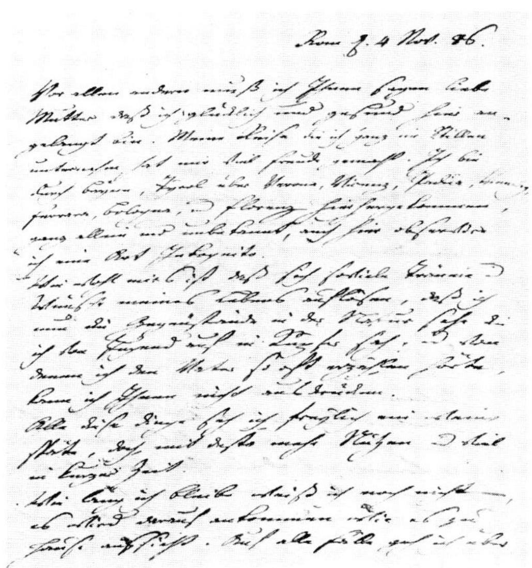

179 Eigenhändiger Brief von Johann Wolfgang von Goethe an seine Mutter über die Ankunft in Rom: „Rom d. 4. Nov. [17]86". GMD

Leiden des Helden, nie *Handlung.* Nie ein gegenwärtiges Interesse, immer etwas phantastisch Erwartetes. Entweder Missetäter oder Verzückte, Verbrecher oder Narren [...] Da ist nichts, was nur einen Menschenbegriff gäbe".

Der erste christliche Künstler, dem Goethe des „Menschenbegriffs" wegen uneingeschränkten Respekt zollte, ist Raffael. Über das Maß aller Dinge, das für Goethe die Natur mit ihrer auf Notwendigkeit beruhenden Wahrheit war, bekannte er sich wenig später zu Michelangelo: „Ich bin in dem Augenblick so für Michelangelo eingenommen, daß mir nicht einmal die Natur auf ihn schmeckt, da ich sie doch nicht mit so großen Augen wie er sehen kann [...] Ohne die Sixtinische Kapelle gesehen zu haben, kann man sich keinen anschaulichen Begriff machen, was ein Mensch vermag."

Goethe und sein Freundeskreis in Rom

In Rom war Goethe am 29. Oktober 1786 angekommen. Seiner Mutter schrieb er von dort schon am 4. November verheißungsvoll: „Ich werde als ein neuer Mensch zurückkommen und mir und meinen Freunden zu größerer Freude leben." Er wohnte bei dem Maler Johann Heinrich Tischbein, mit dem er schon seit 1781 in Verbindung stand. In Tischbeins Wohnung am Corso 20 hatte er ein Zimmer mit Blick auf die belebte Straße. Tischbein führte Goethe durch die Stadt und zeigte ihm die Sehenswürdigkeiten. Am Fest Allerheiligen besuchten sie Sankt Peter. Wie Goethe schon beim Anblick des Pantheon zu „einer freudigen Verehrung" der „Großheit bewogen" wurde, notierte er jetzt: „In St. Peter habe ich begreifen lernen, wie die Kunst sowohl als die Natur alle Maßvergleichung aufheben kann."

In der päpstlichen Gemäldegalerie glaubte sich Goethe zunächst ratlos. „Da trat ein kleiner, bescheidener, bisher lautloser Mann hervor und belehrte mich [...] Der belehrende Künstler ist Heinrich Meyer, ein Schweizer". Noch ein Jahr später vermerkte Goethe: „Sein Unterricht gibt mir, was mir kein Mensch geben konnte". – Goethe wurde in den Kreis der deutschsprachigen Künstler in Rom eingeführt. Es waren unter anderen: der Maler Friedrich Bury und sein Freund Johann Heinrich Lips, den Goethe schon von Zürich kannte; der Schriftsteller Karl Philipp Moritz, auf dessen impulsive ästhetische Ideen Goethe ebenso ordnend einwirkte, wie er ihnen Anregungen verdankte; der Archäologe und Kunstvermittler Johann Friedrich Reiffenstein; der Bildhauer Alexander Trippel, der 1787 eine Büste von Goethe zu modellieren begann – und Angelika Kauffmann, der Goethe seine ‚Iphigenie' vorlas: „Die zarte Seele Angelika nahm das Stück mit unglaublicher Innigkeit auf [...] Angelika hat aus meiner ‚Iphigenie' ein Bild zu malen unternommen [...] Den Moment, da sich Orest in der Nähe der Schwester und des Freundes wiederfindet. Das, was die drei Personen hintereinander sprechen, hat sie in eine gleichzeitige Gruppe gebracht und jene Worte in Gebärden verwandelt [...] Und es ist wirklich die Achse des Stückes". – Angelika Kauffmann malte Goethe und später auch die „junge Mailänderin" Maddalena Riggi, mit der Goethe Gefahr lief, „ein wertherähnliches Schicksal" zu erleben, während sie die Verlobte von Giuseppe Volpato, dem Sohn des Kupferstechers Giovanni Volpato war.

Noch 1786 hatte Tischbein das lebensgroße Porträt begonnen, das Goethe auf antiken Trümmern sitzend inmitten der Campagna darstellt. Die Bildrequisiten – im Vordergrund ein Relief, das Orest und Pylades vor Iphigenie zeigt, im Hintergrund das turmartige Grabmal der Metella und Reste eines Aquädukts – sind bedeutungsvoll. Denn wie Tischbein durch die

180 Karl Philipp Moritz (1757–1793) Kupferstich von unbekanntem Künstler, um 1785. GMD

181 Johann Friedrich Reiffenstein (1719–1793) Kupferstich von G. Morghen nach Guttenbrun, um 1780. GMD

182 Alexander Trippel (1744–1793) Kupferstich von Schulz nach Clemens, Paris 1775. GMD

Beigabe des Reliefs Goethe als den Dichter der ‚Iphigenie' auswies, so sind auch die dargestellten antiken Denkmäler Hinweise auf das, was Goethe mit ihnen verband: „Das Grab der Metella, das einem erst einen Begriff von solidem Mauerwerk gibt [...] Wer sich mit Ernst hier umsieht und Augen hat zu sehen, muß solid werden, er muß einen Begriff von Solidität fassen, der ihm nie so lebendig ward". – „Die Reste der großen Wasserleitung sind höchst ehrwürdig. Der schöne, große Zweck, ein Volk zu tränken durch eine so ungeheure Anstalt!" – „Der Geist wird zur Tüchtigkeit gestempelt, gelangt zu einem Ernst ohne Trockenheit, zu einem gesetzten Wesen mit Freude. Mir wenigstens ist es, als wenn ich die Dinge dieser Welt nie so richtig geschätzt hätte als hier. Ich freue mich der gesegneten Folgen auf mein ganzes Leben."

Neapel

Im Februar 1787 reiste Tischbein nach Neapel. Goethe begleitete ihn und wurde dort mit dem Landschaftsmaler Jacob Philipp Hackert und dem Zeichner Christoph Heinrich Kniep bekannt. Hackert, bei dem Goethe Zeichenunterricht nahm, verdanken wir ein großes Gemälde des Kraterbeckens der Solfatara, Kniep einen paradiesischen Landschaftsstich mit dem rauchenden Vesuv im Hintergrund. Die Solfatara durchwanderte Goethe, den Vesuv bestieg er. „Unterm reinsten Himmel der unsicherste Boden", reflektierte er über die Schwefel brodelnde Senke und nannte den Vulkan einen „mitten im Paradies aufgetürmten Höllengipfel". Der „ungeheure Gegensatz" des „Schrecklichen zum Schönen" war hier offenbar. Die verschütteten Städte Pompeji und Herculanum gaben Goethe Anschauung von der Gefährdung der gestalteten Welt durch das Chaos.

Aus der Situation, gleichsam „zwischen Gott und Satan eingeklemmt" zu sein, erklärte sich Goethe die Mentalität der Neapolitaner. Schon seit seiner Ankunft in Verona hatte er auf das einfache Volk ein besonderes Augenmerk. Auch in Venedig beobachtete er auf Plätzen und Märkten die Gebärden des Volkes, und jetzt in Neapel war er überzeugt, das Volk sei „so natürlich, daß man mit ihm natürlich werden könnte." – Auf seiner zweiten Italienreise, die ihn im März 1790 unter widrigen Umständen nach Venedig führte, widerrief er seine Begeisterung für das Volk allerdings mit einer handvoll desillusionierender Verse aus seinen ‚Venetianischen Epigrammen'.

DAS

RÖMISCHE CARNEVAL.

Berlin, gedruckt bey Johann Friedrich Unger.

Weimar und Gotha.

In Commission bey Carl Wilhelm Ettinger.

1789.

183 Goethes Beschreibung des Römischen Carnevals
Erstausgabe 1789. Titelseite mit einem Kupferstich von J.H. Lips. GMD

Sizilien

Am 19. März 1787 segelte Goethe mit Kniep, den er als Zeichner und Reiseführer unterhielt, auf dem Paketboot von Neapel nach Palermo, um Sizilien kennenzulernen. Die Exkursion dauerte fast sieben Wochen.

An den Tempeln von Segesta und Agrigent suchte Goethe sein Verständnis der antiken Architektur auszubilden, nachdem ihn vorher die aus archaischer Zeit stammenden Tempel von Paestum erschreckt hatten. Fand er zuerst „diese stumpfen, kegelförmigen, enggedrängten Säulenmassen lästig, ja furchtbar", so wurde ihm durch das Studium der sizilianischen Tempel deren Entwicklung aus den archaischen bewußt, und indem er diese Entwicklung zurückverfolgte, erkannte er in den Tempeln von Paestum jetzt „die letzte und, fast möcht' ich sagen, herrlichste Idee, die ich nun nordwärts vollständig mitnehme." Es war die Idee von der Urform der klassischen Architektur.

Schon nach der Landung in Palermo hatten Goethe „die schwärzlichen Wellen am nördlichen Horizonte, ihr Anstreben an die Buchtkrümmungen, selbst der eigene Geruch des dünstenden Meeres [...] die Insel der seligen Phäaken in die Sinne sowie ins Gedächtnis" gerufen. Jetzt, nachdem er die Küstenregion der Insel von Westen über Süden nach Osten durchreist, einen Abstecher ins Innere Siziliens und zum Ätna gemacht hatte, ergriff ihn das Bild, das sich ihm vom Amphitheater über Taormina bot, und er versuchte, den Gesang aus der Odyssee, in dem Odysseus auf der Insel der Phäaken landet und Nausikaa, der Tochter des Königs Alkinoos, begegnet, dramatisch zu gestalten. Im Drama ‚Nausikaa', in dem Antike und Gegenwart durch Sage und Landschaft verbunden werden sollten, wollte Goethe den Ertrag seiner Sizilienreise finden. Aber das Werk blieb Fragment, nachdem Goethe die Insel verlassen hatte.

Der Gewinn

Als Goethe nach Rom zurückgekehrt war, sah er alle Fäden, die er bis dahin gesponnen hatte, zusammenschießen: Im Zeichnen mit den Künstlerfreunden bewährten sich jetzt seine naturwissenschaftlichen Studien ebenso wie sein Studium der antiken Kunstdenkmäler. Wie in der Natur sah er die höchste Kunst dort verwirklicht, wo „alles Willkürliche, Eingebildete" ausgeschieden ist, und nur „innerliche Wahrheit und Notwendigkeit" herrschen. Intensiv beschäftigte sich Goethe deshalb jetzt mit seinen nach Italien mitgenommenen Dichtungen: formte sie um und arbeitete sie aus im Hinblick auf eine allgemeingültige Gesetzmäßigkeit.

Als Sinnbild solcher Gesetzmäßigkeit verstand Goethe nun auch den römischen Karneval, mit dem er im Jahr zuvor noch gar nichts hatte anfangen können: „Es mußte mir bald auffallen, daß dieses Volksfest wie ein anderes wiederkehrendes Leben und Weben seinen entschiedenen Verlauf hatte, [...] wo jeder Zuschauer und Teilnehmer mit freiem Gesicht oder unter der Maske [...] nur einen geringen Raum vor und neben sich übersieht, in der Kutsche oder zu Fuße nur Schritt vor Schritt vorwärts kommt, mehr geschoben wird als geht, mehr aufgehalten wird als willig stille steht, nur eifriger dahin zugelangen sucht, wo es besser und froher zugeht, und dann auch da wieder in die Enge kommt und zuletzt verdrängt wird."

Je mehr Goethe allerdings durch die verschiedenen Stationen seiner Italienreise zu sich selber fand, desto schmerzlicher wurde ihm durch die Reaktion der Weimarer Freunde auf seine Briefe die wachsende Distanz zu ihnen bewußt. Das nimmt sich wie ein dunkles Vorzeichen dafür aus, wie man sich in Weimar verhalten wird, wenn Goethe bald nach seiner Rückkehr mit Christiane Vulpius eine Lebensgemeinschaft beginnen wird. Aber der ganze Gewinn der Italien-Reise, die Wiederentdekkung von Leben und Kunst, fand in der Begegnung mit Christiane Bestätigung. In den ersten beiden Jahren des Zusammenlebens entstanden als Bekenntnis zu der durch Italien gewonnenen Lebensform die ‚Römischen Elegien', und noch im Herbst 1828 wird Goethe versichern: „Ja, ich kann sagen, daß ich nur in Rom empfunden habe, was eigentlich ein Mensch sei".

184/185 Figurinen aus Goethes Beschreibung des Römischen Carnevals Kolorierte Kupferstiche von G. M. Kraus nach J. G. Schütz, 1788. GMD

Historisch-kritische
Nachrichten
von Italien,
welche
eine Beschreibung dieses Landes
der Sitten, Regierungsform, Handlung, des
Zustandes der Wissenschaften
und insonderheit
der Werke der Kunst
enthalten.
von
D. J. J. Volkmann.

Erster Band.

Zweyte viel vermehrte und durchgehends verbesserte Auflage.

Leipzig,
bey Caspar Fritsch, 1777.

186 ‚Historisch-kritische Nachrichten von Italien' von D. J. J. Volkmann, Leipzig, 1777 – Goethes Reiseführer durch Italien. GMD

187 Johann Joachim Winckelmann (1717–1768)
Öl auf Leinwand von Anton Maron. Vorstudie zum ganzfigurigen Bildnis, 1767. GMD

188 Die Rotonda in Vicenza von Andrea Palladio (1505–1580)
Grundriß und Aufriß aus ‚Quattro Libri dell' Architettura di Andrea Palladio, Libro Secondo', 1570, S. 17. GMD

189 Das Amphitheater in Verona
Kupferstich von G. A. Urbani nach T. Majeroni, 17. Jh. (Ausschnitt). GMD

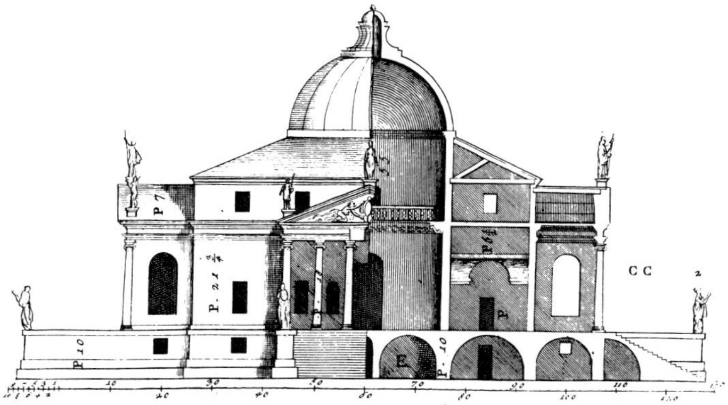

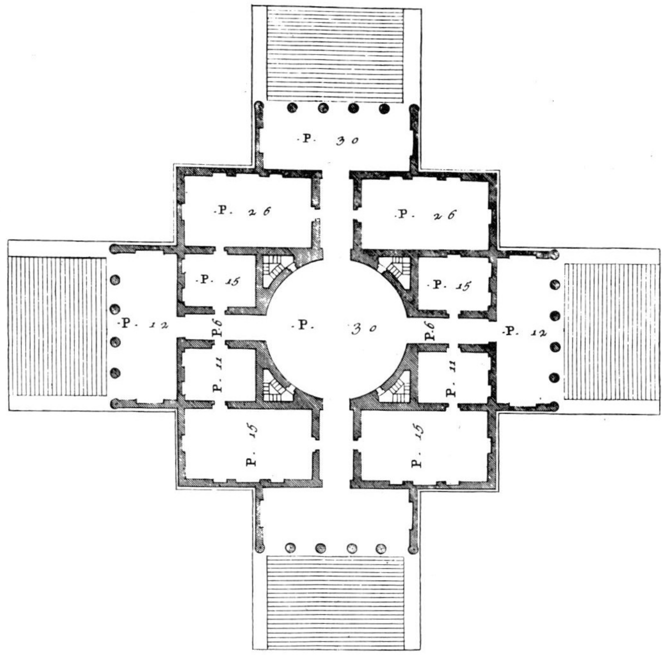

190 Venedig. Ansicht der Piazzetta und des Dogenpalasts
Kupferstich von A. Sandi, um 1780. GMD

191 Venedig. Volksszene auf dem Marcusplatz
(Ausschnitt aus: ‚Plateae D. Marci Prospectus ad Publicam Bibliothecam')
Kupferstich von Antonius Visentini, 1735. GMD

193 St. Sebastian
Öl auf Leinwand von Guido Reni (1575–1642). Pinacoteca Nazionale, Bologna

192 Antikes Grabmal von der Art, wie Goethe sie erstmals in Verona sah
Museo delle Terme, Rom

194 Die Erschaffung Adams
Fresko von Michelangelo Buonarroti, 1508–12. Sixtinische Kapelle, Vatikan

195 Die Erkennung des Orest durch Iphigenie
Öl auf Leinwand von Johann Heinrich Wilhelm Tischbein, 1788.
RESIDENZSCHLOSS AROLSEN

196 Grabmal der Caecilia Metella an der Via Appia

197 Aquädukt des Claudius
Kolorierter Kupferstich von F. Hegi nach J.C. Rahn, um 1800. GMD

198 Goethe in der Campagna
Öl auf Leinwand von Johann Heinrich
Wilhelm Tischbein, 1786–1788. STF

199 Der Corso in Rom
Kupferstich von G. B. Piranesi, 1752.
GMD

200 Johann Heinrich Wilhelm
Tischbein (1751–1829)
Bleistiftzeichnung von Johann Heinrich
Lips, 1785. GMD

201 Johann Wolfgang Goethe, aus dem
Fenster seiner römischen Wohnung am
Corso blickend
Aquarell und Kreide über Bleistift von
Johann Heinrich Wilhelm Tischbein,
1786/87. FDH

202 St. Peter in Rom, Innenansicht
Kolorierter Kupferstich von Ladislaus Rupp, Anfang 19. Jh. GMD

203 Illustration zu ‚Iphigenie'
3. Akt, 3. Auftritt: „Seid ihr auch schon herabgekommen?"
Kreide mit Weißhöhung von Angelika Kauffmann, 1787. GMD

204 Johann Heinrich Meyer (1760–1832)
Selbstbildnis in Kreide, um 1810. NFG

205 Maddalena Riggi (1765–1825)
Öl auf Leinwand von Angelika Kauffmann, 1795. FDH

206 Angelika Kauffmann (1741–1807)
Silberstiftzeichnung von Anton Graff, um 1785. GMD

207 Ideale Landschaft mit Pyramus und Tisbe und Anklängen an die Bucht von Palermo mit dem Monte Pellegrino
Lavierte Tusche über Federzeichnung von Christoph Heinrich Kniep, 1787. GMD

208 Bucht von Neapel
Aquarell über Federzeichnung von Christoph Heinrich Kniep, 1787. GMD

209 Vesta-Tempel in Tivoli
Aquarell von Jacob Philipp Hackert, 1769. Unten ein Ausschnitt. GMD

210 Jacob Philipp Hackert (1737–1807)
Miniatur in Sepia-Aquarell von August Nicodemo, 1796. GMD

211 Christoph Heinrich Kniep (1748 [?]–1825)
Bleistiftzeichnung von Johann Heinrich Wilhelm Tischbein, um 1787. GMD

212 Ansicht der Solfatara
Öl auf Leinwand von Jacob Philipp Hackert, 1788. DAIB

213 „Veduta d'una Villa ideata ..." mit Vesuv im Hintergrund
Kupferstich von Christoph Heinrich Kniep, um 1800. GMD

214 Das griechisch-römische Theater von Taormina mit Küste und Ätna Öl auf Leinwand von C. Gayet, um 1800. Privatbesitz

215 Die Tempel von Agrigent Öl auf Leinwand von Jacob Philipp Hackert, 1785. KIK

216 Neptun-Tempel von Paestum
Radierung von G. B. Piranesi, 1777. GMD

217 Bucht von Palermo
Aquarell über Federzeichnung von
Christoph Heinrich Kniep, 1787. FDH

218 Ansicht von Rom
Ausschnitt aus dem Panoramastich von Guiseppe Vasi, 1765. GMD

Monte Soratte

219 Karneval in Rom
Kupferstich von Friedrich Nerly,
um 1830. GMD

220 Johann Wolfgang Goethe im
Kreise seiner römischen Freunde
Sepia-Federzeichnung von Friedrich
Bury, 1787/88. GMD

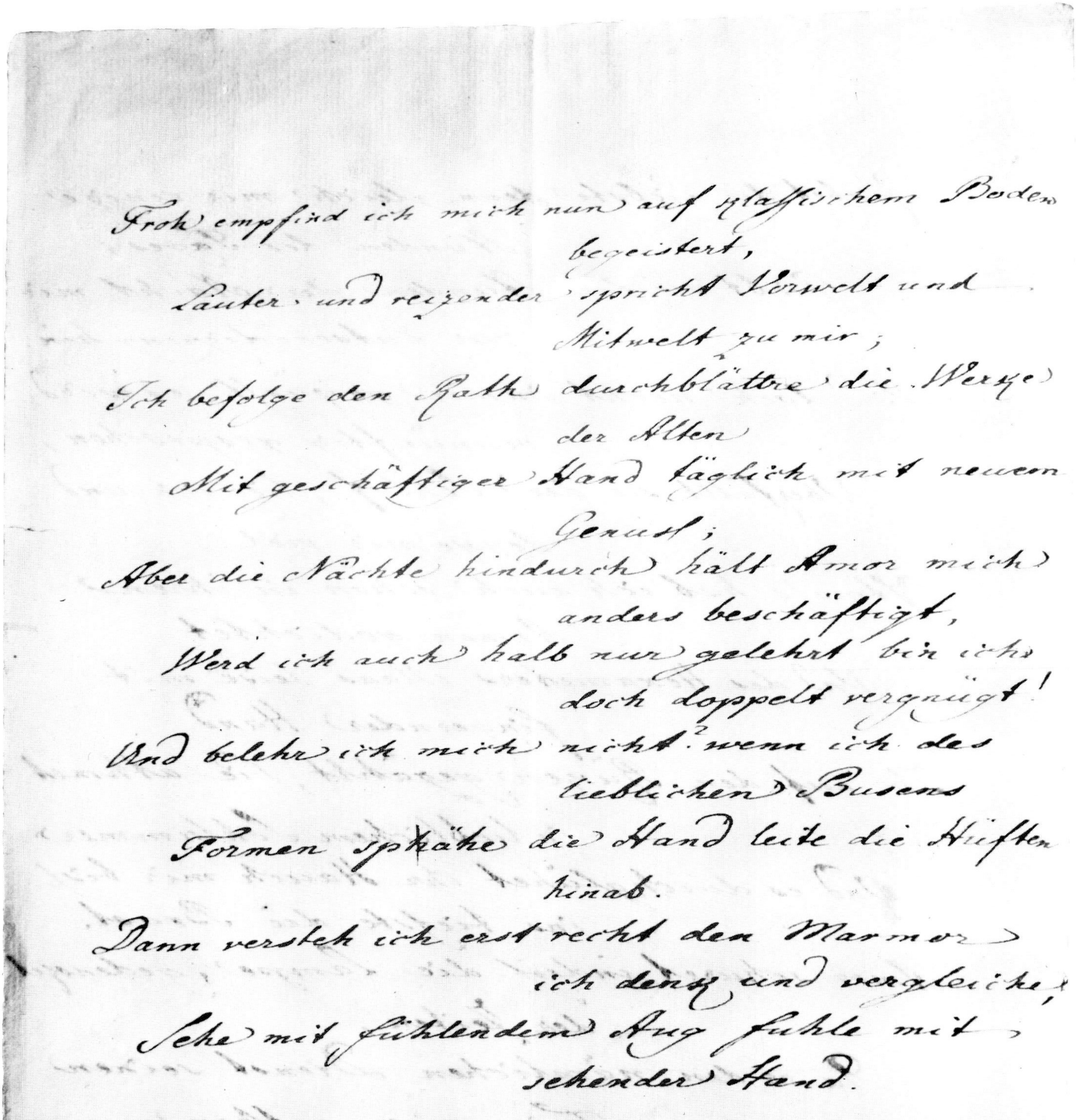
Froh empfind ich mich nun auf klassischem Boden begeistert,
Lauter und reizender spricht Vorwelt und Mitwelt zu mir;
Ich befolge den Rath durchblättre die Werke der Alten
Mit geschäfftiger Hand täglich mit neuem Genuss;
Aber die Nächte hindurch hält Amor mich anders beschäfftigt,
Werd ich auch halb nur gelehrt bin ich doch doppelt vergnügt!
Und belehr ich mich nicht wenn ich des lieblichen Busens
Formen spähe die Hand leite die Hüften hinab.
Dann versteh ich erst recht den Marmor ich denk und vergleiche,
Sehe mit fühlendem Aug fühle mit sehender Hand.

221 Johann Wolfgang Goethe: V. Römische Elegie
„Froh empfind ich mich nun auf klassischem Boden begeistert …“
Eigenhändige Reinschrift für Friedrich Heinrich Jacobi, 1789. GMD

10. Weimar. Häuslichkeit, Amtsgeschäfte und geselliges Leben

Christiane und August

Als „ein neuer Mensch“ war Goethe aus Italien zurückgekommen, wie er es vorausgesagt hatte. Indessen ging es ihm „wie dem Vogel, der sein Nest bauen möchte“. Beides erklärt, daß Goethe kaum vier Wochen nach seiner Rückkehr die dreiundzwanzigjährige Christiane Vulpius, die ihm einen Bittbrief ihres Bruders Christian August übergeben hatte, in sein Haus nahm und mit ihr eine „Gewissensehe“ einging, die er erst 1806, nachdem mit der Schlacht bei Jena alle Lebenssicherheiten in Frage gestellt worden waren, legalisierte.

Am 25. Dezember 1789 hatte Christiane einen Sohn, Julius August Walther, geboren. Er war das einzige überlebende Kind, nachdem vier spätere Geschwister entweder tot geboren wurden oder bald nach der Geburt starben. Goethe freuten die lebhaften Interessen des Knaben. Im September 1803 zog der Altphilologe Friedrich Wilhelm Riemer als Augusts Lehrer bei Goethe ein. 1808 ging August von Goethe auf die Heidelberger Universität, 1810 studierte er in Jena und wurde 1812, seiner Fähigkeit für das Verwaltungswesen entsprechend, zum Kammerassessor ernannt. 1815 stieg er zum Kammerrat auf. Der Sohn war in den Stand gesetzt, den Vater in allen dienstlichen, gesellschaftlichen und häuslichen Angelegenheiten zu vertreten. Als Christiane am 5. Juni 1816 starb, notierte Goethe nicht nur: „Du versuchst, o Sonne, vergebens,/ Durch die düstren Wolken zu scheinen!/ Der ganze Gewinn meines Lebens/ Ist, ihren Verlust zu beweinen“ – sondern auch: „Mein Sohn Helfer, Ratgeber, ja einzig haltbarer Punkt in dieser Verwirrung.“

Das Haus am Frauenplan

Die Ernennung zum Geheimen Rat 1779 und dann die Erhebung in den Adelsstand 1782 ließen es geboten erscheinen, daß Goethe vom Gartenhaus in ein seiner Stellung angemessenes Gebäude in der Stadt zöge: Seit dem 2. Juni 1782 wohnte er im stattlichen Hause des Garnisonsmedicus Helmershausen am Frauenplan zur Miete. Dort führte er 1788 Christiane ein. Im November 1789 zog er mit ihr in das zum Hof gehörende ‚Jägerhaus‘. Aber schon zwei Jahre später benötigte der Herzog das ‚Jägerhaus‘ anderweitig und ließ nach einem dauernden Wohnsitz für Goethe suchen. Mit 6000 Talern erwarb der Herzog das Helmershausen-Haus und überließ es Goethe zunächst zu freier

223 Johann Wolfgang von Goethe
Öl auf Holz von Heinrich Christoph Kolbe. Verkleinerte Wiederholung des Brustbildes aus seiner ganzfigurigen Darstellung von 1822/26. GMD

222 Christiane Vulpius (1765–1816)
Bleistift und schwarze Kreide von Johann Wolfgang von Goethe, 1788/89. NFG

Verfügung. Nach Goethes Teilnahme am Koalitionskrieg gegen Frankreich schenkte Carl August es ihm, weil er glaubte, „demselben eine ausgezeichnete Erkenntlichkeit schuldig" zu sein – „auch in Rücksicht auf seine übrigen um meine Person habende vieljährigen Verdienste".

Das geräumige Haus am Frauenplan bot Goethe die Möglichkeit, all das, was er zu künstlerischer Anregung und wissenschaftlicher Förderung an Büchern, Bildern, Handschriften, Skulpturen, Fayencen, Münzen, Mineralien und naturwissenschaftlichen Geräten schon gesammelt hatte oder noch sammelte, zweckmäßig aufzubewahren oder auszustellen. Bereits 1806, als es nach den Kriegswirren galt, die Verhältnisse neu zu ordnen und sich des noch Bestehenden zu vergewissern, versicherte

224 Kanzler Friedrich Müller (1779–1849)
Radierung von G. Schuchardt, nach 1815. GMD

Goethe seinem Herzog im Hinblick auf das Haus am Frauenplan: „Ich habe mich Ihrer Gabe würdig bewiesen, daß ich es nicht zum Wohlleben, sondern zu möglicher Verbreitung von Kunst und Wissenschaft einrichtete und benutzte."

Die unter Leitung seines Freundes Johann Heinrich Meyer umgestalteten Räume des Vorderhauses dienten Goethe zur Repräsentation, insbesondere das ‚Juno'- und ‚Urbino'-Zimmer für Empfänge. Im Westflügel des Hinterhauses nach Süden lagen Christianes Zimmer und – seit 1809 – das ihrer Gesellschafterin, Caroline Ulrich. Auf dem Ostflügel des Hinterhauses hatte Goethe zum Garten zwischen Bibliothek und Schreibzimmer Arbeitsraum und Schlafkammer. Bis zur Gründung eines jeweils eigenen Hausstands wohnten Meyer (bis 1802) und Riemer (bis 1812) in den Mansarden des Vorderhauses.

Die zweite und die dritte Generation

Als 1817 August von Goethe Ottilie von Pogwisch heiratete, zog das junge Paar in den Mansardenstock des Vorderhauses. Dort wurden Walther Wolfgang (1818), Wolfgang Maximilian (1820) und Alma Sedina (1827) geboren.

Die vom Vater gewünschte Ehe war nicht glücklich: Die sachlich-haushälterische Veranlagung Augusts kontrastierte mit dem sensibel-schwärmerischen Naturell Ottiliens. Der Sohn wendete sich in dieser Misere immer öfter dem Alkohol zu, die Schwiegertochter den jungen Engländern, die auf Schloß Belvedere bei Weimar erzogen wurden. Wie früher der Vater aus nicht zu regulierenden Verhältnissen flüchtete, wählte auch der Sohn 1830 die Flucht: Der Vater stellte dem Sohn 2000 Taler für eine Reise nach Italien zur Verfügung und gab ihm seinen Famulus Eckermann zur Begleitung mit. In Rom starb August von Goethe in der Nacht zum 27. Oktober 1830 an einem Gehirnschlag. Er wurde auf dem protestantischen Friedhof an der Cestiuspyramide beigesetzt, wo der Vater 1788, als er „traurige Gedanken hatte", sein eigenes Grabmal gezeichnet hatte. – Goethe überbrachte man die Nachricht am 10. November, vierzehn Tage später erlitt er einen „Blutsturz".

Goethe mußte sich jetzt noch mehr als vorher um das Hauswesen kümmern, denn der Tod Augusts hatte Ottiliens Verhältnis zur Realität keineswegs gebessert. Den Schlüsselbund, das Zeichen der Hausfrau, trug nicht sie, sondern der Schwiegervater. Der kalkulierte die Hauswirtschaft bis zum wöchentlichen Speiseplan: Das Vermögen war zusammenzuhalten, um den künftigen Lebensunterhalt von Schwiegertochter und Enkeln zu sichern. Denn obgleich Goethe sich vom „Blutsturz" erholt hatte, trug er doch an der, wie Caroline von Egloffstein formulierte, „gefährlichen Krankheit von – zweiundachtzig Jahren."

Goethe besprach mit dem Kanzler (Justizminister) von Müller sein Testament: Nicht nur seine Erben wollte er abgesichert sehen, sondern auch seine Manuskripte, Briefschaften und Sammlungen konserviert wissen. In der Tat haben Walther Wolfgang und Wolfgang Maximilian – zunächst unter Leitung ihres Vormunds, zu dem der Großvater den Kanzler von Müller ernannt hatte, später in eigener Verantwortung – das Erbe bewahrt, bis es laut Testament Walther Wolfgangs, der am 15. April 1885 als letzter Goethe-Erbe starb, der Großherzogin Sophie von Sachsen-Weimar und dem weimarischen Staat vermacht wurde.

Die Getreuen

Am 17. März 1831 erhielt Goethe die Schlußbände seiner in der ‚Ausgabe letzter Hand' zusammengefaßten sämtlichen Werke – soweit er sie zur Lebzeit veröffentlichen ließ. Er konnte auf eine immense Arbeit zurückblicken, bei deren Bewältigung ihm eine Schar Getreuer zur Seite gestanden hatte. Das betraf nicht nur die Edition, sondern auch Vorfragen und Gestaltung.

Da war zunächst Johann Heinrich Meyer, seit der Begegnung in Rom als „Kunstmeyer" für alle Fragen der bildenden Kunst zuständig. Dann hatte Goethe 1802 den Altphilologen und Altertumsforscher Johann Heinrich Voß an die Universität Jena berufen lassen. Von ihm ließ er sich speziell in der Metrik seines Epos ‚Hermann und Dorothea' beraten.

Als 1803 Riemer eingestellt wurde, hatte Goethe mit ihm den Altphilologen im Hause. Der Lehrer des Sohnes war auch dem Vater nützlich: Der übertrug dem „so gelehrten als gewandten und freundlichen Mitarbeiter" ausdrücklich die grammatische und stilistische Überarbeitung seiner Werke. Riemer übernahm die Funktion eines Sekretärs und war in dieser Eigenschaft prädestiniert, die ‚Ausgabe letzter Hand' zu betreuen.

Dazu kam 1823 Johann Peter Eckermann, der Goethe als Gesprächspartner diente und dadurch bald gleich Riemer einen Einblick in Goethes Leben und Werk hatte, so daß Goethe mit ihm einen Vertrag über die Ausgabe seiner postumen Schriften, vor allem des Faust II, schloß: „Sein zartes und zugleich lebhaftes, man möchte sagen, leidenschaftliches Gefühl ist mir von großem Werth, indem ich ihm manches Ungedruckte, bisher ungenutzt Ruhende vertraulich mittheile, da er denn die schöne Gabe besitzt, das Vorhandene, als genügsamer Leser, freundlich zu schätzen und doch auch wieder nach Gefühl und Geschmack zu Forderndes deutlich auszusprechen weiß."

Als Sekretär wurde Ernst Carl John 1812 Nachfolger Riemers. Nachdem John 1814 eine

225 Karl Friedrich Graf Reinhardt (1761–1837)
Öl auf Leinwand von unbekanntem Künstler, um 1815. Original verschollen. GMD

Stelle im Staatsdienst erhalten hatte, folgte Friedrich Kräuter als Sekretär, der er bis zu Goethes Tod blieb. 1825 wurde noch als weiterer Sekretär Johann Christian Schuchardt eingestellt. Mit dem bewährten Schreiber Johann August Friedrich John, der ungezählte Werk- und Briefdiktate Goethes aufnahm, war das ein regelrechtes Sekretariat – bis auf die Zeit 1813/14, als Caroline Ulrich, die 1814 Frau Riemer wurde, es übernommen hatte, Goethe „mit der Feder beyzustehen, da meine ganze Canzley das Schwert ergriffen hat".

„Oberaufsichtliches" und „Privates"

Die „Kanzlei" war vollauf beschäftigt. Zwar hatte Herzog Carl August den Heimgekehrten 1788 von allen Regierungsgeschäften unter Beibehaltung von Würden und Titeln entlastet, ihm aber neue Tätigkeiten angetragen, ehe ein Jahr vergangen war: Im März 1789 ernannte er ihn zum Mitglied der Schloßbaukommission. Im Oktober desselben Jahres gab er ihm Auftrag, eine ‚Botanische Anstalt' in Jena zu gründen. 1790 übernahm Goethe die Wasserbaukommission, und 1791 war er wieder Mitglied des Geheimen Consiliums! Die anhaltende Beschäftigung mit der Jenaer Universität und Bibliothek folgte daraus. – 1804 wurde Goethe ‚Wirklicher Geheimer Rat' und 1815, nach der Erhebung Sachsen-Weimars zum Großherzogtum, ‚Staatsminister', dem nun die ‚Oberaufsicht über die unmittelbaren Anstalten für Wissenschaft und Kunst' oblag.

Die Fülle dessen, was zu erledigen war, merkte Goethe in monatlich aufgestellten Verzeichnissen – „Agenda" – vor. Er trennte dabei „Oberaufsichtliches" und „Privates". Was erledigt war, strich er durch. Nur so konnte er sich Übersicht über die Vielfalt seiner Vorhaben bewahren.

226 Frédéric Jean Soret-Duval (1795–1865) Gezeichnet und lithographiert von F. Martersteig, um 1848. GMD

Auch nachdem Carl August am 14. Juni 1828 gestorben war, behielt Goethe die ihm übertragenen Ämter. Am 3. Juli brach er zum südlichen der drei über der Saale liegenden Dornburger Schlösser auf, in denen ihm Carl August mehr als zwanzigmal seit 1776 Aufenthalt vergönnt hatte: „Bey dem schmerzlichsten Zustand des Inneren mußte ich wenigstens meine äußern Sinne schonen", begründete er seine Flucht aus dem in Trauer gehüllten Weimar. Knapp drei Jahre zuvor hatte man dort am 3. September 1825 die fünfzigste Wiederkehr des Tages gefeiert, an dem Carl August die Regierung angetreten hatte. Goethes Weimarer Erinnerungen gingen fast ebenso weit zurück. Sie umschrieben die Epoche des Weimarer Humanitätsbewußtseins, von dem Goethe hoffte, daß „der neu antretende Gebieter" es bewahren werde.

Zirkel geselliger Kultur

Spiegel des Weimarer Humanitätsideals waren nicht allein das Theater und die von den Weimarer Autoren ausgehenden Schriften, sondern auch die gleichsam internen Zirkel geselliger Kultur. Mit ihrer „Tafelrunde" hatte Anna Amalia ein Beispiel gegeben: Im Oktober 1801 gründete Goethe das Mittwochskränzchen ‚Cour d'amour', das sich im Winterhalbjahr vierzehntägig nach dem Theater bei ihm traf. Seit Frühjahr 1803 war Goethe Gast im geselligen Kreis des Verlegers Frommann in Jena. Im Oktober 1806 eröffnete Johanna Schopenhauer ihren Salon. Als Goethe nach seiner Eheschlie-

227 Johanna Schopenhauer (1766–1838) Miniatur in Deckfarben auf Elfenbein. Der Überlieferung nach Selbstbildnis. GMD

ßung Christiane bei ihr einführte und die Gesellschaft darüber verlegen war, ließ Johanna ihren Sohn Arthur wissen: „Wenn Goethe ihr seinen Namen gibt, können wir ihr wohl eine Tasse Tee geben."

Musik

1807 richtete Goethe eine Hausmusik ein, die am Sonntagmorgen bei ihm oder im Theater ausgeführt wurde. – Mozart war Goethe von seinem vierzehnten Lebensjahr an ein Begriff, als er den siebenjährigen Wolfgang Amadeus zusammen mit dem Vater und der Schwester musizieren erlebt hatte. Sein Ohr war auch später ganz auf Mozart eingestellt. 1814 erweckte der Badeinspektor und Organist von Bad Berka, Johann Heinrich Friedrich Schütz, Goethes Interesse an Bach. Goethe gefielen besonders die Fugen, die er mit „illuminierten mathematischen Aufgaben" verglich. Aus solcher Perspektive konnte er wenig Geschmack an den vergleichsweise revolutionären Kompositionen Beethovens finden. Was allerdings Beethovens Musik zu ‚Egmont' betraf, so erkannte Goethe 1821 an: „Beethoven ist mit bewundernswertem Genie in meine Intentionen eingegangen."

Als Dichter fand Goethe, die Hauptsache sei, daß sich der Komponist nach den Intentionen des Textes richte. In dieser Hinsicht hatte Goethe zunächst Hoffnungen auf Kayser gesetzt, dem er gar eine Anstellung in Weimar verschaffen wollte, doch enttäuschte Kayser am Ende. Mit Reichardt hatte Goethe aus seiner Sicht mehr Glück: „Seine Kompositionen meiner Lieder sind das Unvergleichlichste, was ich in dieser Art kenne", urteilte er noch 1825. Endlich aber waren es die Vertonungen des Berliner Singakademiedirektors Zelter, die Goethes Vorstellungen ganz gerecht wurden, da sie nicht nur dem Wort Vorrang ließen, sondern als strophische Kompositionen auch Goethes Auffassung vom Symbolbegriff entsprachen, bei dem das Einzelne Gültigkeit für das Allgemeine hat wie die Melodie der einzelnen Strophe für das ganze Lied. Mit Zelter trat Goethe erstmals 1799 in Verbindung. 1802 lernten sich beide persönlich kennen. Seit 1812 duzten sie sich. Zelter wurde der verständigste Freund des alten Goethe.

1821 führte Zelter seinen zwölfjährigen Schüler Felix Mendelssohn Bartholdy bei Goethe ein. Der hatte das junge Talent alsbald ins Herz geschlossen und nannte es im nächsten Jahr des Vorspielens wegen seinen „David". Weitere Besuche Mendelssohns folgten 1825 und 1830. – Dem Enkel Walther Wolfgang erteilte Mendelssohn 1836/37 Kompositionsunterricht.

1819 war Johann Nepomuk Hummel als Hofkapellmeister nach Weimar berufen worden. Goethe schätzte die Kompositionen des Mozartschülers gleichermaßen wie dessen auf dem Klavier entfaltete Virtuosität, mit der er Goethes Hauskonzerte bereicherte. Zum Tode des Großherzogs hatte Hummel eine Trauerkantate komponiert. Mit neuem Text von Riemer führte er sie ein zweites Mal zu Goethes Bestattung in der Fürstengruft auf. Dann ließ er sie aus dem Notenverzeichnis der Kurrende streichen.

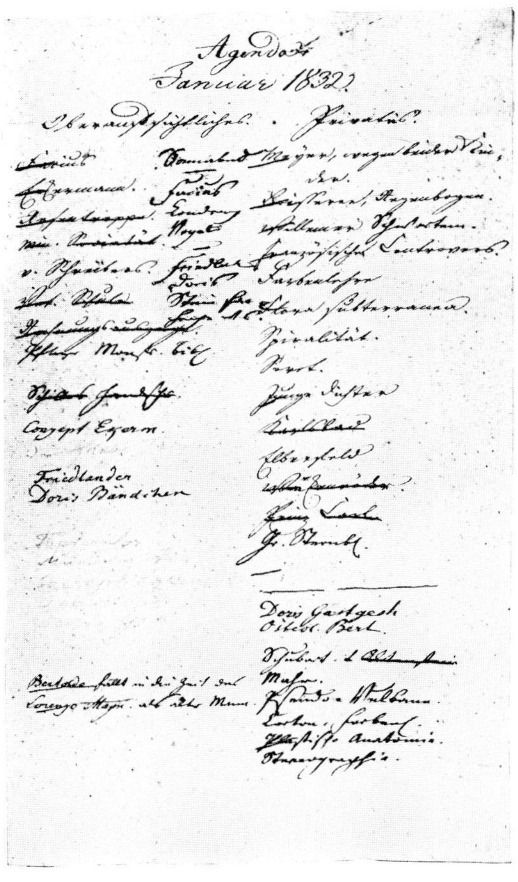
Agenda.
Januar 1832.

228 „Agenda. Januar 1832" Im Alter legte Goethe monatlich Arbeitspläne an, auf denen er in chronologischer Folge das zu Erledigende eigenhändig, in deutscher und lateinischer Schrift wechselnd, notierte. Was erledigt war, strich er durch. GMD

229 August von Goethe (1789–1830) mit junger Katze am Fenster
Blei- und Tuschzeichnung von Johann Heinrich Meyer, 1791. GMD

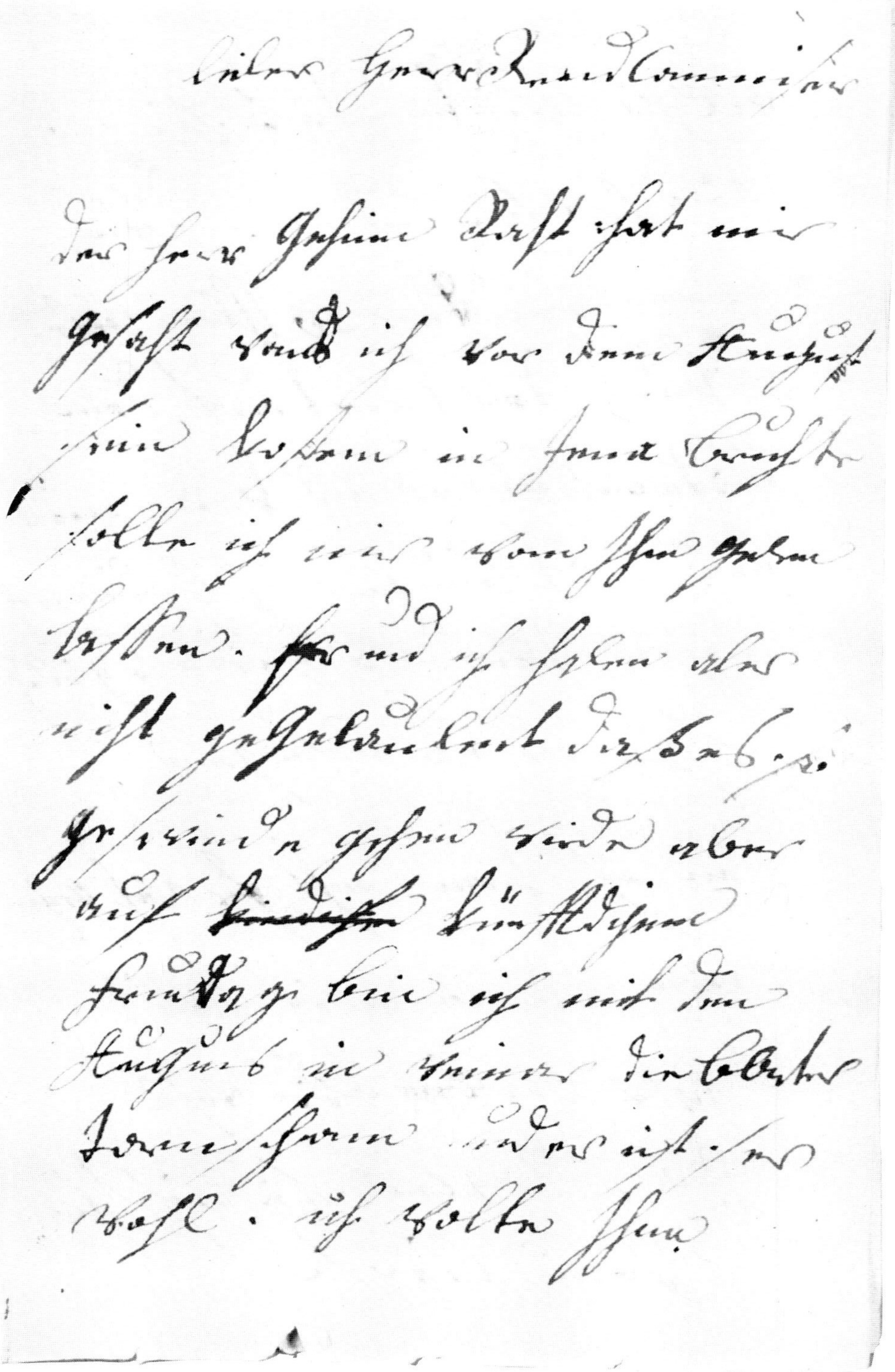

230 Christiane Vulpius (1765–1816)
Eigenhändiger Brief vom 13. Mai 1793 an den Rentkommissar Philipp Seidel. Goethe war am Tag zuvor zur Teilnahme an der Belagerung von Mainz aufgebrochen und hatte Christiane angewiesen, sich in Geldfragen an Seidel zu wenden. GMD

231 August von Goethe (1789–1830)
Miniatur in Deckfarben auf Elfenbein
von Karl Joseph Raabe, 1811. GMD

232 Johann Wolfgang von Goethe
Miniatur in Deckfarben auf Elfenbein
von Karl Joseph Raabe, 1811. GMD

233 Christiane von Goethe,
geb. Vulpius (1765–1816)
Miniatur in Deckfarben auf Elfenbein
von Karl Joseph Raabe, 1811. GMD

234 Goethes Gartenhaus
am Ilm-Park in Weimar
Kupferstich von Ludwig Schütze nach
Otto Wagner, 1828. GMD

235 Goethes Gartenhaus, Gartenseite
Aquarellierte Federzeichnung von
J.W. Goethe, 1779/80. NFG

236 Goethes Haus am Frauenplan in Weimar
Kupferstich von Ludwig Schütze nach Otto Wagner, 1828. GMD

237 Goethes Hausgarten am Frauenplan in Weimar
Lithographie von Ed. Lobe. GMD

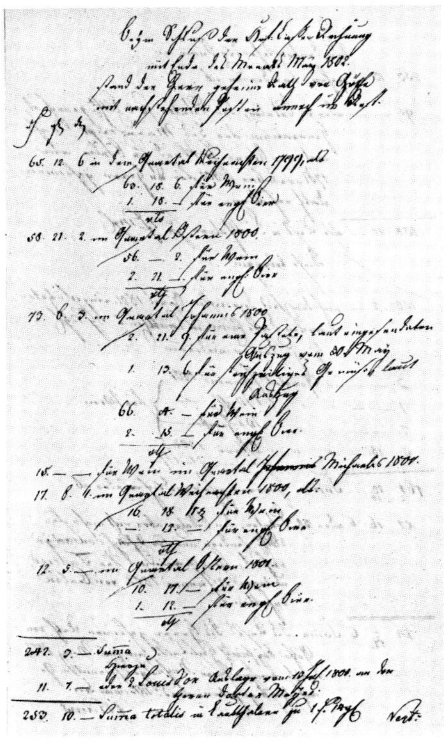

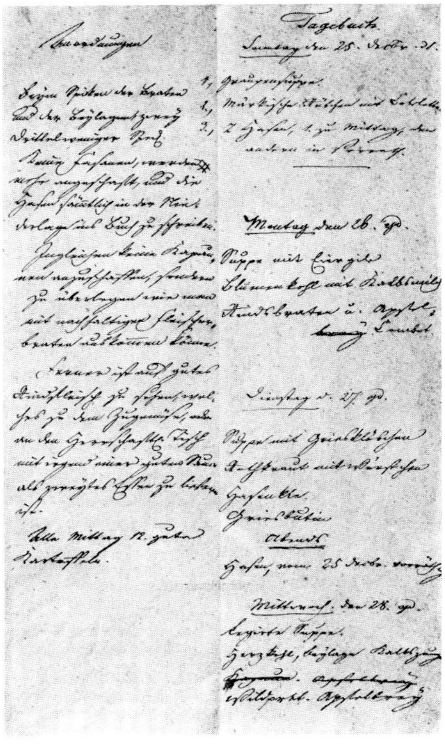

238 Das ‚Juno-Zimmer' im Haus am Frauenplan, das eigentliche Gesellschaftszimmer, in dem Goethe zu empfangen pflegte. Die Räume blieben erhalten, wie Goethe sie verließ. Zeichnung in farbiger Kreide von Ludwig Michalek, 1923. Aus: Goethes Heimstätten. Bilder und Skizzen von Prof. Ludwig Michalek. Herausgegeben von Rudolf Payer von Thurn, Wien 1928

239 Hof-Kasse-Rechnung über Lieferungen an Goethes Haushalt in der Zeit vom 4. Quartal 1799 bis zum 1. Quartal 1802. NFG

240 Von Goethe diktierter Küchenzettel für die Zeit vom 25. bis 28. Dezember 1831. GMD

243 J. W. v. Goethes Enkel Walter Wolfgang (1818–1885) am Flügel – und Wolfgang Maximilian (1820–1883); im Hintergrund: Alma Zeichnung von B. von Arnswald, nach 1832. NFG

241 Ottilie von Goethe, geb. von Pogwisch (1796–1872), Goethes Schwiegertochter. Radierung von ihrer Freundin Anna Jameson. GMD

242 Alma von Goethe (1827–1844), Goethes Enkelin
Pastell von Luise Seidler, 1832. GMD

244 Goethe im Arbeitszimmer, seinem Schreiber John diktierend
Ölgemälde von Johann Joseph Schmeller, 1829/31. NFG

245 Johann Heinrich Meyer (1759–1832)
Lithographie nach dem Selbstbildnis, um 1810. GMD

246 Johann Heinrich Voß (1751–1826)
Sepia-Aquarell von Joseph Nikolaus Peroux, 1811. GMD

247 Johann Peter Eckermann (1792–1854)
Kreidezeichnung von Johann Joseph Schmeller, 1828. NFG

248 Caroline Riemer, geb. Ulrich (1790–1855)
Getuschte Silhouette mit weißer Binnenzeichnung, um 1820. GMD

249 Friedrich Wilhelm Riemer (1774–1845)
Getuschte Silhouette mit weißer Binnenzeichnung, um 1820. GMD

250 Hofgesellschaft bei Herzogin Anna Amalia im Wittumspalais in Weimar
Aquarell von Georg Melchior Kraus, um 1795. NFG

251 Goethes Haus am Frauenplan im Festschmuck zur Feier von Carl Augusts fünfzigjähriger Regierung am 3. September 1825
Kolorierter Kupferstich von Carl Horny, 1825. GMD

252/253 Jubiläumsmedaille auf die fünfzigjährige Regierung von Carl August Großherzog von Weimar am 3. September 1825 von Henri-François Brandt; Vorder- und Rückseite. GMD

254 Die Dornburger Schlösser
Kolorierte Umrißradierung von unbekanntem Künstler, um 1800. GMD

255 Carl August von Weimar (1757–1828)
Kolorierte Lithographie von Friedrich August Fricke nach Ehregott Grünler, 1828. GMD

256 Leopold Mozart mit seinen Kindern Wolfgang Amadeus und Maria Anna (Nannerl) beim Konzert
Kupferstich von Jean Baptiste Delafosse, 1764. GMD

257 Philipp Christoph Kayser (1755–1824)
Kupferstich aus Lavaters ‚Physiognomischen Fragmenten', 3. Band, S. 202, nach der Zeichnung von J. H. Lips, 1777. GMD

258 Johann Friedrich Reichardt (1752–1814)
Lithographie von H. E. von Winter, 1816. GMD

259 Ludwig van Beethoven (1770–1827)
Kolorierter Kupferstich in Punktiermanier von Blasius Höfel, 1814. GMD

260 Johann Nepomuk Hummel (1778–1837)
Öl auf Leinwand von Ehregott Grünler, 1830. GMD

261 Carl Friedrich Zelter (1758–1832)
Öl auf Leinwand, zeitgenössische Wiederholung des verschollenen Gemäldes von Johann Eduard Wolff, das 1823/28 entstanden ist. GMD

262 Die Singakademie in Berlin
Kolorierte Radierung von L. E. Lütke nach Heinrich Hintze, um 1830. GMD

263 Musikautograph von
Carl Friedrich Zelter
zu Goethes Gedicht ‚In tausend Formen magst du dich verstecken' aus dem ‚West-östlichen Divan', 2. Februar 1823.
GMD

264 Musikautograph von Felix Mendelssohn Bartholdy im Stammbuch Ottilie von Goethes während seines Besuchs in Weimar vom 21.5. bis 3.6. 1830. GMD

265 Felix Mendelssohn Bartholdy (1809–1847)
Lithographie von L. Blau, um 1830. GMD

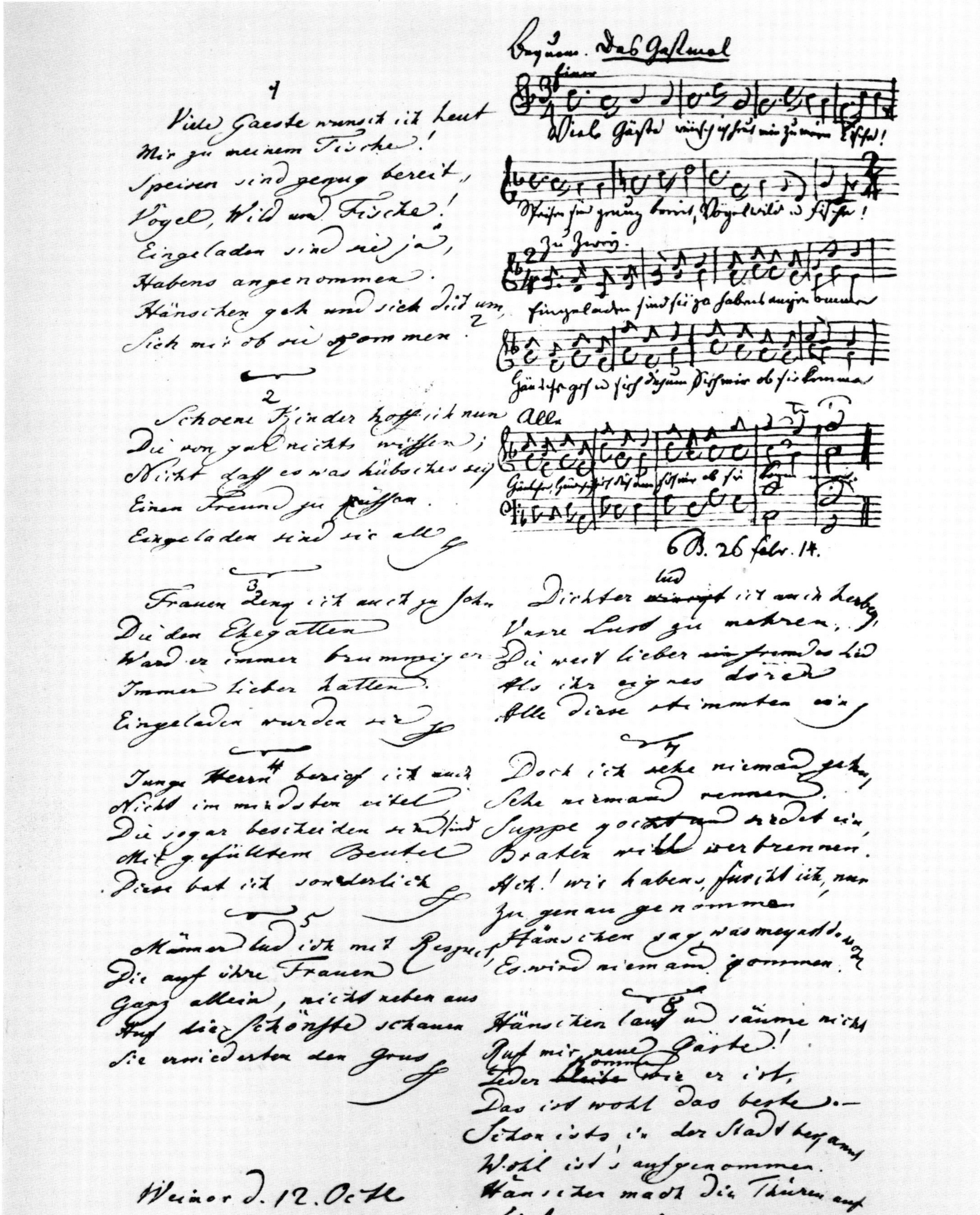

Begräm. Das Gastmal

Viele Gäste wünsch ich heut mir zu meinem Tische!

Speisen sind genug bereit, Vögel Wild und Fische!

Eingeladen sind sie ja, habens angenommen

Hänschen geh und sieh dich um sieh mir ob sie kommen

Alle

6 B. 26 febr. 14.

1

Viele Gaeste wünsch ich heut
Mir zu meinem Tische!
Speisen sind genug bereit,
Vögel, Wild und Fische!
Eingeladen sind sie ja,
Habens angenommen.
Hänschen geh und sieh dich um
Sieh mir ob sie kommen.

2

Schoene Kinder hoff ich nun
Die von gar nichts wissen;
Nicht daß es was hübsches sey
Einen Freund zu küssen.
Eingeladen sind sie all

3

Frauen denk ich auch zu sehn
Die den Ehegatten
Wär er immer brummiger
Immer lieber hatten.
Eingeladen wurden sie

4

Junge Herrn berief ich auch
Nicht im mindsten eitel
Die sogar bescheiden sind
Mit gefülltem Beutel
Diese bat ich sonderlich

5

Männer lud ich mit Respect
Die auf ihre Frauen
Ganz allein, nichts neben aus
Auf die schönste schauen
Sie erwiederten den Grus

Dichter ~~wünscht~~ lud ich auch herbey
Unsre Lust zu mehren,
Die weit lieber ~~ein fremdes~~ Lied
Als ihr eignes hören
Alle diese stimmten ein

7

Doch ich sehe niemand gehn,
Sehe niemand rennen.
Suppe kocht und siedet ein,
Braten will verbrennen.
Ach! wir habens, fürcht ich, nur
Zu genau genommen
Hänschen sag was meynst du wohl
Es wird niemand kommen.

8

Hänschen lauf und säume nicht
Ruf mir neue Gäste!
Jeder ~~kommt~~ ~~Leute~~ wie er ist,
Das ist wohl das beste.
Schon ists in der Stadt bekannt
Wohl ist's aufgenommen.
Hänschen macht die Thüren auf
Sieh nur wie sie kommen

Weimar d. 12. Octb
1813.

11. Der Theaterleiter

Vorspiel

Aus ‚Dichtung und Wahrheit' weiß man, welche Faszination das Theater auf Goethe seit seinen frühen Jahren ausgeübt hat: erst das Puppentheater in Kindertagen, dann das französische Theater in Frankfurt und das Leipziger Theater während der Studienzeit.

Daß ein Bürgersohn, wie Goethe ihn in ‚Wilhelm Meisters theatralischer Sendung' und in ‚Wilhelm Meisters Lehrjahre' darstellte, aufs Theater drängte, war ebenso enthusiastisch wie bestürzend. Denn die Schauspieler gehörten in der Regel als fahrendes Volk bildungsmäßig, finanziell und sozial zur untersten Gesellschaftsschicht, und die von ihnen gebotenen Aufführungen waren von entsprechend zweifelhafter Qualität.

In der ‚Ankündigung' seiner ‚Hamburgischen Dramaturgie' schrieb Lessing 1767: „Der Stufen sind viel, die eine werdende Bühne bis zum Gipfel der Vollkommenheit zu durchsteigen hat". – Goethe hat mit seinem Theater in Weimar gleichsam alle diese Stufen durchstiegen.

Das Liebhabertheater

Als Goethe nach Weimar kam, war mit dem Schloß das Theater abgebrannt und die Schauspielertruppe entlassen. Mehr aus Freude am Spiel als aus Könnerschaft hatten sich Mitglieder der Hofgesellschaft ersatzweise zu einem ‚Liebhabertheater' zusammengefunden. Goethe wirkte bald nach seinem Eintreffen in diesem Laienspielkreis mit und wurde 1776 von Herzog Carl August gebeten, die Leitung zu übernehmen. Als Theatermeister stand ihm der Hoftischler Mieding bei, dessen vielseitige Fähigkeit Goethe 1782 im Nachruf ‚Auf Miedings Tod' rühmte.

Goethes erster Erfolg war, die Sängerin und Schauspielerin Corona Schröter aus Leipzig, wo er sie schon als Student auf der Bühne bewundert hatte, für Weimar zu gewinnen. Corona Schröter blieb im ‚Liebhabertheater' die einzige ausgebildete Künstlerin. Höhepunkt des ‚Liebhabertheaters' war am 6. April 1779 die Erstaufführung der Prosafassung von Goethes ‚Iphigenie' mit Corona Schröter in der Titelrolle. Goethe spielte den Orest.

Zwar sah Goethe die eigentliche Bedeutung des ‚Liebhabertheaters' darin, daß ethische Gesinnung in Handlung umgesetzt würde. Allein auf Dauer zeigte sich, daß Spieler und Publikum zu leichterer Kost tendierten. So bestritt man das Repertoire in erster Linie aus gefälligen Singspielen, zu denen Goethe selber eine Anzahl Texte lieferte.

267 Johann Wolfgang Goethe als Orest, Corona Schröter als Iphigenie in einer Aufführung von Goethes Schauspiel ‚Iphigenie in [später: auf] Tauris'
Öl auf Leinwand von Georg Melchior Kraus, 1779. NFG

266 ‚Das Gastmahl'
Kombination der Gedichtniederschrift Goethes – Weimar, 12. Oktober 1813 – und der Vertonung Zelters – Berlin, 26. Februar 1814
Faksimile; Berlin, Mai 1832. GMD

Das Hoftheater

Erst als in der Folge der ‚Iphigenie'-Aufführung 1779 der Beschluß gefaßt wurde, ein ‚Komödienhaus' zu bauen und wieder eine Schauspielergesellschaft unter Vertrag zu nehmen, war die Voraussetzung zu anspruchsvolleren Aufführungen gegeben. Aber weder Repertoire und Stil des verpflichteten Schauspieldirektors noch die Leistung seiner Truppe hielten mit den wachsenden Forderungen der Weimarer Gesellschaft Schritt, so daß es 1791 zum Bruch kam und Goethe auf ausdrücklichen Wunsch seines Fürsten die Leitung des Theaters übernahm, das von nun an als ‚Hoftheater' bezeichnet wurde.

‚Hoftheater' besagte, daß Theaterleiter, Schauspieler und Personal Hofangestellte mit fester Besoldung waren. Für Goethe, der ohnehin zum Hof gehörte, wäre eine andere Form der Theaterleitung gar nicht in Frage gekommen. Aber die seiner Aufsicht und Sorgepflicht unterstellten Schauspieler mußte er erst zu der ihnen zugestandenen Würde erziehen. Er forderte den gebildeten Schauspieler, der den klassischen Humanitätsbegriff überzeugend darstellen konnte.

1796 zeigte Goethe seinen Schauspielern mit dem ersten Gastspiel Ifflands, was es zu erreichen galt. Lese- und Bühnenproben fanden unter Goethes Regie statt. Während der Proben und danach diktierte er seinem Schreiber, was zu ändern und zu verbessern war. Bühnenbilder entwarf er gelegentlich selber, wobei er Wert darauf legte, daß der Vordergrund des Bildes eine freie Fläche bot, damit sich der Schauspieler davor deutlich abhob. Andere Bühnenbilder, die nach Weimarer Aufführungen angefertigt wurden, zeigen den von Goethe entwickelten Darstellungsstil, der das symbolisch erhöhte Sprechen durch angemessene Haltung und würdevolles, keinesfalls übersteigertes Agieren bestätigen sollte.

Goethes erste Schülerin war Christiane Becker, geb. Neumann, die als Dreizehnjährige 1791 die Rolle des Prinzen Arthur in Shakespeares ‚König Johann' spielte. Als die Frühvollendete 1797 starb, feierte Goethe ihr Andenken in der Elegie ‚Euphrosyne'. Eine vergleichbar hohe Begabung begegnete ihm noch einmal in dem einundzwanzigjährigen Schauspieleleven Pius Alexander Wolff, dessentwegen er 1803 eine regelrechte Ausbildung des Schauspielernachwuchses einrichtete. Goethes ‚Regeln für Schauspieler' haben in diesem Unternehmen ihren Ursprung. Der jüngste von Goethes bedeutenden Eleven war Eduard Genast, dessen Vater schon unter Goethes Leitung auf der Weimarer Bühne stand. In den ‚Erinnerungen eines alten Schauspielers' gab Genast später ein lebendiges Bild von Goethes Theaterleitung.

Die Verwaltungsgeschäfte der Intendanz besorgte der Landkammerrat Kirms: „Was ich im Ganzen übersah und leitete, ward durch Kirms ausgeführt", vermerkte Goethe in seinen ‚Tag- und Jahresheften'. Vor allem ging es um die Finanzierung des Theaters. Mehr als die Hälfte der Plätze wurde an Abonnenten verkauft. Zur Sommerzeit spielte man auswärts: In

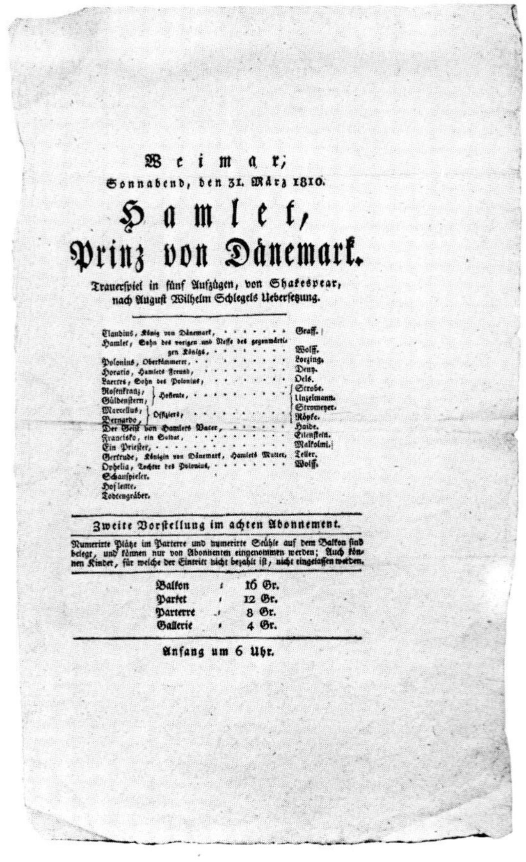

Weimar;
Sonnabend, den 31. März 1810.
Hamlet,
Prinz von Dänemark.
Trauerspiel in fünf Aufzügen, von Shakespear,
nach August Wilhelm Schlegels Uebersetzung.

Claudius, König von Dänemark, ... Graff.
Hamlet, Sohn des vorigen und Neffe des gegenwärtigen Königs, ... Wolff.
Polonius, Oberkämmerer, ... Lorzing.
Horatio, Hamlets Freund, ... Deny.
Laertes, Sohn des Polonius, ... Oels.
Rosenkranz, } Hofleute, ... Strobe.
Güldenstern, } . . . . Unzelmann.
Marcellus, } Offiziere, ... Stromeyer.
Bernardo, } . . . . Röpke.
Der Geist von Hamlets Vater, ... Haide.
Francisko, ein Soldat, ... Eilenstein.
Ein Priester, ... Malkolmi.
Gertrude, Königin von Dänemark, Hamlets Mutter, Teller.
Ophelia, Tochter des Polonius, ... Wolff.
Schauspieler.
Hofleute.
Todtengräber.

Zweite Vorstellung im achten Abonnement.

Numerirte Plätze im Parterre und numerirte Stühle auf dem Balkon sind belegt, und können nur von Abonnenten eingenommen werden; Auch können Kinder, für welche der Eintritt nicht bezahlt ist, nicht eingelassen werden.

Balkon . 16 Gr.
Parket . 12 Gr.
Parterre . 8 Gr.
Gallerie . 4 Gr.

Anfang um 6 Uhr.

268 Weimarer Theaterzettel mit der Ankündigung von Shakespeares Trauerspiel ‚Hamlet, Prinz von Dänemark' für den 31. März 1810. GMD

Erfurt, Halle, Leipzig, Naumburg, Rudolstadt trat man auf und zwischen 1802 und 1814 regelmäßig in Bad Lauchstädt, wo Goethe eigens ein Sommertheater hatte einrichten lassen.

Für volle Kassen bedurfte es eines breitangelegten Spielplans: Neben Shakespeares hohen Dramen wurden Kotzebues Trivialstücke gegeben und neben Mozarts Opern einfältige Singspiele. „Muß ja nicht alles über alle Begriffe hinausgehen, die man nun einmal gefaßt hat, es ist auch gut, wenn manches sich an den gewöhnlichen Sinn anschließt", reflektiert Goethe in ‚Dichtung und Wahrheit'.

Das bedeutendste Repertoire hatte die Weimarer Bühne zwischen 1796 und 1805, als sich Schiller der Bearbeitung von Stücken der Weltliteratur widmete. Zusammen mit Schillers eigenen Dramen und denen Goethes hatte sich das Weimarer Theater auf diese Weise durch Umfang des Spielplans und Stil der Stücke wie der Aufführungen zur führenden deutschen Bühne entwickelt.

Ende einer Epoche

Eine erste Krise erlebte diese Musterbühne 1808, als Caroline Jagemann, ein ebenso begabtes wie ehrgeiziges Mitglied des Weimarer Ensembles, unter Nutzung ihrer intimen Beziehung zum Herzog es auf eine Machtprobe in der Theaterleitung ankommen ließ. Auf den Eingriff des Herzogs bat Goethe um Entlassung aus „einem Geschäft", das den „sonst so wünschenswerten und dankenswerten Zustand zur Hölle macht". Nur der behutsamen Vermittlung des erfahrenen und sowohl dem Herzog wie Goethe gleichermaßen vertrauten Ministers Voigt war ein beiderseitiges Einlenken dergestalt zu danken, daß die Oper, um deren Angelegenheiten der Konflikt entstanden war, vom Schauspiel getrennt wurde.

Dem Schauspiel war somit Goethes Leitung gerettet, bis am 12. April 1817 ein neuer Vorfall Goethe den Zeitpunkt seines unwiderruflichen Rücktritts von der Theaterleitung anzeigte: In Goethes Abwesenheit hatte Frau von Heygendorff, wie die mittlerweile von Carl August geadelte Caroline Jagemann nun hieß, gegen Goethes ausdrücklichen Willen die Aufführung des historisch-romantischen Dramas ‚Der Hund des Aubri de Mont-Didier' arrangiert. Goethes Reaktion auf ein Stück, in dem es um nichts als die Vorführung eines auf den Mann dressierten Hundes ging, war keine Affekthandlung. Goethe sah viel mehr das Symbolische dieses Vorfalls gegenüber seinem Begriff vom Theater als Stätte des klassischen Humanitätsideals. Durch das Auftreten eines Tieres, das seine Dressur vorführte, wurde das Theater zum Zirkus. – Eine deutlichere Absage an eine Epoche, die dem Humanitätsbegriff gewidmet war, ließ sich nicht denken.

269 Weimarer Theaterzettel mit der Ankündigung von Kotzebues Lustspiel ‚Der verbannte Amor, oder: Die argwöhnischen Eheleute'. GMD

Weimar,
Montag, den 19. März 1810.
Der verbannte Amor,
oder:
Die argwöhnischen Eheleute.
Original-Lustspiel in vier Aufzügen, von Kozebue.

Professor Erlenhof,	Wolff.
Bertha, seine Frau,	Jagemann.
Doctor Erlenhof, sein Bruder,	Oels.
Adolphine, seine Frau, Bertha's Schwester,	Wolff.
Fritz, } ihre Kinder,	Louise Beck
Malchen, } ihre Kinder,	Caroline Wolff.
Gustchen, eine Waise, Bertha's Pflegetochter,	Genast.
Georg Müller, ein Student,	Unzelmann.
Madam Stölzel,	Beck.
Madam Schweizer, eine Schauspielerin,	Engels.
Michel, ein Gärtner,	Lorzing.

Neunte Vorstellung im siebenten Abonnement.

Numerirte Plätze im Parterre und numerirte Stühle auf dem Balkon sind belegt, und können nur von Abonnenten eingenommen werden; Auch können Kinder, für welche der Eintritt nicht bezahlt ist, nicht eingelassen werden.

Balkon	16 Gr.
Parket	12 Gr.
Parterre	8 Gr.
Gallerie	4 Gr.

Anfang um 6 Uhr.

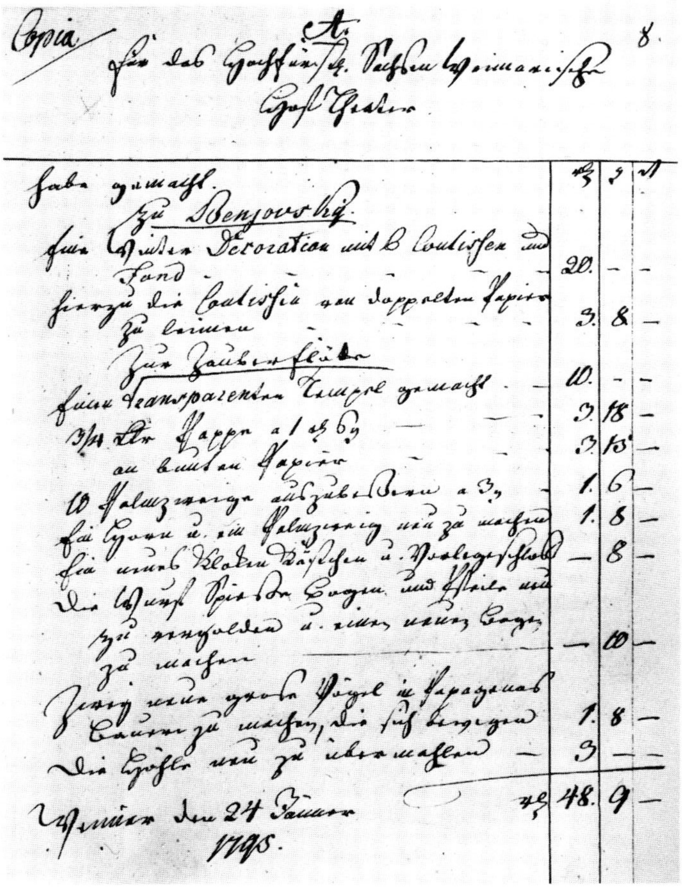

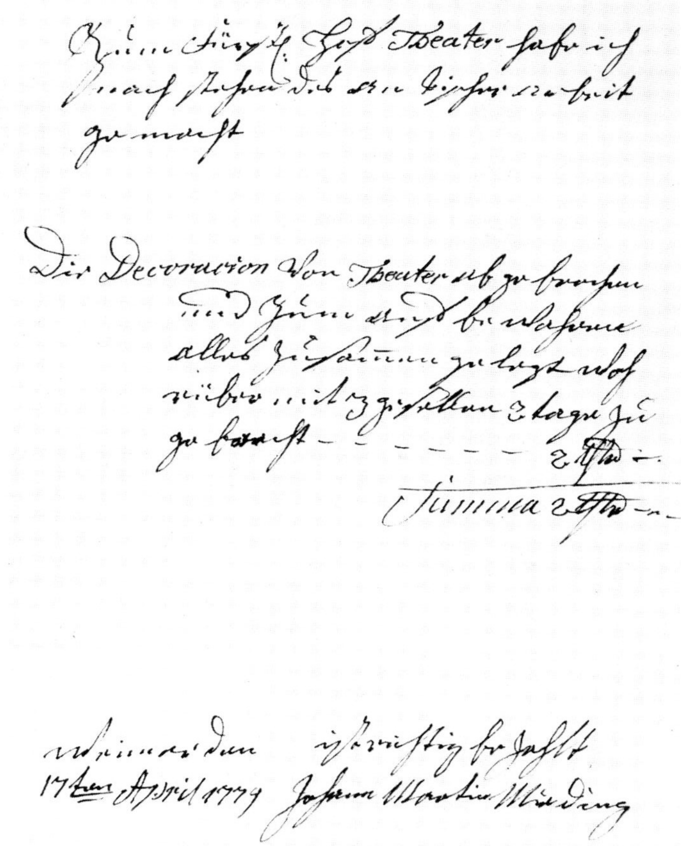

270 Das ‚Alte Theater' in Weimar (1791–1825)
Zeitgenössischer Kupferstich. GMD

271 Rechnung über die Ausstattung zu Kotzebues ‚Graf Benjowsky' und zu Mozarts ‚Zauberflöte' aus den Weimarer Theaterakten 1794/95. GMD

272 Johann Martin Mieding, als Theatermeister beschäftigter Weimarer Hoftischler (1725–1782)
Seine Rechnung vom 17. April 1779, den Abbau der Dekoration zur Uraufführung von Goethes Schauspiel ‚Iphigenie in [später: auf] Tauris' (6. April 1779) betreffend. GMD

273 Das Sommertheater in Bad Lauchstädt
Zuschauerraum mit Blick auf die Bühne
Restaurierter Theaterbau von 1802. NFG

274 Franz Kirms, Verwaltungsdirektor des Weimarer Hoftheaters (1750–1826)
Miniatur in Deckfarben auf Elfenbein von unbekannter Hand. GMD

275 August Wilhelm Iffland
als Franz Moor
Kupferstich von M. Haas nach Franz
Ludwig Catel, 1806 in: ‚A. W. Iffland's
Theorie der Schauspielkunst', 1815. GMD

276 August Wilhelm Iffland
(1759–1814)
Miniatur in Deckfarben auf Elfenbein
von Karl Joseph Raabe, 1813. GMD

277 August von Kotzebue (1761–1819)
Kupferstich von Friedrich Boldt, 1797.
GMD

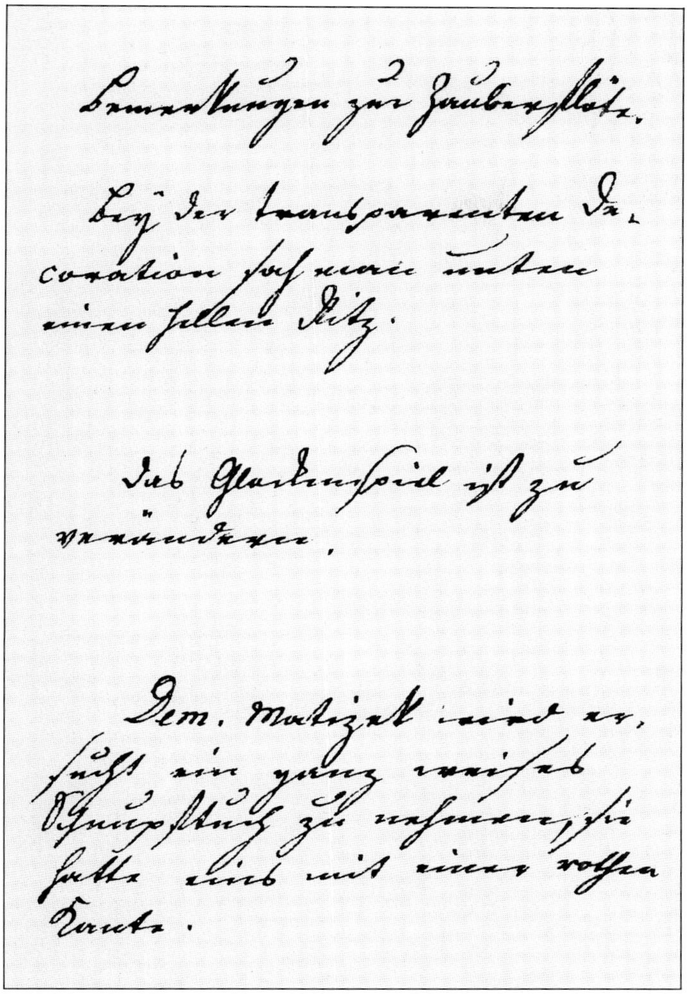
Bemerkungen zur Zauberflöte.

Bey der transparenten Decoration sieht man unten einen hellen Ritz.

Das Glockenspiel ist zu verändern.

Dem. Matiegzek wird ersucht ein ganz weißes Schnupftuch zu nehmen, sie hatte eins mit einer rothen Kante.

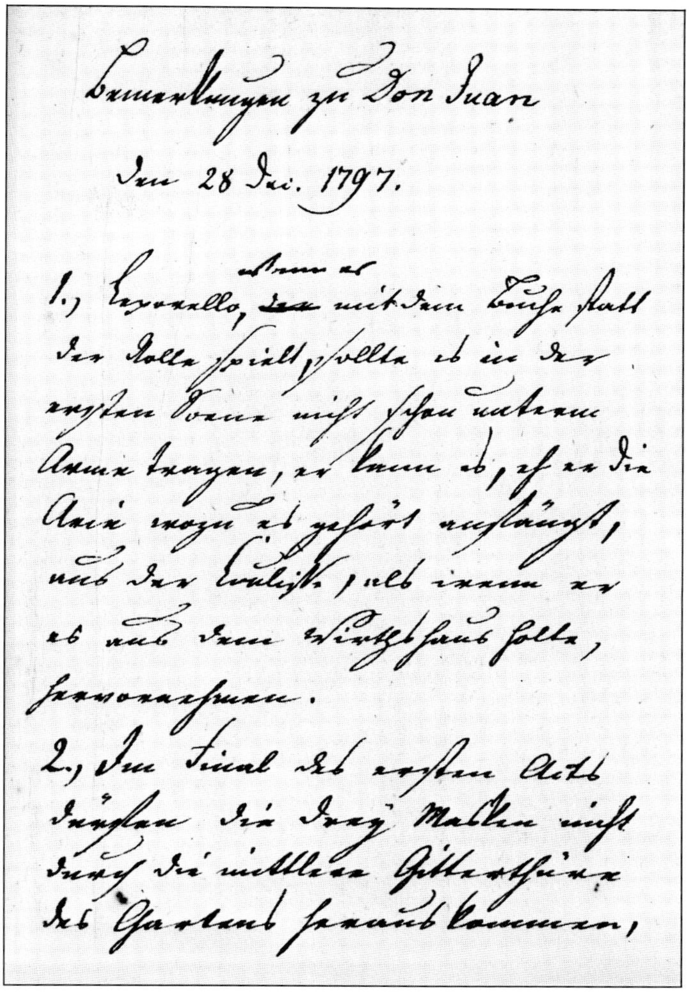
Bemerkungen zu Don Juan

Den 28 Dec. 1797.

1.) Leporello, wenn er ~~der~~ mit dem Buche statt der Rolle spielt, sollte es in der ersten Scene nicht schon unterm Arme tragen, er kann es, eh er die Arie wozu es gehört anfängt, aus der Tasche, als wenn er es aus dem Wirthshaus holte, hervornehmen.

2.) Im Final des ersten Acts dürfen die drey Masken nicht durch die mittlere Gitterthüre des Gartens herauskommen,

278 ‚Bemerkungen zur Zauberflöte' Schreiberhand nach Goethes Diktat während der Bühnenproben, August 1795. GMD

279 ‚Bemerkungen zu Don Juan, den 28. Dec. 1797' Schreiberhand nach Goethes Diktat während der Bühnenprobe. GMD

280 Wolfgang Amadeus Mozart (1756–1791) Eisengußplakette von Leonhard Posch, 1788. GMD

281 Weimarisches Bühnenbild
zu Schillers Drama ‚Die Räuber‘
Kolorierter Kupferstich von Carl Müller,
um 1800. GMD

282 Eduard Genast (1796–1866)
Lithographie, Leipzig bei Julius Wunder.
GMD

283 Pius Alexander Wolff (1782–1828)
Kupferstich von Friedrich Rosmaesler
nach K. J. Raabe, 1811. GMD

284 Christiane Becker-Neumann
(1778–1797)
Stahlstich von A. Weger. GMD

285 Bühnenbildentwurf
zur Oper ‚Die Saalnixe'
Aquarell über Rötelzeichnung von
Johann Wolfgang von Goethe,
vermutlich 1810. GMD

286 Gemeinsam von Johann Wolfgang von Goethe und Franz Kirms diktierter Brief „kurz vor dem Schluß des Jahres 1798“ an Friedrich Schiller, die Übergabe des Manuskripts ‚Die Piccolomini‘ betreffend. GMD

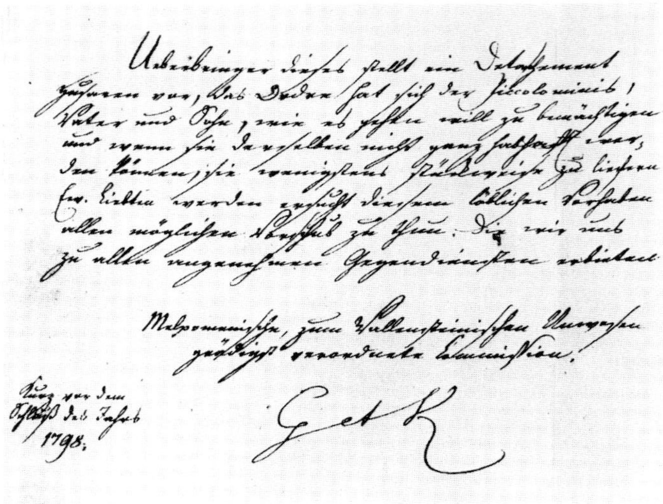

Ueberbringer dieses stellt ein Detaschement
Husaren vor, das Ordre hat sich der Piccolominis,
Vater und Sohn, wie es sich will zu bemächtigen
und wenn sie derselben nicht ganz habhaft wär,
den können, sie wenigstens [illegible] zu liefern
Ew. Liebden werden ersucht diesem löblichen Vorhaben
allen möglichen Vorschub zu thun. Die wir uns
zu allen angenehmen Gegendiensten erbieten.

Melpomenische, zum Wallensteinischen Unwesen
gnädigst verordnete Commission.

Kurz vor dem Schluß des Jahrs 1798.

G et K

287 Friedrich Schiller (1759–1805)
Pastellbild von Ludovike Simanowiz, 1793. SNM

288 Weimarisches Bühnenbild zu ‚Wallensteins Tod‘: Max’ und Theklas Abschied
Kolorierter Kupferstich von Carl Müller nach Johann August Nahl, nach 1805. GMD

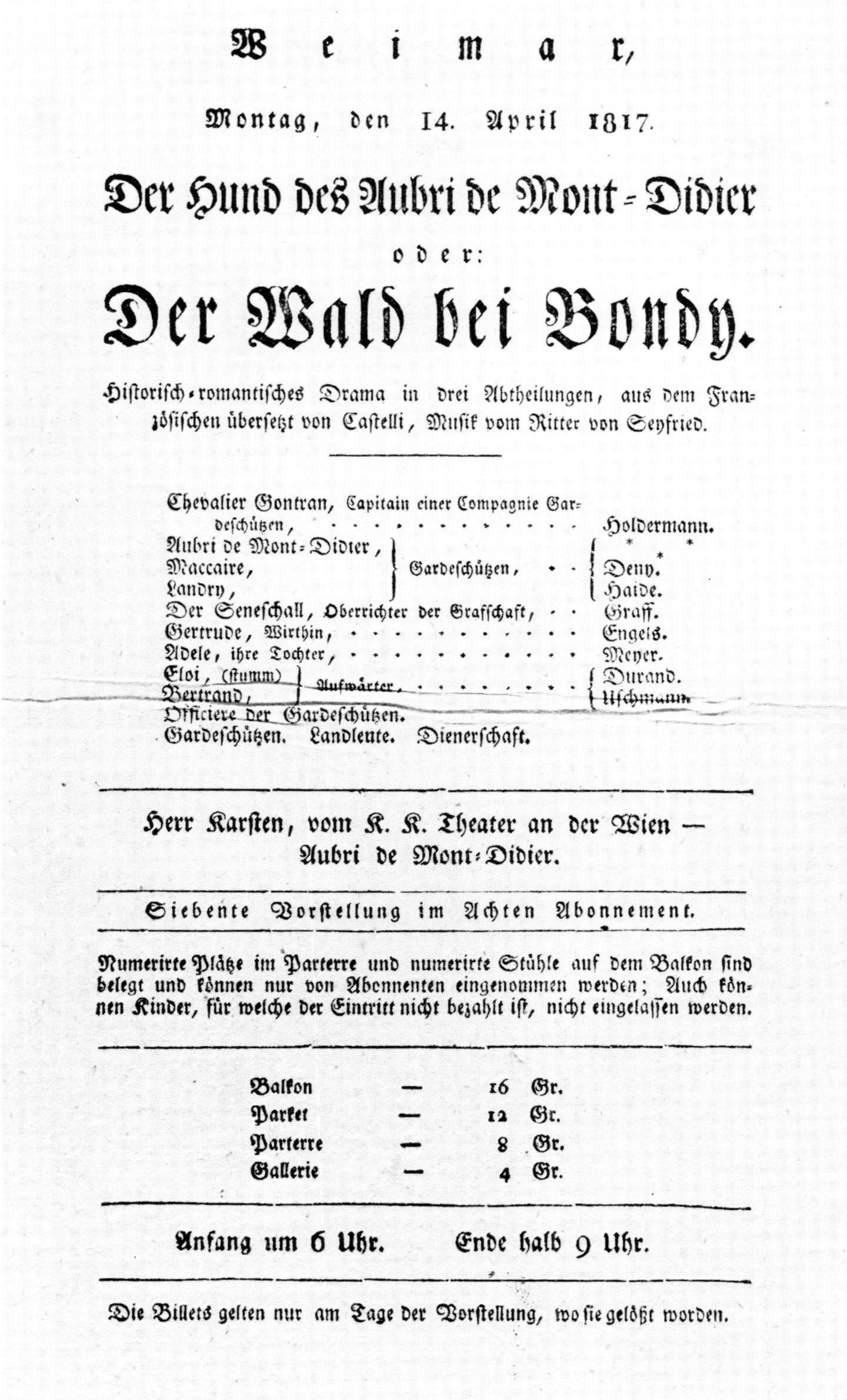

Weimar,

Montag, den 14. April 1817.

Der Hund des Aubri de Mont-Didier

oder:

Der Wald bei Bondy.

Historisch-romantisches Drama in drei Abtheilungen, aus dem Französischen übersetzt von Castelli, Musik vom Ritter von Seyfried.

Chevalier Gontran, Capitain einer Compagnie Gardeschützen,		Holdermann.
Aubri de Mont-Didier,	Gardeschützen,	* *
Maccaire,		Deny.*
Landry,		Haide.
Der Seneschall, Oberrichter der Grafschaft,		Graff.
Gertrude, Wirthin,		Engels.
Adele, ihre Tochter,		Meyer.
Eloi, (stumm)	Aufwärter,	Durand.
Bertrand,		Uschmann.

Officiere der Gardeschützen.
Gardeschützen. Landleute. Dienerschaft.

Herr Karsten, vom K. K. Theater an der Wien — Aubri de Mont-Didier.

Siebente Vorstellung im Achten Abonnement.

Numerirte Plätze im Parterre und numerirte Stühle auf dem Balkon sind belegt und können nur von Abonnenten eingenommen werden; Auch können Kinder, für welche der Eintritt nicht bezahlt ist, nicht eingelassen werden.

Balkon	—	16	Gr.
Parket	—	12	Gr.
Parterre	—	8	Gr.
Gallerie	—	4	Gr.

Anfang um 6 Uhr. Ende halb 9 Uhr.

Die Billets gelten nur am Tage der Vorstellung, wo sie gelößt worden.

289 ‚Der Hund des Aubri de Mont-Didier oder: Der Wald bei Bondy' Weimarer Theaterzettel mit der Ankündigung des für Goethe fatalen Stückes zum 14. April 1817. GMD

290 Caroline Jagemann (1777–1848) Silberstiftzeichnung von Christian Hornemann, 1800. GMD

291 Christian Gottlob von Voigt (1743–1819) Kolorierte Silhouette, 1811. GMD

12. Der Klassiker

Goethes Bildnis von Lips

Als der 1789 an die Weimarer Zeichenschule berufene Johann Heinrich Lips sein im Januar 1791 gezeichnetes Goethe-Porträt vorstellte, war es unter den Zeitgenossen umstritten. Die einen fanden es idealisiert. Die anderen hielten es für angemessen. Lips, der Goethe 1775 in Zürich kennengelernt und während der Zeit in Italien erlebt hatte, kannte Goethe zu gut, als daß er dessen äußere Erscheinung dargestellt hätte, ohne zugleich auch etwas von jenen Idealen anschaulich zu machen, die Goethe in jener Zeit der Hochklassik erregten. Insofern erscheint das Porträt gerade wegen einer gewissen Idealisierung als ein dieser Lebensepoche Goethes entsprechendes Bildnis.

Goethe und Schiller

Als Goethe mit seinen in Italien gereiften klassischen Ideen von Natur, Mensch und Kunst 1788 nach Weimar zurückkehrte, lebte dort seit einem Jahr Schiller. Für Goethe war das keine angenehme Nachricht, eingedenk der Begeisterung, die Schiller mit seinem Sturm-und-Drang-Nachzügler ‚Die Räuber' bei den Zeitgenossen verursacht hatte, nachdem Goethe den Sturm und Drang überwunden glaubte. Im Mai 1789 schien der Zulauf, den Schiller zu seiner Antrittsvorlesung als gerade ernannter Professor der Geschichte an der Universität Jena hatte, Goethes Befürchtungen zu bestätigen. Goethe mied Schiller deshalb zunächst, während Schiller in einer Mischung von Bewunderung und Neid das Gespräch mit ihm suchte. Nach unergiebiger Gelegenheit im Herbst 1788 bot sich erst 1794 Anlaß zu Gedankenaustausch: Goethe berichtete von der Metamorphose der Pflanzen als einer ‚Erfahrung'. Schiller widersprach ihm und nannte das Beschriebene eine ‚Idee'. Fast wäre darüber das Gespräch wieder verstummt, weil klar wurde, daß „zwischen zwei Geistesantipoden mehr als ein Erddiometer die Scheidung mache." Aber Schiller hegte die entstandene Verbindung mit seinem großen Brief vom 23. August 1794, „in welchem Sie," – wie Goethe in seiner Antwort vom 27. August anerkannte – „mit freundschaftlicher Hand, die Summe meiner Existenz ziehen". Schiller verwies zugleich auf die Möglichkeit eines konstruktiven Zusammenwirkens von Goethes „intuitivem" und seinem „spekulativem Geist". Goethe schien es, als wenn beide, „nach einem so unvermuteten Begegnen miteinander fortwandern müßten". Denn mit seinem Brief hatte Schiller seinerseits ein Bekenntnis zu den Prinzipien der Klassik abgelegt: zur Harmonie der Gegensätze, der Entsprechung von Subjekt und Objekt, der Aufhebung des Besonderen im Typischen und der Ausformung des überzeitlich Gültigen.

Das erste Zeichen auf dem gemeinsamen Weg war Goethes Mitarbeit in Schillers 1794 gegründeter Zeitschrift ‚Die Horen', wie umge-

293 Johann Wolfgang von Goethe
Kreidezeichnung von Johann Heinrich Lips, 1791. FDH

292 Johann Wolfgang von Goethe mit den Attributen der Bühne
Kreidezeichnung von Friedrich Bury, 1800. NFG

kehrt später Schillers Mitarbeit in Goethes ‚Propyläen'. Beide Zeitschriften dienten dem Ziel, die Kunst- und Bildungsprinzipien der Klassik zu manifestieren. Goethe und Schiller verwirklichten sie in gemeinsamer Theaterarbeit und erprobten sie mit ihren Dramen ebenso wie mit ihren Gedichten, insbesondere mit den 1797 geschaffenen Balladen, die sie im sogenannten ‚Balladen-Almanach' auf das Jahr 1798 veröffentlichten. Sie tauschten ihre Überlegungen in einem umfangreichen Briefwechsel aus und zogen schließlich mit den gepfefferten ‚Xenien'-Epigrammen gegen die ihrem Klassikbegriff nicht entsprechenden Auffassungen zu Felde.

295 Propyläen. Eine periodische Schrift herausgegeben von Goethe
Ersten Bandes Erstes Stück. Tübingen, 1798.
GMD

Weimar und Jena

Im Frühjahr 1789 war Schiller seiner Universitätszugehörigkeit wegen nach Jena gezogen. Die Universität Jena erhielt im letzten Jahrzehnt des 18. Jahrhunderts durch ihre Entwicklung im Sinne des Weimarer Humanitätsideals einen solchen Auftrieb, daß sie Berühmtheit erlangte. Zusammen mit Voigt wirkte Goethe von Weimar aus und vor Ort in Jena für die Universität. 1794 wurde Fichte berufen. Im selben Jahr hielt sich Wilhelm von Humboldt zu Studienzwecken in Jena und Weimar auf. Sowohl sein Bildungsbegriff wie seine lebenslange Freundschaft mit Goethe gehen auf diese Zeit zurück. Ein Jahr später begann in Jena Goethes ebenfalls lebenslange Beziehung zu Alexander von Humboldt. 1798 wurde dem dreiundzwanzigjährigen Schelling für seine ‚Ideen zu einer Philosophie der Natur' eine ‚Extraprofessur' in Jena eingerichtet. 1801 habilitierte sich dort Hegel, der auf Schellings Philosophie der Identität aufbaute und Goethes Überzeugung von der Einheit der Idee mit der sinnlichen Erscheinung als Befruchtung seines Denkens empfand. Seit 1798 hatte August Wilhelm Schlegel eine außerordentliche Professur in Jena, und 1800 habilitierte sich dort sein Bruder Friedrich. Der nannte in der gemeinsam mit August Wilhelm herausgegebenen Romantiker-Zeitschrift ‚Athenäum' Fichtes Wissenschaftslehre, die Französische Revolution und Goethes Bildungsroman ‚Wilhelm Meister' „die größten Tendenzen des Zeitalters".

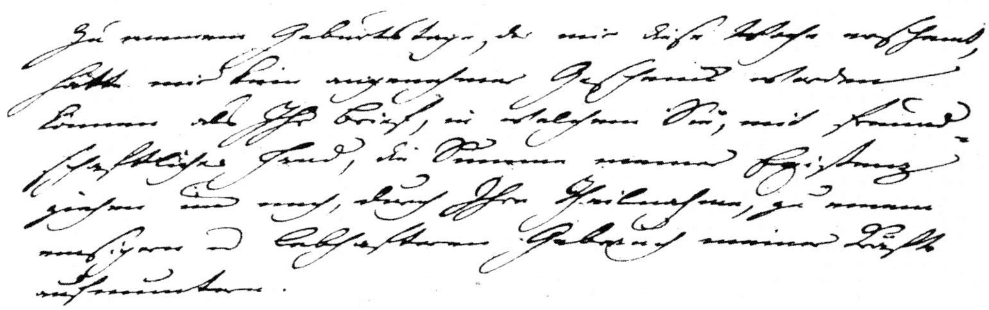

294 Johann Wolfgang von Goethe
Eigenhändiger Brief vom 27. August 1794 an Friedrich Schiller. NFG (Ausschnitt)

Klassik und Romantik

Goethes Zorn über die Romantik entzündete sich an ihrer bildenden Kunst, die anschauen ließ, daß die Romantiker die Identität von Idee und Erscheinung zugunsten der Idee aufgaben und ihre Möglichkeiten in Phantasie und Religion suchten, denen keine realen Erscheinungen entsprechen konnten. Den ‚Weimarer Kunstfreunden' Goethe und Meyer wurde das anhand der auf ihre Preisaufgaben von 1799 bis 1805 eingereichten künstlerischen Arbeiten deutlich, unter denen zum Beispiel 1803 eine zweitrangige Zeichnung ‚Odysseus und Polyphem' von Martin Wagner den ersten Preis gewann, während Goethe die im selben Jahr entstandenen Entwürfe von Philipp Otto Runges ‚Vier Tageszeiten' ihrer arabesk-allegorischen Darstellung wegen „zum Rasendwerden, schön und toll zugleich" fand: „Wer so auf der Kippe steht, muß sterben oder verrückt werden". Von hier aus ist Goethes radikales Wort zu verstehen: „Das Klassische nenne ich das Gesunde und das Romantische das Kranke." – Dennoch differenzierte Goethe: Wiewohl ihm die religiösen Motive der Romantiker und die Verherrlichung der Vergänglichkeit in Klosterruinen und Friedhöfen ein Greuel waren, berichtete Knebel 1811 über Caspar David Friedrich: „Goethe preist sein Talent, aber klagt, daß er damit auf irren Wegen ginge."

Dichtung und Wahrheit

In den Jahren nach Schillers Tod wurde Goethe bewußt, daß die Zeit der Klassik zu Ende ging. Das betraf nicht nur das Kunstverständnis. Es betraf die Geschichte des Menschen überhaupt: Naturwissenschaft und Technik begannen sich auszuwirken, und die politischen Verhältnisse erfuhren infolge der Französischen Revolution eine um sich greifende Veränderung. Unter solchen Gegebenheiten bemerkte Goethe, daß er „sich selbst historisch" wurde – früher, als er es anderen mitteilte. Goethe begann, sich und seinen Zeitgenossen Rechenschaft über seine Entwicklung zu geben. Am 11. Oktober notierte er in sein Tagebuch: „Schema einer Biographie". – Das betraf seine eigene. Für die Darstellung seiner Kindheit nutzte Goethe die Notizen, die Bettina – eine Tochter seiner Jugendfreundin Maximiliane – nach Berichten seiner Mutter aufgeschrieben hatte. Dann setzten die eigenen Reminiszenzen ein, die sich zur Besichtigung einer Epoche weiteten.

Als die Autobiographie 1811 bis 1814 in drei Bänden bei Cotta erschien, endete sie mit dem 15. ‚Buch'. Die ‚Bücher' 16 bis 20 wurden erst mit Goethes nachgelassenen Werken 1833 veröffentlicht. Weil Goethe beabsichtigte, auch seine übrigen biographischen Schriften unter dem Titel ‚Aus meinem Leben' herauszugeben, erhielt das 1811 veröffentlichte Werk den Untertitel ‚Dichtung und Wahrheit', der so zu verstehen ist, wie Goethe sich im ‚Siebenten Buch' erklärt: daß seine Dichtungen „nur Bruchstükke einer großen Konfession" seien.

296 ‚Tag' aus den Darstellungen der ‚Tageszeiten'
Umrißstich von Philipp Otto Runge zu seinem entsprechenden Gemälde, 1802/3. GMD

Die Horen

Unter dieſem Titel wird mit dem Anfang des Jahrs 1795. eine Monatsſchrift erſcheinen, zu deren Verfertigung eine Geſellſchaft bekannter Gelehrten ſich vereinigt hat. Sie wird ſich über alles verbreiten, was mit Geſchmack und philoſophiſchem Geiſte behandelt werden kann, und alſo ſowohl philoſophiſchen Unterſuchungen, als hiſtoriſchen und poetiſchen Darſtellungen offen ſtehen. Alles, was entweder bloſs den gelehrten Leſer intereſſiren, oder was bloſs den nichtgelehrten befriedigen kann, wird davon ausgeſchloſsen ſeyn; vorzüglich aber und unbedingt wird ſie ſich alles verbieten, was ſich auf Staatsreligion und politiſche Verfaſsung bezieht. Man widmet ſie der *ſchönen* Welt zum Unterricht und zur Bildung, und der *gelehrten* zu einer freyen Forſchung der Wahrheit, und zu einem fruchtbaren Umtauſch der Ideen; und indem man bemüht ſeyn wird, die Wiſſenſchaft ſelbſt, durch den innern Gehalt, zu bereichern, hofft man zugleich den Kreis der Leſer durch die Form zu erweitern.

Unter der groſsen Menge von Zeitſchriften, ähnlichen Innhalts, dürfte es vielleicht ſchwer ſeyn, Gehör zu finden, und, nach ſo vielen verunglückten Verſuchen in dieſer Art, noch ſchwerer, ſich Glauben zu verſchaffen. Ob die Herausgeber der gegenwärtigen Monatsſchrift gegründetere Hofnungen haben, wird ſich am beſten aus den Mitteln abnehmen laſsen, die man zu Erreichung jenes Zwecks eingeſchlagen hat.

Nur der innere Werth einer litterariſchen Unternehmung iſt es, der ihr ein daurendes Glück bey dem Publikum verſichern kann; auf der andern Seite aber iſt es nur dieſes Glück, welches ihrem Urheber den Muth und die Kräfte giebt, etwas beträchtliches auf ihrem Werth zu verwenden. Die groſse Schwierigkeit alſo iſt, daſs der Erfolg gewiſsermaaſsen ſchon realiſirt ſeyn müſste, um den Aufwand, durch den allein er zu realiſiren iſt, möglich zu machen. Aus dieſem Zirkel iſt kein anderer Ausweg, als daſs ein unternehmender Mann an jenen problematiſchen Erfolg ſo viel wage, als etwa nöthig ſeyn dürfte, ihn gewiſs zu machen.

Für Zeitſchriften dieſes Innhalts fehlt es gar nicht an einem zahlreichen Publikum, aber in dieſes Publikum theilen ſich zu viele einzelne Journale. Würde man die Käufer aller hieher gehörigen Journale zuſammen zählen, ſo würde ſich eine Anzahl entdecken laſsen, welche hinreichend wäre, auch die koſtbarſte Unternehmung im Gange zu erhalten. Dieſe ganze Anzahl nun ſteht derjenigen Zeitſchrift zu Gebot, die alle die Vortheile in ſich vereinigt, wodurch jene Schriften im einzelnen beſtehn, ohne den Kaufpreiſs einer einzelnen unter denſelben beträchtlich zu überſteigen.

Jeder Schriftſteller von Verdienſt hat in der leſenden Welt ſeinen eigenen Kreis, und ſelbſt der am meiſten geleſene hat nur einen gröſsern Kreis in derſelben. So weit iſt es noch nicht mit der Kultur der Deutſchen gekommen, daſs ſich das, was den Beſsten gefällt, in Jedermanns Händen finden ſollte. Treten nun die vorzüglichſten Schriftſteller der Nation in eine litterariſche Aſſociation zuſammen, ſo vereinigen ſie eben dadurch das vorher getheilt geweſene Publikum, und das Werk, an welchem alle Antheil nehmen, wird die ganze leſende Welt zu ſeinem Publikum haben. Dadurch aber iſt man im Stande, jedem Einzelnen alle die Vortheile anzubieten, die der allerweiteſte Kreis der Leſer und Käufer einem Autor nur immer verſchaffen kann.

299 Korrekturbogen der Einladung zur Subskription von Schillers Zeitschrift ‚Die Horen' mit dem von Schiller noch eigenhändig eingetragenen Titel der Zeitschrift, 1794. GMD

297 Friedrich Schiller (1759–1805) Gipsbüste von Johann Heinrich Dannecker, 1794. GMD

298 Johann Wolfgang von Goethe Gipsbüste von Martin Gottlieb Klauer, 1790. GMD

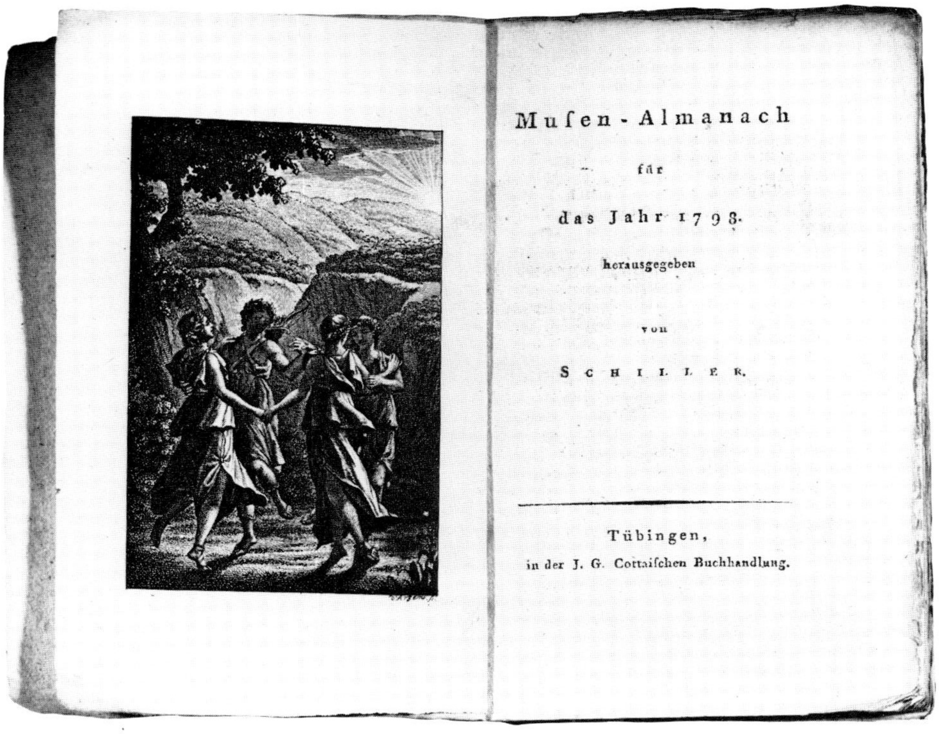

300 Schillers ‚Musenalmanach auf das Jahr 1798'
Der sogenannte ‚Balladenalmanach' enthält alle 1797 von Goethe und Schiller gedichteten Balladen. GMD

301 Das Weimarer Schloß nach dem Wiederaufbau
Kolorierter Kupferstich von Carl Müller nach Carl Kaaz, 1805. GMD

302 August Wilhelm von Schlegel (1767–1845)
Weißgehöhte Bleistift- und Kohlezeichnung von Caroline Rehberg, um 1792.
GMD

303 Friedrich von Schlegel (1772–1829)
Kreidezeichnung von Philipp Veit, 1811.
FDH

304 Ansicht von Jena
Kolorierte Radierung von Carl Benjamin Schwarz, 1791. GMD

305 Wilhelm von Humboldt (1767–1835)
Marmorrelief nach Gottlieb Martin Klauer, 1796. Schloß Tegel

306 Alexander von Humboldt (1769–1859)
Lithographie von A. Denoyers nach Gérard, 1805. GMD

307 Johann Gottlieb Fichte (1762–1814)
Bleistiftzeichnung von W. und M. Henschel. FDH

308 Georg Wilhelm Friedrich Hegel (1770–1831)
Kreidezeichnung von unbekannter Hand. SNM

309 Friedrich Wilhelm Joseph Schelling (1775–1854)
Ölporträt von Christian Friedrich Tieck, 1801. Verbleib unbekannt; altes Foto im GMD

310 Odysseus und Polyphem
Kupferstich nach der von den ‚Weimarer Kunstfreunden' 1803 prämierten Zeichnung von Martin Wagner. GMD

311 Abtei im Eichenwald
Ölgemälde von Caspar David Friedrich,
1809/10. Schloß Charlottenburg, Berlin

312 Bettina Brentano,
verh. von Arnim (1785–1859)
Bleistiftzeichnung von Ludwig Emil
Grimm, bezeichnet: „im July 1809. gez.
München ad viv.“ GMD

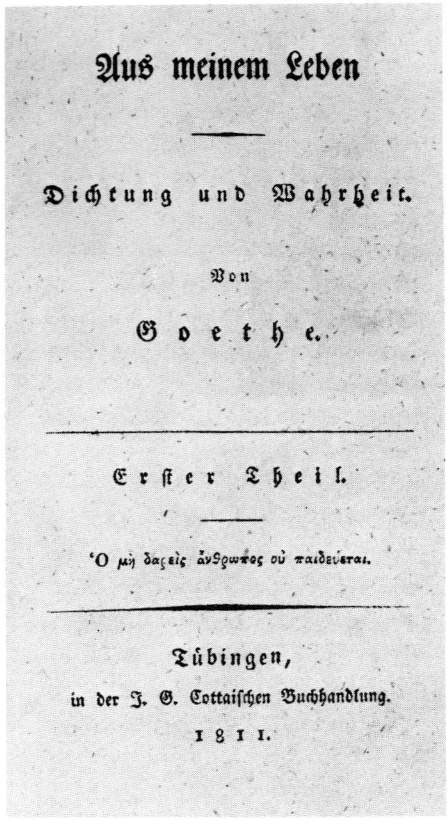

Aus meinem Leben

Dichtung und Wahrheit.

Von

Goethe.

Erster Theil.

'Ο μὴ δαρεὶς ἄνθρωπος οὐ παιδεύεται.

Tübingen,
in der J. G. Cottaischen Buchhandlung.
1811.

313 ‚Aus meinem Leben.
Dichtung und Wahrheit‘
Titelseite der Erstausgabe von Goethes
Autobiographie, 1811. GMD

13. Der Naturwissenschaftler

Die Situation

Seinem 1821 entworfenen autobiographischen Schema ‚Naturwissenschaftlicher Entwicklungsgang' setzte Goethe zwei Reflexionen voraus: „Schönes Glück, die zweite Hälfte des vorigen Jahrhunderts durchlebt zu haben." – „Großer Vorteil, gleichzeitig mit großen Entdeckungen gewesen zu sein." Goethe zeigte damit an, wie bewußt er die damalige Entwicklung der Naturwissenschaften auf die Ausbildung des eigenen Weltbildes bezog.

Auf weiten Gebieten erstritten sich die Naturwissenschaften erst damals ihr Eigenrecht gegenüber Theologie und Philosophie. Das Weltbild änderte sich unter dem Eindruck naturwissenschaftlicher Forschung fortwährend.

Goethe interessierte an den Erkenntnissen sowohl ihr praktischer Nutzen für den Menschen als auch die Frage nach dessen Stellung in einer naturwissenschaftlich erklärten Welt.

Mineralogie

Abgesehen von der Beschäftigung mit Mainkieseln bei seinen Frankfurter alchimistischen Experimenten und einer von Straßburg aus unternommenen Exkursion ins Mittelelsaß und nach Saarbrücken, wo er Steinkohlengruben, Eisen- und Alaunwerke besichtigte, hat sich Goethe erst seit seiner Übersiedlung nach Weimar mit Mineralogie befaßt. Den Anlaß gab die Wiederaufnahme des Ilmenauer Bergbaus, zu dessen Betreiben mineralogische Kenntnisse nötig waren.

Kaum waren im November 1777 Goethe die Bergwerksangelegenheiten übertragen worden, reiste er in den Harz, um sich mit dem dortigen Bergbau vertraut zu machen. Insgesamt dreimal war Goethe dort: 1777 (29. November bis 19. Dezember), 1783 (6. September bis 6. Oktober) und 1784 (1. bis 16. September). Jedesmal bestieg er den Brocken. Die mineralogischen Studien gewannen dabei immer mehr Eigenbedeutung. 1780 verfaßte Goethe eine ‚Mineralogie von Thüringen und angrenzender Länder', womit deutlich wurde, daß er begann, die mineralogische Beschaffenheit geographischer Bereiche systematisch zu erfassen.

Die Hoffnung dieser Studien war, im Lande Weimar auf mineralogische Bodenschätze und Quellen zu stoßen, die anderswo zu Wohlstand geführt hatten. Voller Bewunderung besuchte Goethe 1790 das polnische Salzbergwerk Wieliczka und studierte während seiner siebzehn Aufenthalte in Böhmen zwischen 1785

314 Johann Wolfgang von Goethe
Öl auf Leinwand von Johann Joseph Schmeller, 1826/27.
FDH

315 Justus Christian von Loder (1753–1832) Kupferstich von Bollinger nach Johann Friedrich August Tischbein, 1795. GMD

und 1823 die Mineralogie von Karlsbad, Franzensbad, Teplitz und Marienbad.

Goethes umfassendste Studien galten den Karlsbader Vorkommen. Sie waren ihm durch den Steinschneider Joseph Müller erschlossen worden, dessen Mineraliensammlung er 1807 unter dem Titel ‚Sammlung zur Kenntnis der Gebirge von und um Karlsbad angezeigt und erläutert' veröffentlichte. In der Folgezeit stellte Goethe wiederholt Verzeichnisse der ‚Müllerschen Sammlung' auf, zuletzt noch für David Knoll, der die Mineralien 1832 mit Goethes Erläuterung in seiner Karlsbader Handlung als Souvenir verkaufte.

1804 wurde Goethe Präsident der 1798 gegründeten ‚Mineralogischen Sozietät zu Jena', die bald internationalen Ruf erlangte. 1806 hatte der Direktor der Gesellschaft, Johann Georg Leuz, Bergrat und Professor der Mineralogie an der Universität Jena, in seiner ‚Tabelle über das gesamte Mineralreich' für den Rubinglimmer Goethe zu Ehren die Bezeichnung ‚Goethit' eingeführt. Allerdings setzte sich der neue Name für das Nadeleisenerz erst nach Goethes Tod durch.

Geologie

Goethe erhoffte sich von der ‚Mineralogischen Sozietät zu Jena' den Zusammenschluß aller fachlichen Interessenten, um zu einer geologischen Weltansicht zu gelangen. Schon 1784 hatte er einen Aufsatz ‚Über den Granit' geschrieben, in dem er den Granit als „die ersten festesten Anfänge unsers Daseins" verstand, „die tiefste Gebirgsart unseres Erdbodens", die „durch eine lebendige, bei ihrem Ursprung innerlich sehr zusammengedrängte Kristallisation entstanden ist".

Geologische Fragen hatte Goethe bereits 1770 auf seinem Ausflug in das Unterelsaß berührt, insofern er damals Stellung nahm gegen Voltaires Leugnung der „Sündflut" und die „versteinerten Muscheln" auf dem Boschberg als Beweis dafür verstand, daß er sich „auf altem abgetrockneten Meeresgrund befand." Damals galten in der Tat Versteinerungen einstiger Meeresorganismen als Beweis für die biblische Sintflut.

Man glaubte an die mosaische Zeitrechnung und wertete, um das Erdalter zu bestimmen, das Geschlechtsregister der Patriarchen von Adam bis Noah aus. Dabei kam man auf das Jahr 4004 v. Chr. als Ursprung. Auch Goethe hielt die Erde für nicht älter als rund 6000 Jahre, was bewußt oder unbewußt noch auf der mosaischen Zeitrechnung beruhte, zuzüglich der 1800 Jahre, die damals seit Christi Geburt vergangen waren.

Mit zunehmender Erforschung der Bodenschichten kam diese Auffassung in Bedrängnis. Denn von *einer* Ablagerung aus *einer* großen Flut konnte das, was man vorfand, nicht entstanden sein. Danach mußte es mehrere Überflutungen gegeben haben. Reichlich turbulent mußte eine Katastrophe auf die andere gefolgt sein. Von plötzlichen Gebirgserhebungen glaubte man ebenso Beweise zu haben wie von tiefen Einstürzen.

Goethe lehnte alle solche vermutete Gewalttätigkeit ab. Seiner Anschauung der Natur entsprach die Vorstellung einer ruhigen Entwicklung der Erdgeschichte. In diesem Sinne folgte Goethe Abraham Gottlob Werner (1750 bis 1817), der im Gegensatz zur Katastrophentheorie die Auffassung vertrat, daß sich aus wässerigem Chaos nach und nach die festen Stoffe abgesetzt und sich übereinander gelagert hätten. Erst dann seien durch Drucktemperatur Kohlenflöze entstanden, die den Vulkanismus erklärten. So gab es damals zwei sich heftig befehdende Lehren: den katastrophenfreudigen ‚Vulkanismus' und den von kontinuierlicher

Entstehung überzeugten ‚Neptunismus', dem Goethes Sympathie galt.

Zum interessanten Objekt der beiden entgegengesetzten Theorien wurde Goethe der zwischen Franzensbad und Eger liegende ‚Kammerberg', ein erloschener Schichtvulkan aus dem Ende des tertiären Miozäns. Gerade der Schichtung wegen, die für die Argumentation beider Theorien in Anspruch genommen wurde, beschäftigte sich Goethe anhaltend mit dem sanft in der Landschaft liegenden „Bühel". Zwischen 1808 und 1822 besuchte er ihn elfmal, und fünfmal erörterte er die mit dem Berg verbundenen Probleme schriftlich. Goethe wollte sich schließlich zu einem „Pseudovulkan" verstehen und schlug dem 1822 zum Freund gewonnenen Naturforscher Caspar Maria Graf Sternberg vor, einen Stollen zu graben, um das Rätsel des Berges zu lösen.

Botanik

Die Verbindung mit Sternberg hatte sich 1820 aus Goethes Wunsch nach Proben der ‚Flora subterranea' aus den Kohlengruben des Grafen entwickelt. Von Belegen des „merkwürdig verkohlten Urwalds" erhoffte sich Goethe Hinweise zum Thema der ‚Urpflanze', der Metamorphose und der Morphologie überhaupt, womit er sich seit 1776 beschäftigte.

Goethe begann sich für Botanik zu interessieren, als er in Weimar den zu seinem Gartenhaus gehörenden Grund erstmals bepflanzte. Zwei Jahre später leitete er die Neugestaltung des Weimarer Parks. Damals erwarb er die ‚Fundamenta botanica' des schwedischen Forschers Carl von Linné. In der ‚Geschichte meiner botanischen Studien' führt Goethe an, wie ihn Linnés Werk „auf Wegen und Stegen" begleitete und ihm „zuerst eine neue Welt" erschloß.

Aber Linnés Ordnungssystem war auf „äußerliche Vorkommenheiten der Pflanzen" bezogen, während Goethe sein Augenmerk auf ihre „Versatilität" = (-Veränderlichkeit) zu richten begann. Goethe suchte nach einem inneren Ordnungssystem. Das entsprach dem Begriff des „Typus". Goethe interessierte sowohl, wie sich die Vielzahl der Pflanzen auf einen Typus zurückführen ließ, als auch, nach welchen Gesetzen sich der Typus entwickele und variiere. Er fragte nach der „Metamorphose" (= Verwandlung, Gestaltwandel) der Pflanzen. Sein Studium galt dem Verhältnis von Typus und Metamorphose. „Es ist ein Gewahrwerden der wesentlichen Form, mit der die Natur gleichsam nur immer spielt und spielend das mannigfaltige Leben hervorbringt", erklärte Goethe. Die Suche nach der „wesentlichen Form" ließ die Idee von einer „Urpflanze" aufkommen, in der das „Geheimnis der Pflanzenzeugung und Organisation" offenbar werden sollte.

1789 unternahm Goethe einen ‚Versuch die Metamorphose der Pflanzen zu erklären'. Den Aufsatz veröffentlichte er 1790. 1798 verwandelte er die streng in Paragraphen unterteilte Schrift in ein anmutiges Lehrgedicht für Christiane.

Zoologie

Wie im Falle der Pflanzen beschrieb Goethe auch die ‚Metamorphose der Tiere' in einem Lehrgedicht, das vermutlich 1799 entstand. Als wesentliches Moment der Metamorphose begriff Goethe hier das naturbedingte Verhältnis von Möglichkeiten und Grenzen in der anatomischen Ökonomie, das er zum Schluß des Gedichts im ethischen Sinne auf die Verhältnisse der menschlichen Gesellschaft übertrug.

Vorlesungen zur Anatomie hatte Goethe schon während seiner Straßburger Studienzeit gehört. Die Beschäftigung mit der Anatomie

316 Abraham Gottlob Werner (1750–1817) Kupferstich von Ambroise Tardieu nach dem Gemälde von Karl Christian Vogel von Vogelstein. GMD

hatte für ihn zunächst den praktischen Zweck, seine Fähigkeit als Zeichner zu entwickeln. Weil Kenntnisse der Anatomie für die Zeichenkunst nötig sind, hielt Goethe im Winter 1781/82 selber zweimal wöchentlich im Weimarer ‚Freien Zeichen-Institut' Vorträge über Anatomie. Um sein Wissen zu erweitern, hatte er zuvor Anatomie-Vorlesungen von Justus Christian von Loder in Jena gehört.

Loder war es, der 1788 in seinem anatomischen Handbuch Goethes Entdeckung des Zwischenkieferknochens beim Menschen veröffentlichte. Goethe hatte seine Entdeckung schon 1784 gemacht, aber sie wurde zunächst nicht anerkannt, weil sie die damals sowohl von Theologen wie von Philosophen als auch von den meisten Anatomen geleugnete Einheit des Typus von Mensch und Tier nachwies. Indessen hatte Goethe das Vorhandensein des Zwischenkieferknochens auch beim Menschen geradezu gefordert, weil er vom einheitlichen Grundprinzip in der Natur überzeugt war.

Farbenlehre

Wie der Mensch trotz solcher Eingebundenheit in die Prinzipien der Natur das behaupte, was ihn als Mensch „von allen Wesen, die wir kennen" unterscheidet, wurde zur immer dringlicheren Frage, je vielseitiger und ausführlicher sich Goethe mit den Naturwissenschaften beschäftigte. Aus diesem Aspekt ist Goethes verbissener Kampf gegen Newtons Definition der Lichtfarben zu verstehen: Newton erklärte die Farben unabhängig vom Subjekt – Goethe beschrieb sie bewußt aus der Sicht des Menschen. Newton vertrat den Standpunkt des Physikers – Goethe den des Physiologen.

Das erstemal war Goethe das Phänomen der Farben auf dem Abstieg vom Brocken am 10. Dezember 1777 bewußt geworden, als die untergehende Sonne auf dem Schnee „farbige Schatten" erscheinen ließ. Ein zweites Erlebnis hatte Goethe in Rom, als er im März 1788 mit seinen malenden Freunden Fragen der Kolorierung diskutierte und sich zeigte, daß die jeweiligen Farbgebungen rein zufällig waren, ohne ein bestimmtes Verhältnis zur „sinnlich-sittlichen Wirkung der Farben" zu haben. Goethe hat daraufhin dieses Verhältnis wiederholt in „Farbenkreisen", in denen Eigenschaften und Temperamente bestimmten Farben zugeordnet waren, darzustellen versucht. Und schließlich kam im Januar 1790 der fast zufällige Blick durch ein Prisma hinzu, der Goethe meinen ließ, „daß die

317 Isaac Newton (1643–1727)
Kupferstich von J. Houbraken
nach G. Kneller. GMD

newtonische Lehre falsch sei", weil er nicht sah, was er nach Newton erwartete, sondern entdeckte, „daß eine Grenze notwendig sei, um Farben hervorzubringen".

Die „Grenze" war das Initial zu Goethes gesamter im Laufe der folgenden Jahre entwickelten Farbenlehre: Die „Grenze" wurde durch den Gegensatz von Hell und Dunkel gebildet. Gegensatz bedeutet Polarität, und „Polarität" war Goethe der Inbegriff seiner „Weltanschauung". Unter dieser Voraussetzung bezog Goethe seine „Farbenlehre" auch auf ethische und ästhetische Aspekte. Das kleine Lehrgedicht ‚Entoptische Farben' für Julie von Egloffstein bezeugt das auf seine Weise ebenso wie zuvor der „Farbenkreis".

Polarität und Steigerung

„Polarität" und „Steigerung" bezeichnete Goethe 1828 als die „zwei großen Triebräder aller Natur: [...] jene ist in immerwährendem Anziehen und Abstoßen, diese in immerstrebendem Aufsteigen."

Die reinste Erscheinung dessen, was ihm „Polarität" bedeutete, sah Goethe im Magneten: „Der Magnet ist ein Urphänomen, das man nur aussprechen darf, um es erklärt zu haben; dadurch wird es denn auch Symbol für alles Übrige, wofür wir keine Worte noch Namen zu suchen brauchen", vermerkte Goethe.

Das Prinzip der „Steigerung", das Goethe seit seinen Studien zur Metamorphose der Pflanzen auf alle Weise begegnet war, sah er auf dem Gebiet der Witterungskunde großartig bestätigt, nachdem ihm 1815 der ‚Essay on modification of clouds' von Luke Howard bekannt geworden war. Goethe verfaßte ein Gedicht ‚Howards Ehrengedächtnis', worin er die von Howard erläuterten aufwärtsstrebenden Wolkenveränderungen von ‚Stratus' über ‚Kumulus' zu ‚Cirrus' als Symbole der Steigerung beschrieb – unter Hinzunahme von ‚Nimbus' als Symbol der Entladung.

Chemie

Goethes Methode, naturwissenschaftliche Vorgänge symbolisch zu verstehen, hatte zur Entstehung des Romans ‚Die Wahlverwandtschaften' geführt. Der Titel des Romans geht auf die deutsche Übersetzung des lateinischen Fachausdrucks der Chemie zurück, dem der schwedische Forscher Torbern Bergmann 1775 seine Abhandlung ‚De attractionibus electivis' widmete. Bergmann verstand darunter den Vorgang, in welchem sich Stoffe vorhandener Verbindungen bei Hinzutreten anderer Stoffe trennen und neue Verbindungen eingehen.

Goethe hatte auch nach seiner Straßburger Studienzeit, in der er eingedenk seiner Frankfurter alchimistischen Experimente die Chemie „immer noch meine heimliche Geliebte" nannte, sein Interesse an der Chemie nicht verloren: In Jena förderte er die Chemiker Göttling und Döbereiner, die ihm ihrerseits Chemiekenntnisse vermittelten.

1796 erläuterte Goethe den Sachverhalt der chemischen ‚Wahlverwandtschaft' gelegentlich seines ‚Entwurfs einer vergleichenden Anatomie'. Aber erst 1808 benutzte er ihn, „sociale Verhältnisse und die Conflicte derselben symbolisch gefaßt darzustellen." Das einst zum Zweck der Naturerklärung verwendete Gleichnis menschlicher Verhältnisse wies nun unter seiner naturwissenschaftlichen Bedeutung in einer Weise auf den Menschen zurück, daß der sich gegenüber dem Naturgesetz als „Mensch" in Frage gestellt sehen mußte und sich zur Überprüfung seiner Situation genötigt fand. – Wie dies im besonderen das Thema des Romans ‚Die Wahlverwandtschaften' ist, gilt es im Allgemeinen für Goethes Verhältnis zu den Naturwissenschaften überhaupt.

318 Carl von Linné (1707–1778)
Kupferstich von F. Zuliani nach Tramontini, um 1770.
GMD

319 Das ‚Brocken-Buch‘
mit Goethes Eintragung vom 4. September 1784. GMD

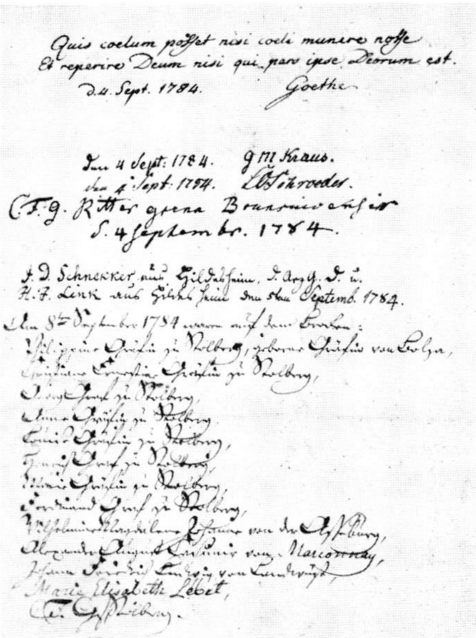
Quis coelum posset nisi coeli munere nosse
Et reperire Deum nisi qui pars ipse Deorum est.
d. 4. Sept. 1784. Goethe

321 Ansicht des Brockens
Kolorierter Kupferstich von H. Mittag, 1822. GMD

322 Salzbergwerk zu Wieliczka
Kupferstich von J. E. Nilson nach B. Müller, um 1780. GMD

320 Bergwerk zu Ilmenau
Aquarell von Carl Anton Graff. YUAG

Vollständige
SPRUDELSTEIN-SAMMLUNG
mit Beschreibung
von
Seiner Excellenz
dem Herrn Geheimerath und Staatsminister
von Göthe.
1832.

324 Der Kammerberg bei Eger
Radierung von C. Westermayr, 1809.
GMD

325 Ansicht von Karlsbad
Kolorierter Kupferstich von Lorenz Janscha nach F. Bühlmeyer, 1804. GMD

326/327 Caspar Maria Graf Sternberg (1761–1838)
Medaille von Anton König nach Loos; Vorder- und Rückseite. GMD

323 ‚Sprudelstein-Sammlung'
nach der Zusammenstellung von Goethe, 1832. GMD

328 Goethes ‚Hausgarten‘
mit Christiane und August
Radierung von Carl Lieber nach Goethes
Entwurf, 1793. GMD

331 Bleistiftskizzen und Notizen
zur Metamorphose der Pflanzen
von Johann Wolfgang von Goethe,
um 1790. NFG

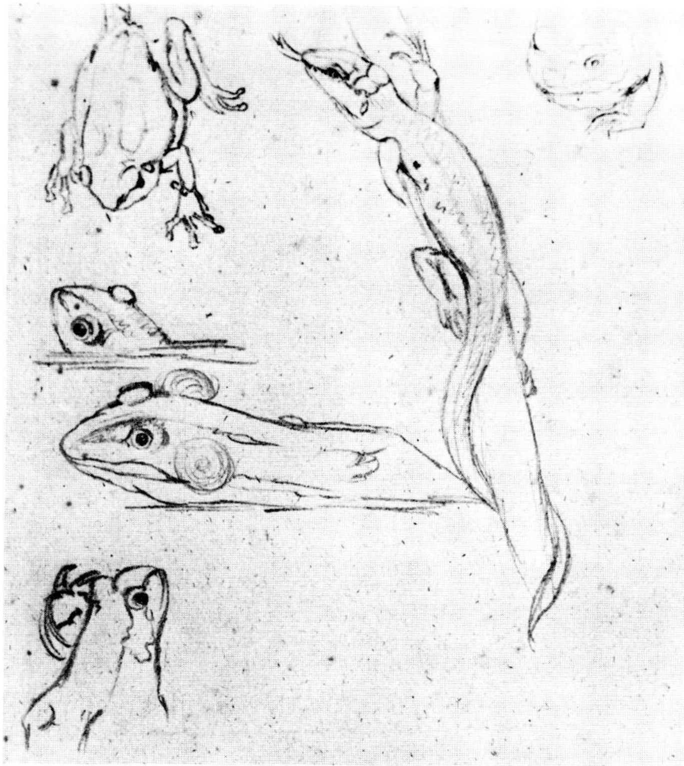

329 Bleistiftzeichnung zur Metamorphose der Tiere von Johann Wolfgang von Goethe, 1797. NFG

330 Der Zwischenkieferknochen bei Mensch (links) und Tier (rechts), Präparate. GMD

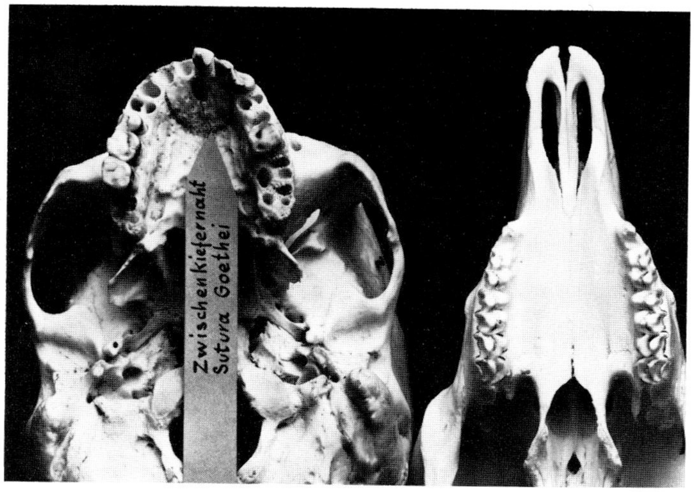

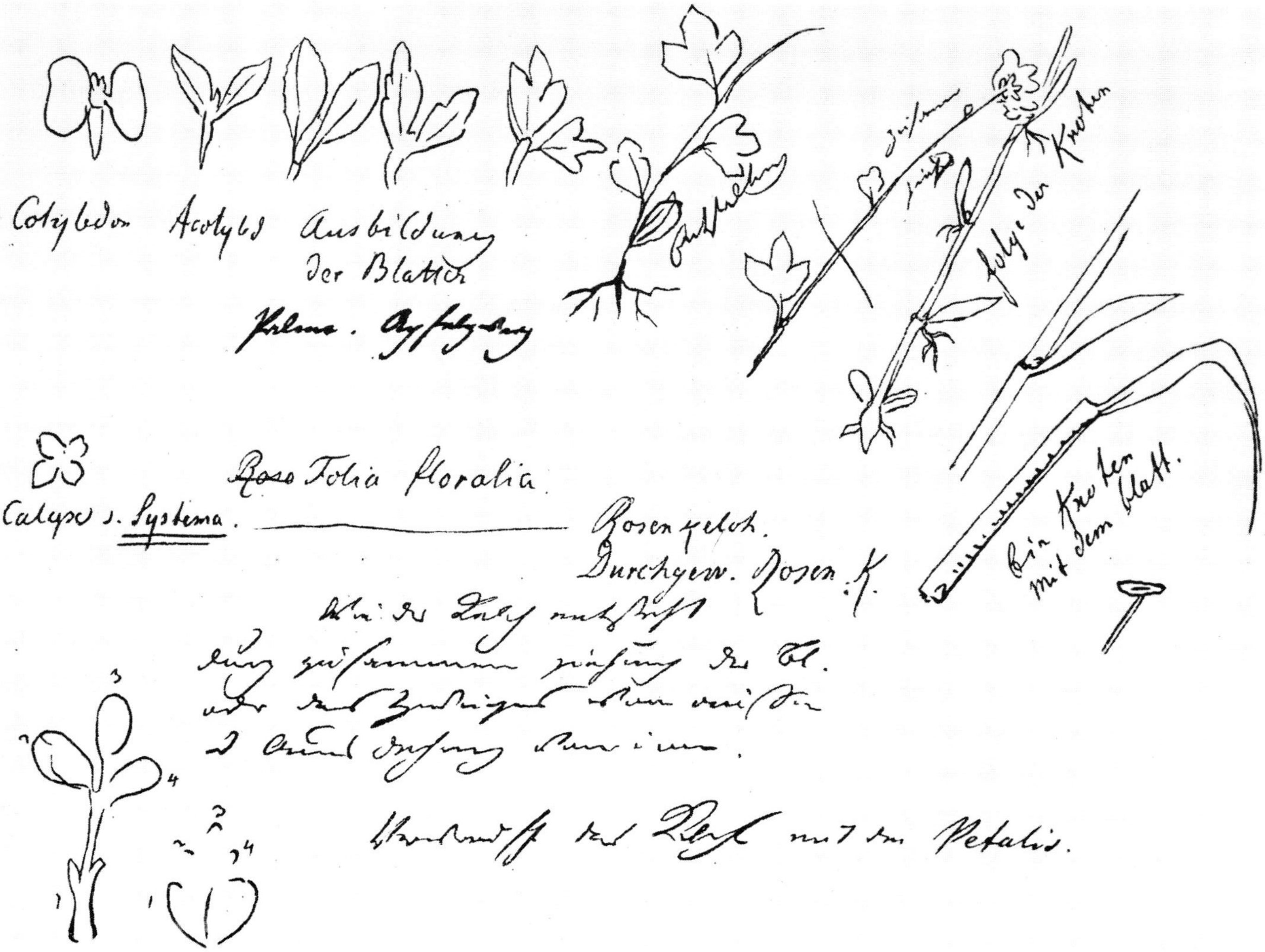

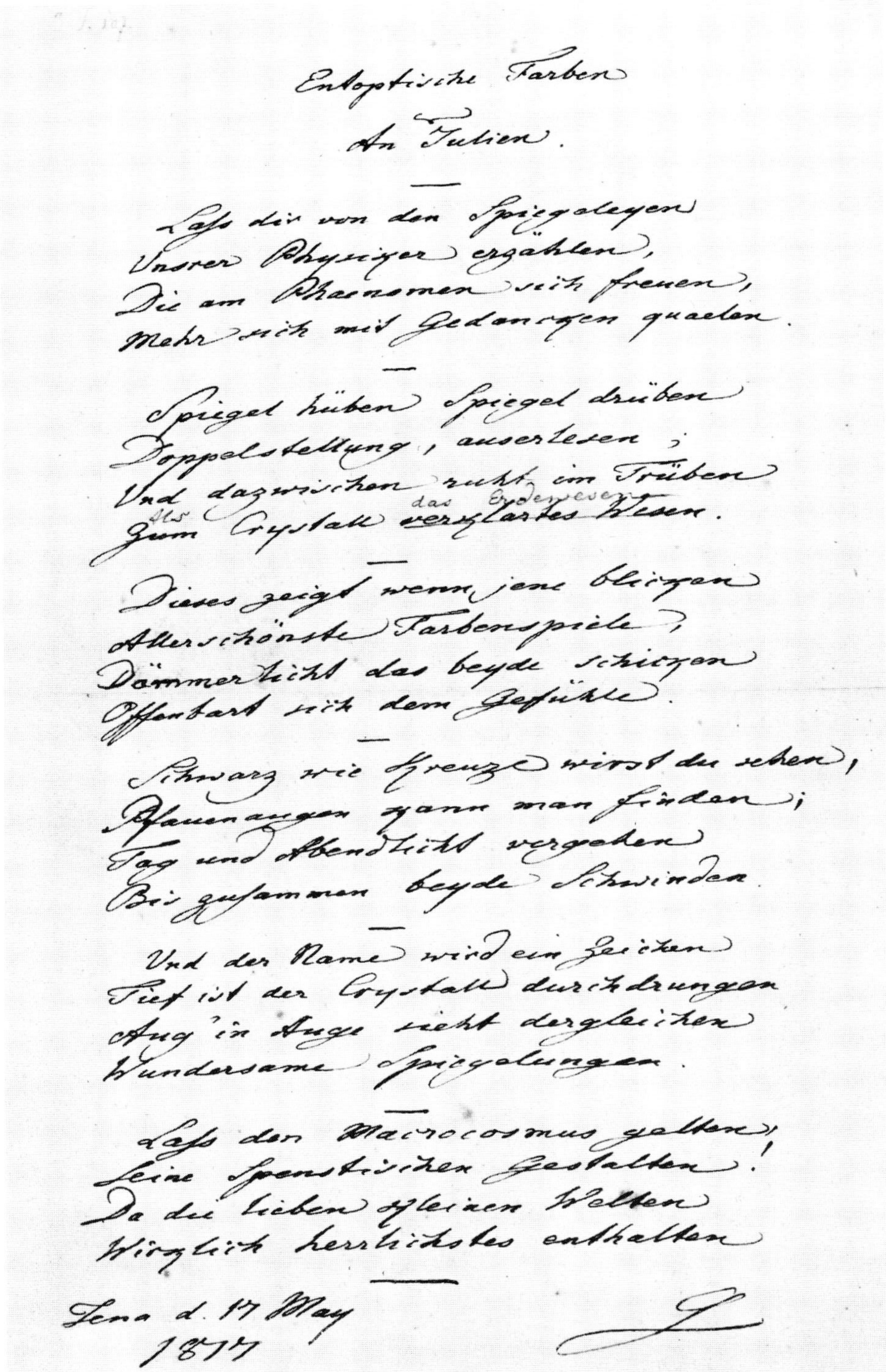

Entoptische Farben

An Julien.

—

Laß dir von den Spiegeleyen
Unsrer Physiker erzählen,
Die am Phaenomen sich freuen,
Mehr sich mit Gedanken quaelen.

—

Spiegel hüben Spiegel drüben
Doppelstellung, auserlesen;
Und dazwischen ruht im Trüben
~~Zum~~ Als Crystall ~~verklärtes Wesen~~ das Erdewesen.

—

Dieses zeigt wenn jene blicken
Allerschönste Farbenspiele;
Dämmerlicht das beyde schicken
Offenbart sich dem Gefühle.

—

Schwarz wie Kreuze wirst du sehen,
Pfauenaugen kann man finden;
Tag und Abendlicht vergehen
Bis zusammen beyde Schwinden.

—

Und der Name wird ein Zeichen
Tief ist der Crystall durchdrungen
Aug' in Auge sieht dergleichen
Wundersame Spiegelungen.

—

Laß den Macrocosmus gelten,
Seine Spenstischen Gestalten!
Da die lieben kleinen Welten
Wirklich herrlichstes enthalten

—

Jena d. 17 May
1817

G

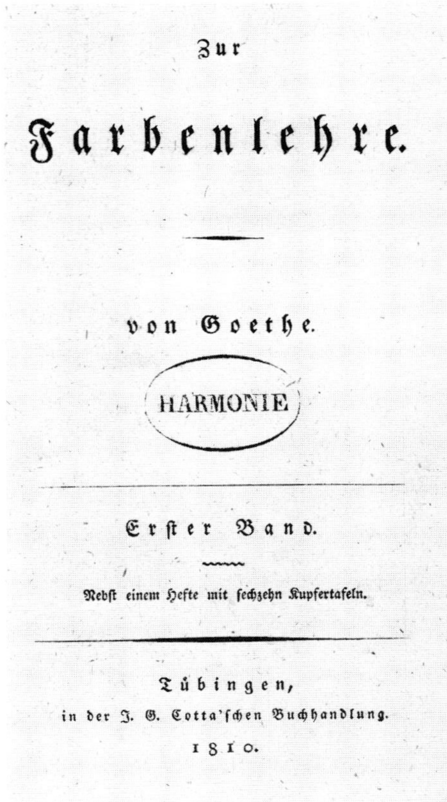

Zur

Farbenlehre.

von Goethe.

HARMONIE

Erster Band.

Nebst einem Hefte mit sechzehn Kupfertafeln.

Tübingen,
in der J. G. Cotta'schen Buchhandlung.
1810.

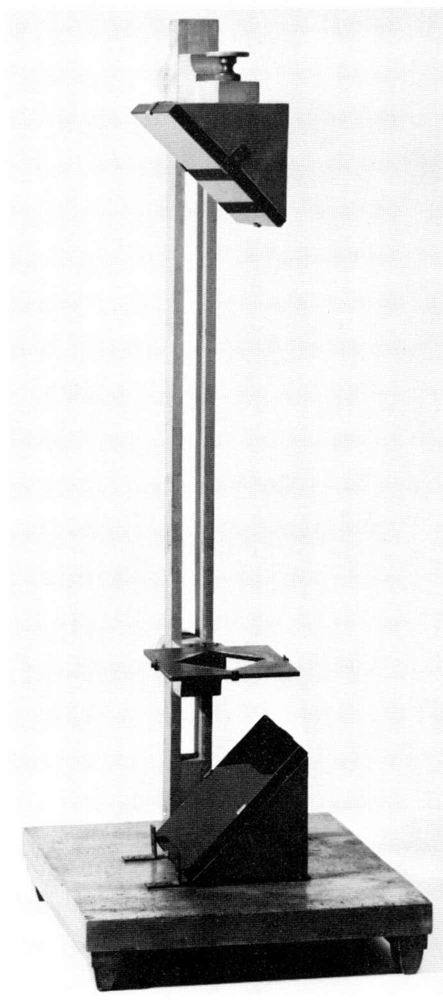

332 ‚Entoptische Farben'
Goethes eigenhändige Niederschrift seines Gedichtes über die ‚entoptischen Farben' für Julie von Egloffstein, 17. Mai 1817. KM (Leihgabe an GMD)

333 ‚Zur Farbenlehre'
Titelseite der Erstausgabe der Farbenlehre von Johann Wolfgang von Goethe, 1810. GMD

334 Das ‚Entoptische Gestell' des Physikers Thomas Johann Seebeck zur Erzeugung ‚entoptischer Farben', wie sie in Goethes gleichnamigem Gedicht beschrieben sind.
Nachbildung des aus Goethes Nachlaß stammenden Gerätes. GMD

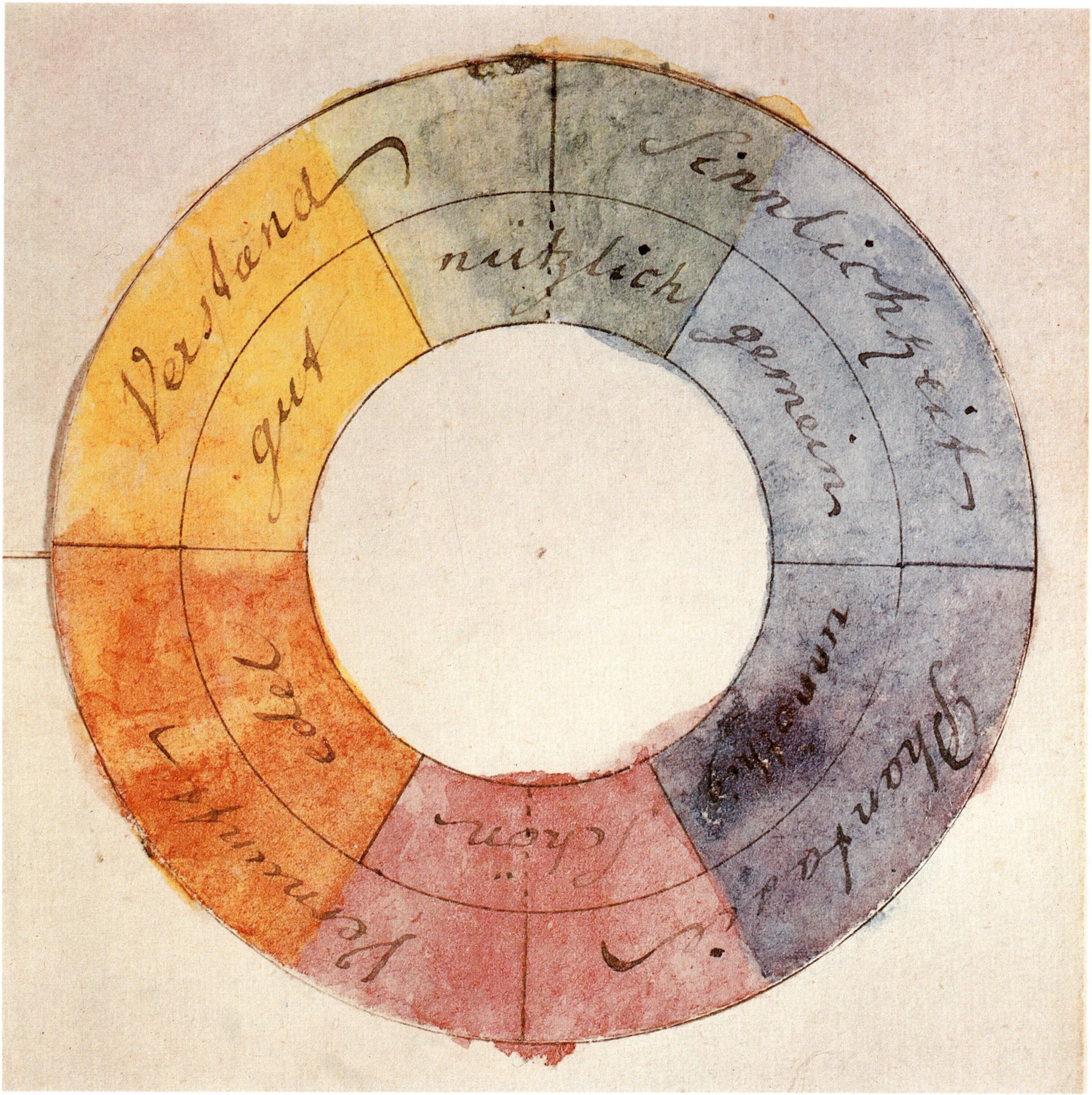

335 ‚Farbenkreis'
Von Goethe eigenhändig skizziert und möglicherweise auch eigenhändig koloriert. FDH

336 Schichtwolkendecke mit aufgesetzten Haufenwolken und Regenstreifen Federzeichnung von Johann Wolfgang von Goethe, „d. 10. May 1816 über den jenaischen oestlichen Bergen". NFG

337 Erläuterung des Magnetismus Eigenhändige Federzeichnung von Johann Wolfgang von Goethe. GMD

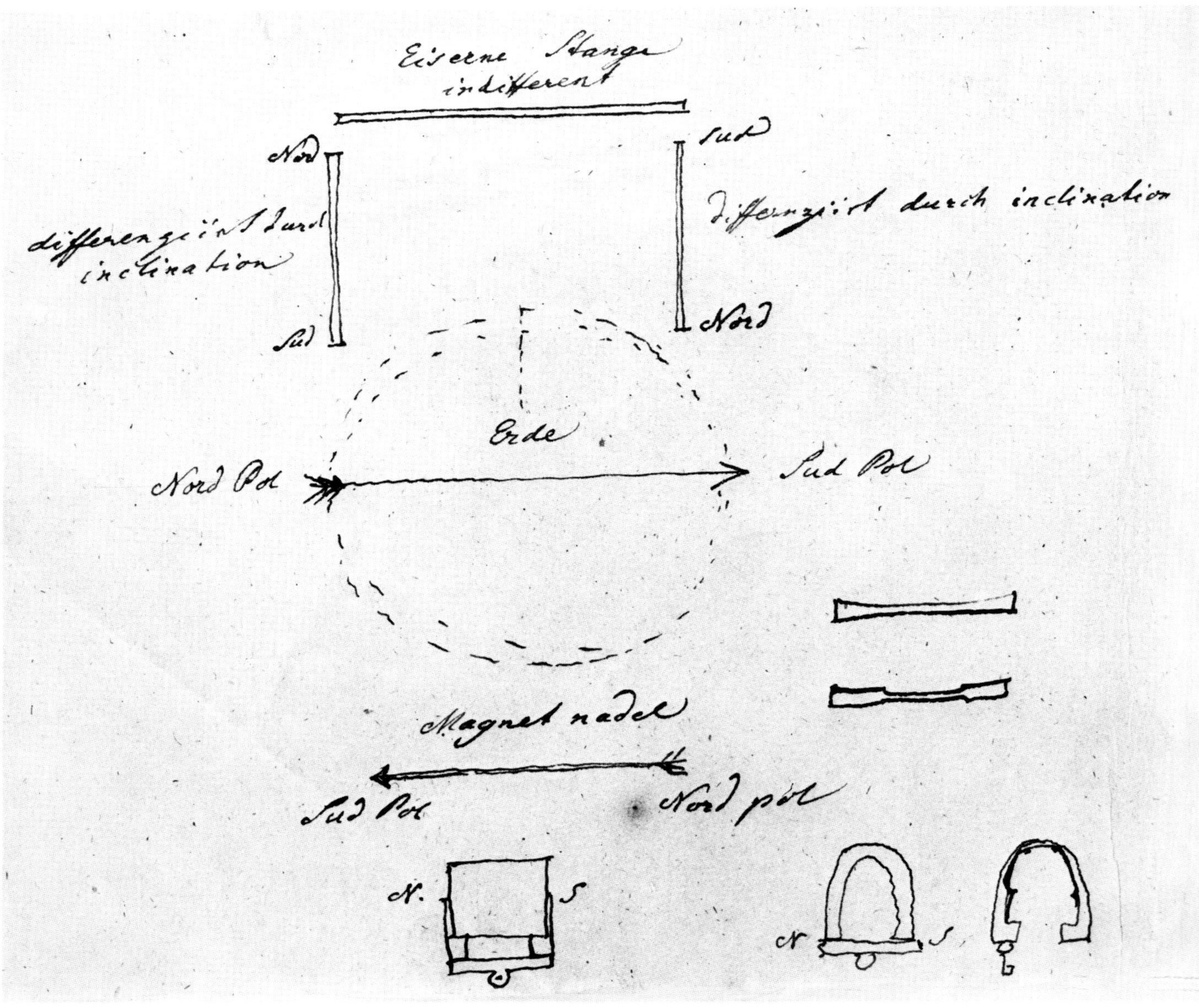

338 ‚Die Wahlverwandtschaften'
Titelseite der Erstausgabe von Goethes Roman, 1809. GMD

339 ‚De attractionibus electivis'
Titel des Aufsatzes von Torbern Bergmann in ‚Nova acta regiae societatis scientiarum Vpsaliensis' (1775), der 1782 mit ‚Über die Wahlverwandtschaften' übersetzt wurde. GMD

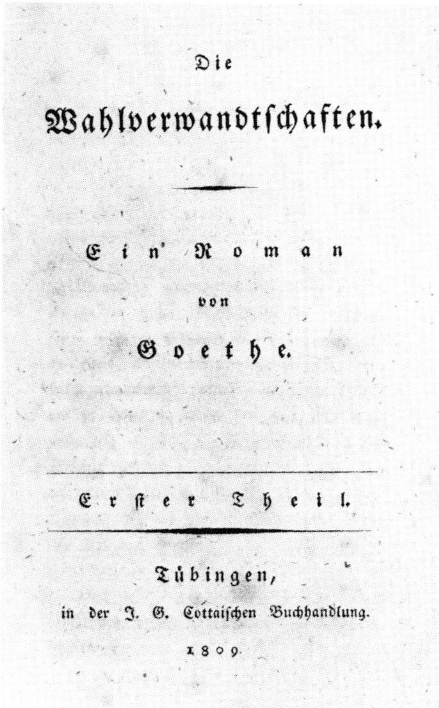

Die

Wahlverwandtſchaften.

Ein Roman

von

Goethe.

Erſter Theil.

Tübingen,
in der J. G. Cottaiſchen Buchhandlung.
1809.

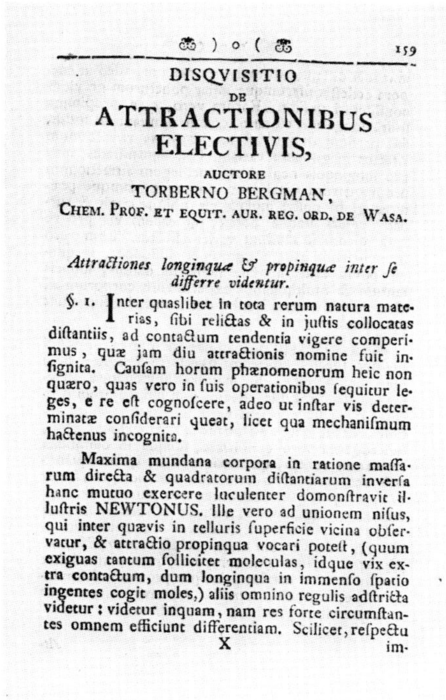

159

DISQVISITIO
DE
ATTRACTIONIBUS
ELECTIVIS,
AUCTORE
TORBERNO BERGMAN,
CHEM. PROF. ET EQUIT. AUR. REG. ORD. DE WASA.

Attractiones longinquæ & propinquæ inter ſe differre videntur.

§. 1. Inter quaslibet in tota rerum natura materias, ſibi relictas & in juſtis collocatas diſtantiis, ad contactum tendentia vigere comperimus, quæ jam diu attractionis nomine fuit inſignita. Cauſam horum phænomenorum heic non quæro, quas vero in ſuis operationibus ſequitur leges, e re eſt cognoſcere, adeo ut inſtar vis determinatæ conſiderari queat, licet qua mechaniſmum hactenus incognita.

Maxima mundana corpora in ratione maſſarum directa & quadratorum diſtantiarum inverſa hanc mutuo exercere luculenter domonſtravit illuſtris NEWTONUS. Ille vero ad unionem niſus, qui inter quævis in telluris ſuperficie vicina obſervatur, & attractio propinqua vocari poteſt, (quum exiguas tantum ſollicitet moleculas, idque vix extra contactum, dum longinqua in immenſo ſpatio ingentes cogit moles,) aliis omnino regulis adſtricta videtur; videtur inquam, nam res forte circumſtantes omnem efficiunt differentiam. Scilicet, reſpectu
X im-

340 Ottilie mit dem ertrunkenen Kind
Illustration zu ‚Die Wahlverwandtschaften', 2. Teil, 13. Kapitel
Lavierte Tuschzeichnung von Friedrich Bury, nach 1809. GMD

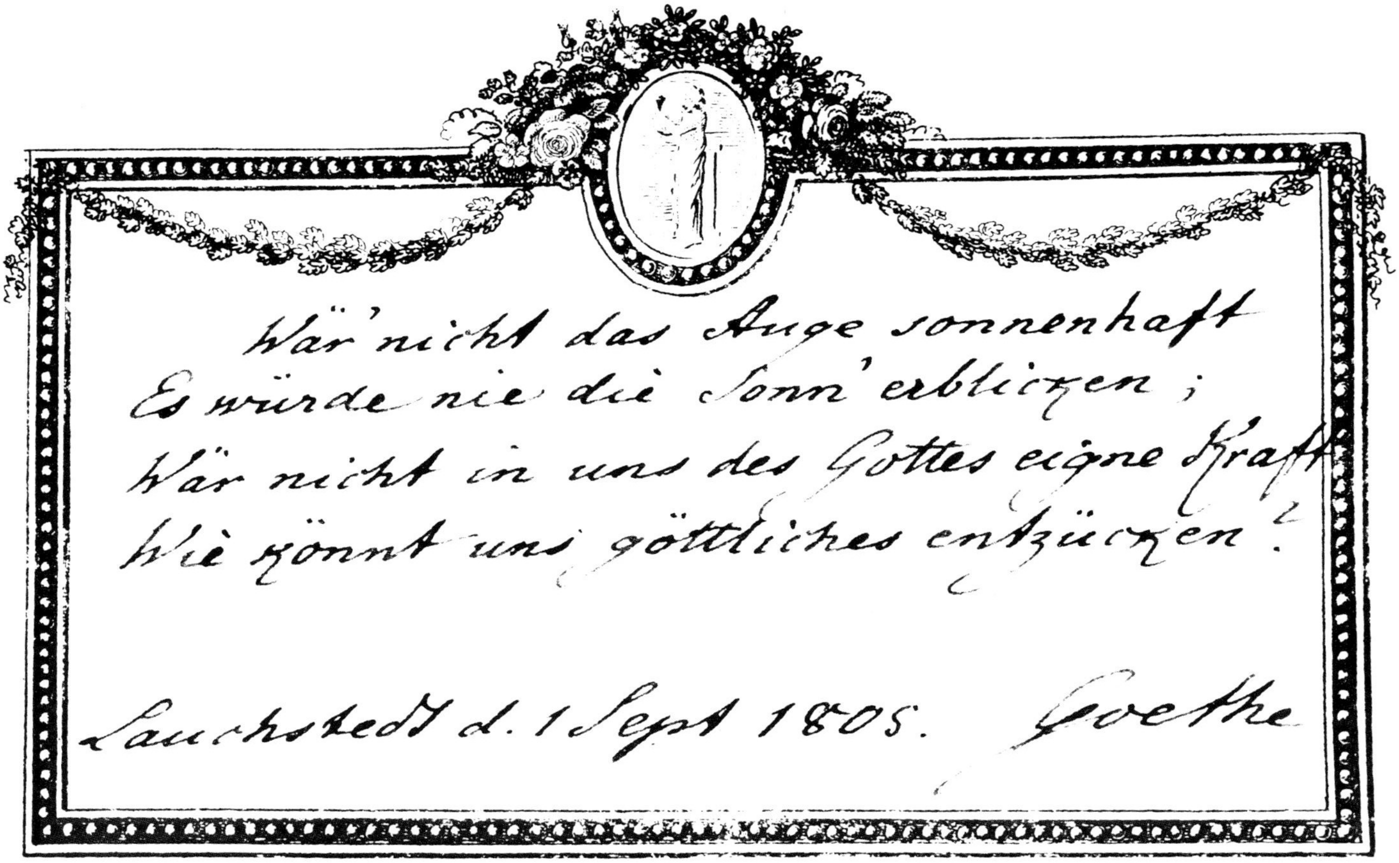
Wär nicht das Auge sonnenhaft
Es würde nie die Sonn' erblicken;
Wär nicht in uns des Gottes eigne Kraft
Wie könnt uns göttliches entzücken?

Lauchstedt d. 1 Sept 1805. Goethe

341 Stammbucheintragung
von Johann Wolfgang von Goethe,
‚Lauchstedt d. 1 Sept 1805.' GMD

14. Der Politiker und Zeitgenosse

Regieren

„*Regieren!!*“ schloß Goethe seinen Tagebucheintrag vom 8. Oktober 1777 ab. Ein herrischer Ausruf, wenn man ihn für sich nimmt. Aber im selben Eintrag steht zuvor unter anderem: „Heimweh [...] nach meinem Garten [...]. Gern kehr ich doch zurück in mein enges Nest [...]. Und wills Gott in Ruhe vor den Menschen mit denen ich doch nichts zu theilen habe.“ Unter dieser Voraussetzung hat der Ausruf „Regieren!!“ eine skeptische, ja eine zur Pflicht auffordernde Bedeutung. „Was aber ist deine Pflicht? Die Forderung des Tages“, wird es gut fünfzig Jahre später in ‚Wilhelm Meisters Wanderjahre‘ heißen.

Goethes „Regieren“, seine politische Tätigkeit, war immer davon bestimmt, die „Forderung des Tages“ zu erfüllen. Er betrieb daher im wesentlichen Tagespolitik, die von der Praxis bestimmt wurde. Als Politiker war er Pragmatiker.

Verbindung mit Preußen

In diesem Sinne begleitete Goethe im Mai 1778 seinen Herzog nach Berlin und Potsdam: Seit Januar des Jahres schwelte zwischen Österreich und Preußen die Auseinandersetzung über die bayerische Erbfolge, in deren Zusammenhang Kleinstaaten wie Weimar sich gerne der Protektion Preußens versicherten, aber Verpflichtungen und womöglich Krieg fürchteten.

Als Großneffe Friedrichs II. befand sich Carl August in delikater Situation. Der seitens Friedrich des Großen vorgebrachten Forderung, in Weimar Soldaten werben zu dürfen, suchte sich Carl August zu entziehen, fand indessen am Soldatenspiel selber Interesse. Friedrichs Bruder, Prinz Heinrich, schürte es, und sechs Jahre später übernahm Carl August als General das preußische Kürassierregiment in Aschersleben.

Goethe suchte sowohl die Rekrutierung wie den Eintritt in das preußische Militär zu verhindern. Zwar war er nach wie vor „fritzisch“ gesinnt und machte sich gegenüber Merck Luft, daß „über den großen Menschen seine eigenen Lumpenhunde räsonnieren“, aber

342 Johann Wolfgang von Goethe in Hofuniform
Getuschte und kolorierte Silhouette mit dem 1808 von Napoleon verliehenen Kreuz der Ehrenlegion, 1811. GMD

343 Hermann und Dorothea
Titelseite der Erstausgabe des Epos von Johann Wolfgang von Goethe im ‚Taschenbuch für 1798'.
GMD

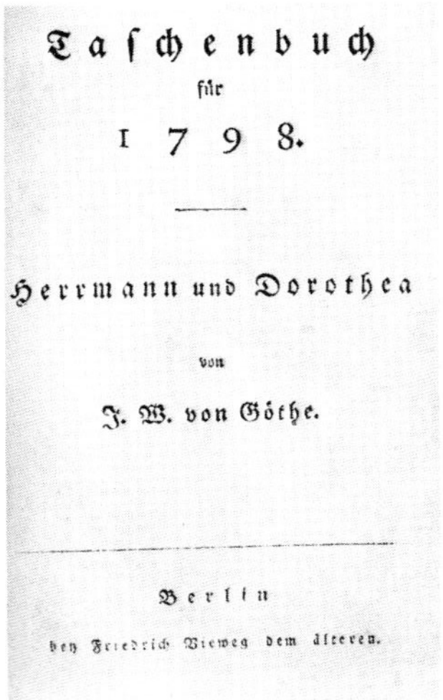
Taschenbuch
für
1798.

Herrmann und Dorothea
von
J. W. von Göthe.

Berlin
bey Friedrich Vieweg dem älteren.

Rekrutenaushebung und Kriegskasse waren etwas andres: Bei seiner Darstellung einer Musterungsszene zeichnete Goethe in den Lorbeerkranz über der Tür, die zum Militärdienst führt, einen Galgen (!), und den Etat für Munition drückte er 1784 auf fünfzig Taler herunter – zum Salutschießen. Ja, während Carl August im Rahmen des von Friedrich dem Großen gegründeten Fürstenbundes trachtete, große Politik zu machen, hoffte Goethe, daß eben in diesem Fürstenbunde „das kluge Betragen der Großen [...] den Kleinen die Motion ersparen" werde.

Die Zeit der Französischen Revolution

Die Verbindung mit Preußen führte 1792 zur Teilnahme Weimars am Ersten Koalitionskrieg gegen Frankreich. Goethe begleitete seinen Herzog. Was er dort erfahren hatte, begann Goethe 1820 in der autobiographischen Schrift ‚Campagne in Frankreich 1792' zu berichten, die er zuerst 1822 unter dem Titel ‚Aus meinem Leben. Zweyter Abtheilung Fünfter Theil' veröffentlichte. Nachdem 1829 in der ‚Ausgabe letzter Hand' der allgemeinbiographische Titel zugunsten der Bezeichnung des historischen Geschehens geändert worden war, wurde dem Bericht über die 1793 durchgeführte ‚Belagerung von Mainz' ein eigener Titel gegeben.

Der Feldzug ging zunächst voran, bis er sich im Desaster der Kanonade von Valmy am 20. September 1792 in einen Rückzug verwandelte. Eine Woche später schrieb Goethe an Knebel: „dieses Musterstück von Feldzug gibt mir auf viele Zeit zu denken. Es ist mir sehr lieb daß ich das alles mit Augen gesehen habe und daß ich, wenn von dieser wichtigen Epoche die Rede ist sagen kann: et quorum pars minima fui." – Es ist die ursprüngliche Formulierung des Satzes in der ‚Campagne': „Von hier und heute geht eine neue Epoche der Weltgeschichte aus, und ihr könnt sagen, ihr seid dabei gewesen."

Goethe versuchte das Ereignis der Französischen Revolution auf seine Weise mit verschiedenen Dramen zu bewältigen: ‚Der Bürgergeneral', ‚Die Aufgeregten', ‚Das Mädchen von Oberkirch' und ‚Die natürliche Tochter'. Sie konnten allesamt entweder dem Geschehen nicht gerecht werden oder blieben Fragment. Dagegen war es Goethe möglich, den Begleiterscheinungen der Revolution episch im Sinne der Humanität zu begegnen: Die ‚Unterhaltungen deutscher Ausgewanderten' und ‚Hermann und Dorothea' sind dafür großartige Zeugnisse.

Goethe stand der Revolution im Grunde hilflos gegenüber, denn sie widersprach sowohl seinem Naturell, das auf Harmonie gestimmt war, wie seiner Weltanschauung, die aufgrund seiner naturwissenschaftlichen Studien auf Evolution gesetzt hatte.

Napoleon

Preußen hatte sich nach den Erfahrungen des Ersten Koalitionskrieges aus dem Zweiten und Dritten herausgehalten, bis Napoleon 1806 Ansbach und Bayreuth besetzte. Als ein diesbezügliches Räumungsultimatum abgelaufen war, erklärte Preußen am 9. Oktober 1806 den Krieg, den fünf Tage später das verbündete Weimar mit der Niederlage der Preußen bei Jena empfindlich zu spüren bekam: Die Städte Jena und Weimar wurden durch Beschießung, Brandschatzung und Plünderung erheblich geschädigt. Während der Herzog den preußischen Rückzug mitmachte, war es die Herzogin allein, die durch ihre mutige Begegnung mit Napoleon das Land vor noch größerem Schaden bewahrte.

Goethe traf Napoleon erst zwei Jahre später während des Fürstenkongresses in Erfurt. Die desolaten Verhältnisse zu überwinden, begann er im Herbst 1806 das ‚Reise-, Zerstreuungs- und Trost-Büchlein', ein Stammbuch mit Zeichnungen für Prinzessin Caroline von Weimar. Der Titel allein ist bezeichnend für Goethes Einstellung gegenüber den Ereignissen. Erst die drei Unterredungen, die Goethe am 2., 6. und 10. Oktober 1808 mit Napoleon hatte, bewirkten den Eindruck, der Goethe von Napoleon als einer „dämonischen Natur" sprechen ließ, deren Energie und Realitätssinn er fortan bewunderte.

So ist es zu verstehen, daß Goethe von seinem Respekt vor der Persönlichkeit Napoleons auch nicht abließ, als die Franzosen 1813 in der ‚Völkerschlacht bei Leipzig' besiegt wurden, die Alliierten 1814 in Paris einzogen, 1815 Napoleon endgültig geschlagen wurde und der Wiener Kongreß das europäische Staatensystem neu regelte, wobei Sachsen-Weimar zum Großherzogtum erhoben wurde.

Nach der Befreiung

An Sachsen-Weimars Aufwertung hatte Freiherr vom Stein, der die Verdienste Carl Augusts zu würdigen wußte, wesentlichen Anteil. Goethe war mit ihm 1814 und 1815 während seiner Aufenthalte an Main und Rhein zusammen. Weimar arbeitete im Sinne Steins als erstes Land der ‚Bundesstaaten' eine ‚Landständische Verfassung' aus. Im Zusammenhang mit ihr wurde das ‚Geheime Consilium' in ein ‚Großherzogliches Staatsministerium' umgewandelt, dem Voigt als Präsident vorstand, während Goethe zum Staatsminister ernannt worden war, dessen Ressort die ‚Oberaufsicht über die unmittelbaren Anstalten für Wissenschaft und Kunst in Weimar und Jena' betraf.

In dieser Eigenschaft hatte Goethe es zum nicht geringen Teil mit der studentischen Jugend zu tun, einer problematischen Generation, die beanspruchte, den Feind vertrieben zu haben, und daraus ableitete, mitreden zu dürfen, wie es im Frieden weitergehen solle. Das wurde erstmals auf dem ‚Wartburgfest' am 18. Oktober 1817 proklamiert, das mit der Verbrennung zahlreicher als reaktionär geltender Bücher endete. Die allenthalben Aufsehen erregende Sache nahm man in Weimar zunächst gelassen hin. An Carl August schrieb Goethe: „Irgend eine Explosion war vorauszusehen, halten wir es für ein Glück, daß sie so schnell und ungeschickt hervorgebrochen!" Ja, Goethe machte im Falle der Verbrennung von Kotzebues ‚Deutsche Geschichte' kein Hehl aus seiner Sympathie mit den jungen Leuten: „Daß du dein eigen Volk gescholten,/Die Jugend hat es dir vergolten", reimte er in einem Spottgedicht auf den Autor.

Allerdings hatte man nicht gedacht, daß einer der Studenten eineinhalb Jahre später Kotzebue ermorden würde! Die verhängnisvolle Tat eines Fanatisierten verhalf den Karlsbader Beschlüssen zu Anlaß und Rechtfertigung. Die Chance der jungen Generation, sich der gewonnenen Freiheit würdig zu erweisen, war verloren.

344 Hermann und Dorothea am Brunnen
Tuschzeichnung von Franz Ludwig Catel, 1799. GMD

345 Friedrich der Große (1712–1786) bei der Wachtparade
Kupferstich von Daniel Nikolaus Chodowiecki, 1777. GMD

346 Rekrutenaushebung
Feder- und Tuschzeichnung von Johann Wolfgang Goethe, 1779. NFG

347 Heinrich Prinz von Preußen (1726–1802)
Miniatur in Deckfarben auf Elfenbein nach Antoine Pesne, um 1745. GMD

348 Carl August Herzog von Sachsen-Weimar-Eisenach
als Chef der Ascherslebener Kürassiere
Kolorierter Kupferstich von Carl Müller nach Georg Melchior Kraus, 1786. GMD

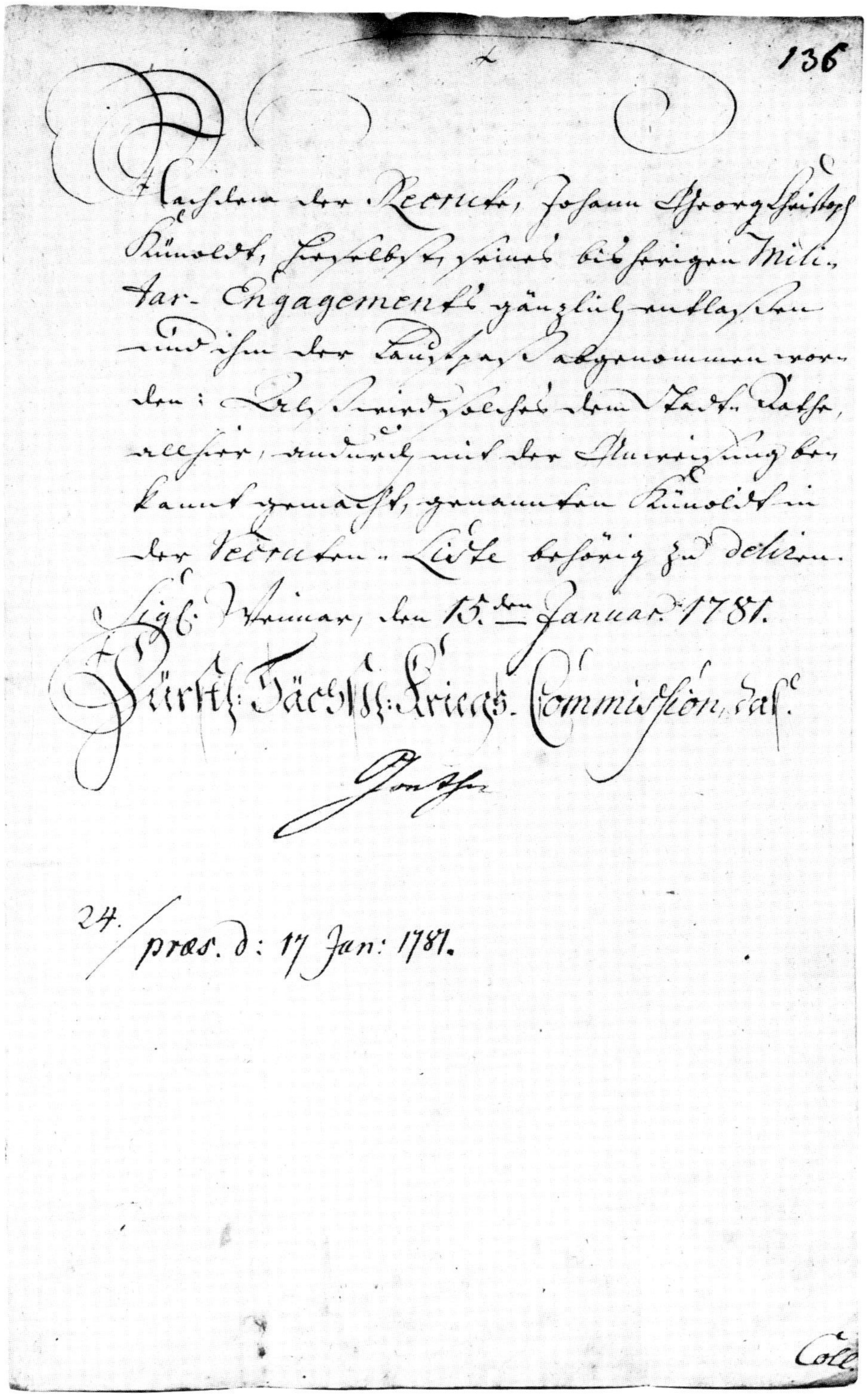

136

Nachdem der Recrute, Johann George Heinrich Kühnoldt, hierselbst, seines bisherigen Militär-Engagements gänzlich entlassen und ihm der Laufpass abgenommen worden: Als wird solches dem Stadt-Rathe allhier, andurch mit der Anweisung bekannt gemacht, genannten Kühnoldt in der Recruten-Liste gehörig zu deliren.
Sign: Weimar, den 15.ten Januar 1781.

Fürstl. Sächsisch. Kriegs Commission das.

Goethe

24. / praes. d: 17 Jan: 1781.

Coll.

349 Amtliches Schreiben
der ‚Fürstl. Sächssch. Kriegs-Commission'
vom 17. Januar 1781 mit Goethes Unterschrift. GMD

350 Kanonade bei Valmy am 20. September 1792
Kupferstich von Aubert nach H. Vernet, um 1810. BPK

351 Belagerung von Mainz
Kolorierte Radierung von Georg Melchior Kraus, 1793. GMD (Ausschnitt)

352 Luxemburger Landschaft mit ‚Freiheitsbaum'
Aquarell über Bleistift und Tuschfeder von
Johann Wolfgang von Goethe, 1792. GMD

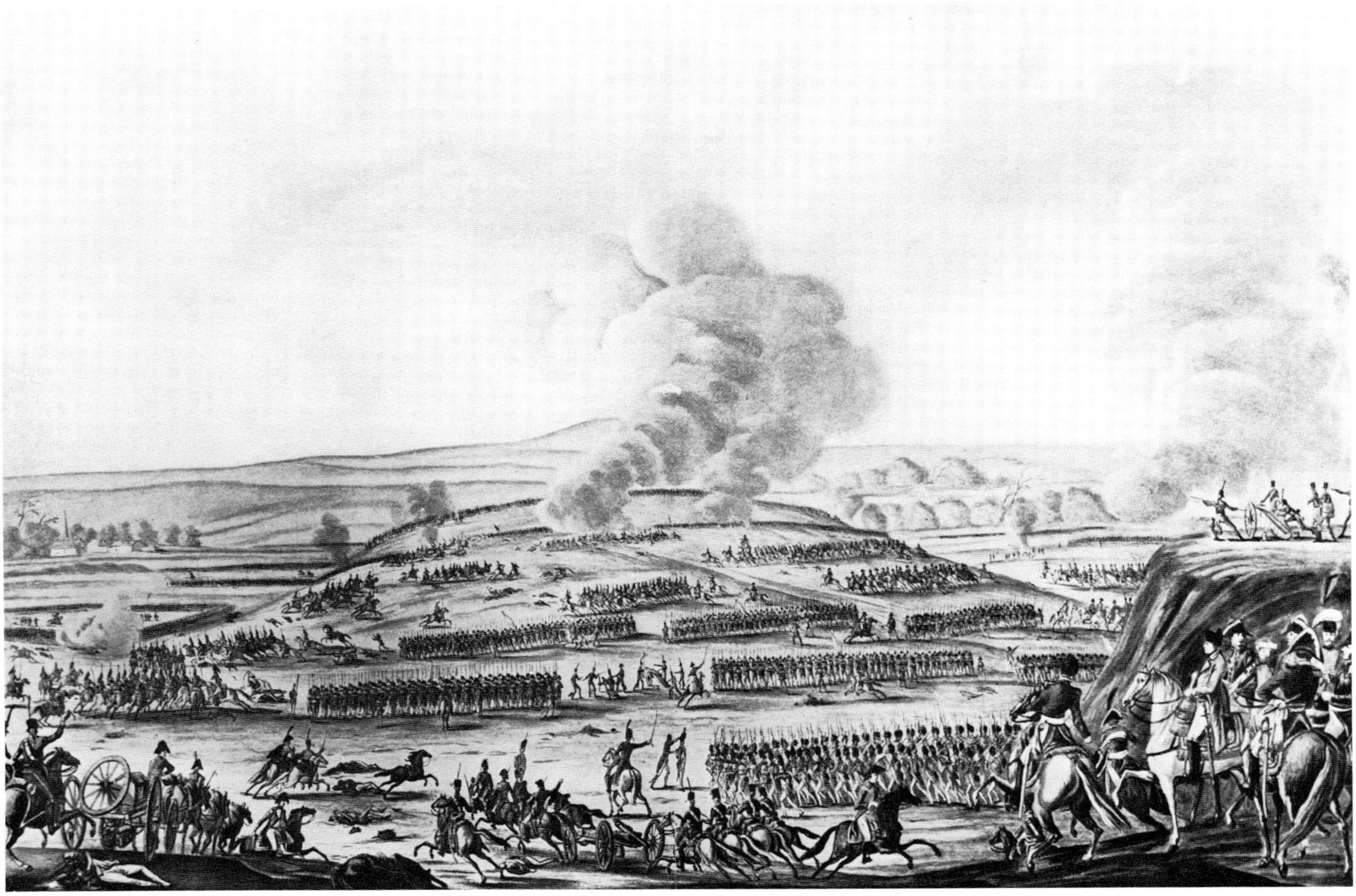

353 Schlacht bei Jena am 14. Oktober 1806
Eröffnungsgefecht am Dornberg
Kolorierter Kupferstich von Bertaux und Lavachez. BPK

354 Luise Herzogin von Sachsen-Weimar-Eisenach
Öl auf Leinwand
von Johann Friedrich August Tischbein, 1795. Dauerleihgabe der Bundesrepublik Deutschland an GMD

355 Napoleon I. (1769–1821)
Eisengußplakette von Leonhard Posch, 1807. GMD

356 Phantasie-Landschaft aus dem ‚Reise-Zerstreuungs- und Trost-Büchlein'
von Johann Wolfgang von Goethe für C[aroline] P[rinzessin zu] S[achsen]
Feder und Tusche mit Aquarellfarben
von Johann Wolfgang von Goethe, 1807. NFG

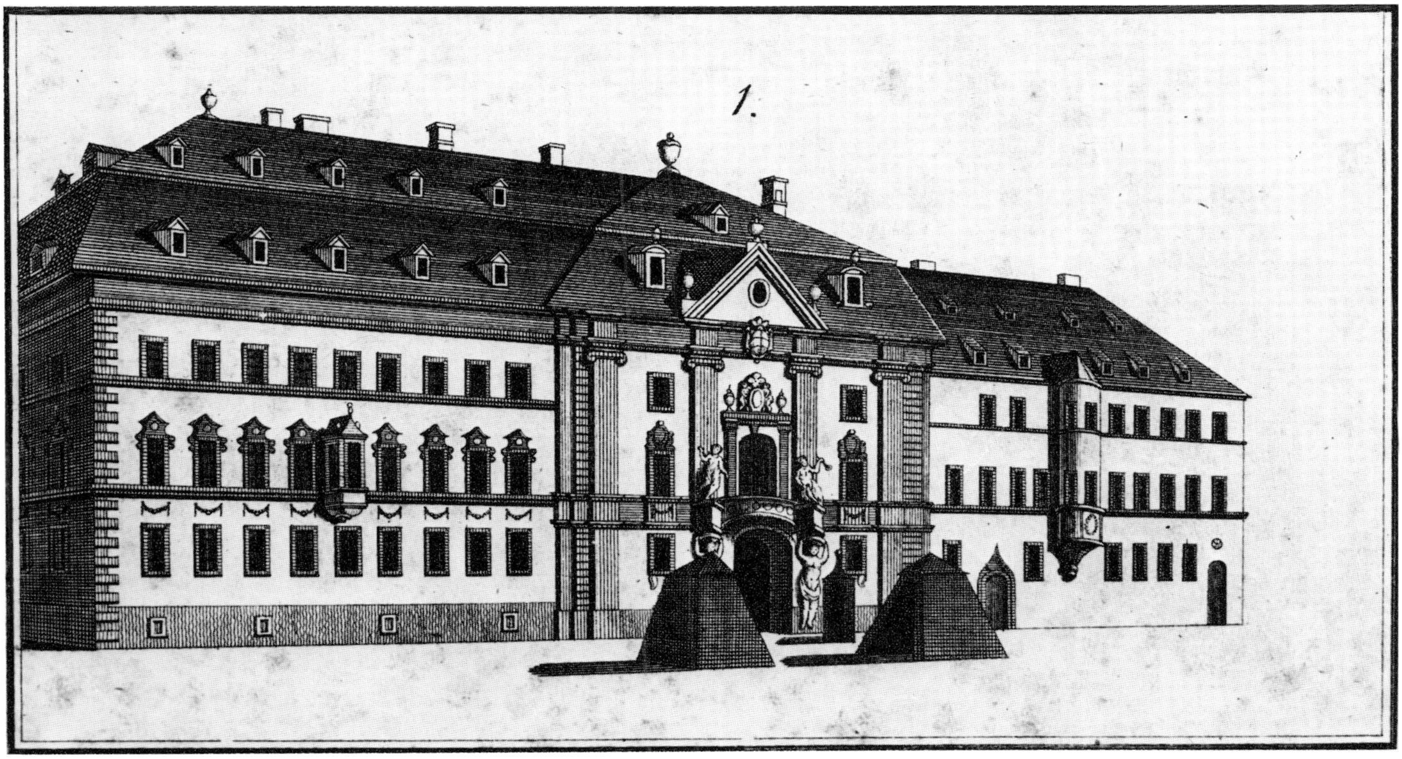

357 Das Statthalter-Palais in Erfurt
Kupferstich, 1808. GMD

360 Heinrich Friedrich Karl Freiherr vom und zum Stein (1757–1831) Schabkunstblatt von Peter Joseph Lützenkirchen, 1820. GMD

361 ‚Siegs und Friedensmünze zum Wiener Congreß October 1814' Zinnguß von Stammer nach der Ausführung von Pfeuffer, 1814. GMD

362 Carl August von Sachsen-Weimar-Eisenach als Großherzog
Öl auf Leinwand von Ferdinand Jagemann, 1816. GMD

358 Einzug der Alliierten in Leipzig am 19. Oktober 1813 nach der ‚Völkerschlacht'
Kolorierte Aquatinta, 1815. GMD

359 Gefecht zwischen den Kosaken und Franzosen bei Weimar am 22. Oktober 1813
Deckfarbenmalerei von Theodor Götze, 1816. GMD

363 Die Verbrennungsszene
auf dem Wartenberg bei Eisenach
am 18. Oktober 1817
Zeichnung von Ludwig Bürger. BPK

15. Späte Reisen, späte Lyrik

Badereisen

Goethes späte Reisen waren Badereisen. Seine Kuraufenthalte waren Kulturaufenthalte. Sie dienten sowohl der Genesung des Leibes als der Belebung des Geistes. Während der Leib allein vom Brunnenwasser profitierte, hatte der Geist auf verschiedene Weise Gewinn: Die Muße ließ Gelegenheit zum Zeichnen, das immer noch Goethes beliebteste Methode war, sich Rechenschaft über das zu geben, was das Auge erfaßte. Die liebgewordenen Studien in Mineralogie und Geologie konnten ungestört betrieben werden. Es gab Möglichkeiten, sich mit Volksbräuchen und -verhalten vertraut zu machen. Seit Italien hatte Goethe einen Blick dafür. Andererseits boten die sich in den Bädern gleichsam außerterritorial treffenden Gäste verschiedener Länder Anlaß zu Orientierung und Meinungsaustausch. Der Informationshorizont wurde erweitert. Und nicht zuletzt übte die Damenwelt ihre Gemüt und Geist belebenden Reize aus. Alles zusammen bewirkte eine poetische Produktion, die sich vor allem als Lyrik gestaltete.

Goethes Badereisen waren gesundheitliche Notwendigkeiten. Zum erstenmal zeigte sich das im Frühjahr 1785, als Goethes Gesamtbefinden einen Tiefpunkt erreicht hatte. Physisch und psychisch anfällig, klagte er über körperliche Beschwerden und vermißte „eine gewisse Elastizität des Gemüthes". „Wie gut es ist vertraulich über seinen Zustand mit Freunden hin und wieder reden", empfand er damals, und gestand dem „Urfreund" Knebel, als seine erste Karlsbader Kur auf Anraten seines Arztes Christoph Wilhelm Friedrich Hufeland schon beschlossen war: „Ich flicke an dem Bettlermantel, der mir von den Schultern fallen will."

Die böhmischen Bäder gründen überwiegend auf alkalischen Glaubersalzquellen und waren in dieser Hinsicht für die Hauptleiden des 18. und 19. Jahrhunderts – Gicht und Verdauungsschwierigkeiten – vorzüglich geeignet. Der Kurgast mietete sich in einem der Häuser am Platze ein, worauf seine Ankunft in der ‚Liste der angekommenen Kur- und Badegäste' öffentlich bekanntgegeben wurde. Seine erste Kurhandlung war, einen der charakteristischen Trinkbecher zu erstehen, den er morgens in nüchternem Zustand zwei- bis dreimal am Brunnen füllen ließ. Daß auch zur Goethe-Zeit der Sprudel nicht eben als wohlschmeckend empfunden wurde, kann man aus Goethes 1785 entstandenem Gelegenheitsgedicht „Warum siehst Du Tina verdammt, den Sprudel zu trinken?" entnehmen. – Gut zwei Stunden nach dem Brunnentrunk folgte das Frühstück, an das

364 Johann Wolfgang von Goethe
Öl auf Eichenholz von Karl Joseph Raabe, 1814. WRMK

365 Karlsbader Sprudelbecher
Porzellan mit Blumendekor, um 1820. GMD

sich ein größerer Spaziergang anschloß. Darauf war der Appetit auf das Mittagessen, das stets aus leichter Kost bestand, rege. Eine etwa zweistündige Ruhe schloß sich an; erst danach begann der gesellschaftliche Teil des Kuraufenthaltes mit Unterhaltung, Tanz und Konzert.

Üblicherweise dauerte eine Kur vier Wochen. Goethe verweilte in der Regel 5 bis 7 Wochen. Erst 1807 – Goethe wurde damals 58 Jahre alt – begannen sich seine Kuraufenthalte außergewöhnlich auszudehnen: 15 Wochen verbrachte er in Karlsbad, Franzensbad und Umgebung. 1808 und 1810 waren es sogar je 17 Wochen.

Die Hauptursache für die bis zu 17 Wochen dauernden Kuren war nicht Goethes, sondern Europas Krankheit: Während fast alle europäischen Länder von der napoleonischen Turbulenz ergriffen wurden, war in den böhmischen Bädern die Welt noch in Ordnung. Dementsprechend blieb Goethe 1812 – zur Zeit der napoleonischen Kriegsvorbereitungen gegen Rußland – sogar 19 Wochen in Böhmen. Als im Frühjahr 1813 der Aufstand gegen Napoleon auch in Weimar Unruhe verursachte, brach Goethe noch früher als in den letzten Jahren – schon Ende April – nach Böhmen auf und kehrte erst im August zurück.

Eger und Franzensbad

Goethe reiste in der Regel über Franzensbad (auch Franzensbrunn genannt) nach Böhmen ein und wieder aus. In Eger machte er häufig Station oder kam zu kurzen Besuchen von Karlsbad herüber. Die Geschichte der Stadt, ihre Bauten, das Rathaus, in dem Wallenstein 1634 ermordet worden war, die Burganlage interessierten ihn, ebenso die Sammlung von Altertümern, Münzen und Naturalien des Scharfrichters Huß, von dem er mancherlei über Land und Leute erfuhr, wie auch bei den Besuchen von 1820–1823 vom Polizeirat Grüner, der ihm 1825 seine Abhandlung über Sitten und Gebräuche im Egerland schenkte.

Franzensbad war erst 1793 eingerichtet worden. Bei Goethes Anreise am 14. Mai 1811 brach abends nach 8 Uhr auf übler Straße zwischen Asch und Franzensbad bei „Gewitter und Regen“ die Achse des Wagens. Es schien, als ob ihn hätte einholen wollen, was er drei Jahre zuvor – so gut wie zum gleichen Datum ebenfalls auf der Reise nach Karlsbad – als Ausgangssituation seines dann 1810 geschriebenen erotischen Epos ‚Das Tagebuch‘ konzipiert hatte: ein Wagenbruch!

Sylvie und Minchen. Maria Ludovica

Der Kuraufenthalt von 1808 erfüllte die Hoffnung auf „eine kleine Liebschaft“, die Goethe als das eigentliche Elixier einer jeden seiner Badereisen betrachtete, aufs glücklichste. Der Zufall wollte es, daß auch der Sachsen-Gothaische Minister von Ziegesar und seine Familie sich in Karlsbad aufhielten. Mit der Tochter Sylvie hatte Goethe schon in früherer Zeit korrespondiert. Jetzt wurde sie dreiundzwanzig Jahre alt, und Goethe entdeckte sie für sich: „Weiß und schlank“ bezeichnete er sie im Gedicht zu ihrem Geburtstag und nannte sie dort zum Schluß „Tochter, Freundin, Liebchen“. – Für Goethe ging es mittlerweile um mehr als um „eine kleine Liebschaft“: Im November 1808, als ihm die Theaterkrise tiefen Verdruß bereitete, schrieb er: „In Ihrer Gegenwart, liebste Silvie, das alles zu vergessen, war mein Wunsch“. Goethe hielt sie für verständig, ins Vertrauen gezogen zu werden, und Sylvie beglückte das. Von einer Begegnung im Juni 1809 schrieb die Weimarer Malerin Luise Seidler: „Sie flog an seinen Hals, daß ich glaubte, die beiden Arme könnten ihn erdrosseln.“

Natürlich nahm der Badeklatsch teil. So berichtete eine der Damen im Herbst 1808, Goethe habe „diesen Sommer in Karlsbad ein Liebchen gehabt, dem er seine süßesten Lieder gesungen." Doch handelt es sich dabei um einen Zyklus von Sonetten, die Goethe im Winter zuvor im Wettstreit mit Zacharias Werner auf Minchen Herzlieb begonnen hatte. Wilhelmine Herzlieb war die Pflegetochter von Goethes Verleger Frommann in Jena. Goethe kannte Minchen seit ihren Kindertagen. 1807 war sie achtzehn Jahre – für Goethe Anreiz genug, dem Mädchen, wie „ein Himmel anzuschauen so musterhaft wie jene lieben Frauen / Der Dichterwelt", seine Neigung zu schenken.

Ob aber alle Sonette dieses Zyklus Minchen gegolten haben, wissen wir nicht. Denn es sind mehr, als auf den Winter 1807/08 datiert sind, und Goethe hat sich auch noch während des Karlsbader Aufenthaltes 1808 mit ihnen beschäftigt, indem er sie Zelter schickte und in der Karlsbader Gesellschaft vorlas. So bleibt die Frage der Zuordnung im Falle der Sonette ebenso offen wie in dem des Urbilds der Ottilie aus den 1808 entstandenen ‚Wahlverwandtschaften', in das sich wohl beide junge Damen teilen müssen, wenn man nicht mit der vom Dichter geschaffenen Gestalt vorlieb nehmen will.

Als Goethe am 19. Mai 1810 wieder in Karlsbad eintraf, wurde er auf ganz andere als die gewohnte Weise durch eine Frau in Anspruch genommen: Für den 6. Juni erwartete man die Kaiserin Maria Ludovica Beatrice von Österreich. Goethe war um ein Begrüßungsgedicht im Namen der Karlsbader Bürger gebeten worden. Er unterzog sich der Fleißaufgabe für die Majestät pflichtschuldig. Man merkt es dem ‚Der Kaiserin Ankunft' betitelten Opus an. Doch als Goethe der damals Dreiundzwanzigjährigen vorgestellt wurde, war es um ihn geschehen: Drei weitere die Kaiserin betreffende Gedichte machen das deutlich. Zu einer abermaligen Begegnung kam es für diesmal nicht. Indessen hatte Maria Ludovica Interesse an Goethe gefunden. So brauchte zwei Jahre später, als die Kaiserin in Teplitz weilte, der Herzog Carl August, der ihr dort seine Aufwartung machte, den in Karlsbad wartenden Goethe nicht lange zu preisen, um ihm eine Einladung nach Teplitz zu erwirken. In der Zeit vom 19. Juli bis 10. August 1812 traf Goethe fast täglich mit der Kaiserin zusammen, um ihr aus eigenen und anderen Werken vorzulesen. Dafür, daß es nicht allein beim Vorlesen und Zuhören blieb, ist das Lustspiel ‚Die Wette' Beweis, das in Zusammenarbeit von Maria Ludovica und Goethe entstand, aber nicht aufgeführt wurde, weil es hätte Gerede geben können. Die Kaiserin, der gegenseitigen Neigung wohlbewußt, hatte Goethe das Versprechen abgenommen, sie künftig weder direkt noch indirekt in seinen Werken zu vergegenwärtigen und über ihre Unterhaltungen zu schweigen.

Beethoven

Wie der Gegenpol zu diesem amourösen Umgang mit der Kaiserin nimmt sich Goethes gleichzeitige Begegnung mit Beethoven in Teplitz aus. Bettina Brentano hatte, seitdem ihr im Mai 1810 Beethoven seine Vertonungen von Goethe-Gedichten vorgetragen hatte, eifrig zwischen ihm und Goethe vermittelt: Im Juni

367 Egerländer Tracht
Deckfarbenmalerei von Ludwig Graf Buquoy, um 1815. GMD

366 Egerländer Tracht
Deckfarbenmalerei von Ludwig Graf Buquoy, um 1815. GMD

1810 hatte Goethe ihr zugestanden, daß er sich Beethoven in Karlsbad widmen wolle, wozu es aber nicht kam. Bettina zeigte Beethoven den Brief Goethes. Beethoven ließ Goethe daraufhin im April 1811 die Anzeige seiner Egmont-Ouvertüre überbringen, worauf Goethe im Juni 1811 – wiederum aus Karlsbad – mit dem Ausdruck der Hoffnung antwortete, Beethoven werde „auf einer vorhabenden Reise" Weimar besuchen. Aber auch dazu kam es nicht.

Jetzt, im Juli 1812 sollte es endlich in Teplitz eine persönliche Begegnung geben. Goethe besuchte Beethoven schon am Tag nach der Ankunft und berichtete Christiane seinen Eindruck: „Zusammengefaßter, energischer, inniger habe ich noch keinen Künstler gesehen. Ich begreife recht gut wie er gegen die Welt wunderlich stehen muß". Am nächsten Tag unternahmen Goethe und Beethoven eine gemeinsame Ausfahrt, um sich näher kennenzulernen. Dann folgte Goethe wiederholt Beethovens Einladung: „Abends bei Beethoven. Er spielte köstlich", vermerkte Goethe.

Aber „wie er gegen die Welt wunderlich" stand, bewies Beethoven mit einem Vorfall, den Bettina überliefert und nach ihrer Art ausgemalt hat: Auf einem gemeinsamen Spaziergang waren Beethoven und Goethe der Kaiserin und ihrem Gefolge begegnet. Goethe sei an den Wegrand getreten, um mit gezogenem Hut und tiefer Verbeugung die Entgegenkommenden passieren zu lassen, während Beethoven mit dem Hut auf dem Kopf und untergeschlagenen Armen durch sie hindurchgeschritten sei, daß sie ihm Spalier machen mußten. – Goethe berichtete nichts davon. Nur Zelter ließ er wissen: „Beethoven habe ich in Teplitz kennengelernt. Sein Talent hat mich in Erstaunen gesetzt; allein er ist leider eine ganz ungebändigte Persönlichkeit, die zwar nicht ganz Unrecht hat, wenn sie die Welt detestabel findet, aber sie freilich dadurch weder für sich noch für andere genußreicher macht. Sehr zu entschuldigen ist er hingegen und sehr zu bedauern, da ihn sein Gehör verläßt, das vielleicht dem musikalischen Teil seines Wesens weniger als dem geselligen schadet."

Berka

Als Goethe im Frühjahr 1814 seine Badekur plante, lag der Friede, der dann am 30. Mai in Paris geschlossen wurde, in greifbarer Nähe. So konnte man auf die immer teurer gewordenen böhmischen Bäder verzichten und an heimische Heilquellen denken, zumal das Land Weimar nun mit dem kurz zuvor von Goethe mitgegründeten Bad Berka eine eigene Kurstätte besaß. Es war also ebenso ein Gebot der Sparsamkeit wie der staatsmännischen Klugheit, daß sich Goethe zunächst nach Berka begab. In Berka verweilte Goethe an die fünf Wochen. Es gab viel zu tun: Vor allem war die Weitergestaltung der Brunnenanlage zu besprechen, das Vorspiel ‚Was wir bringen' neu zu fassen und das von Iffland erbetene Friedensfestspiel ‚Des Epimenides Erwachen' zu schreiben. Da blieb kaum Zeit, sich mit der von Cotta geschickten Verlagsproduktion zu befassen.

Und doch hat Goethe der in dieser Sendung enthaltene ‚Diwan von Mohammed Schemsed-din Hafis. Aus dem Persischen zum ersten mal übersetzt von Joseph v. Hammer' sofort interessiert. Der Divan des Hafis erschien wie eine Anknüpfung an eigene Beschäftigung mit der Kultur des Orients: An Bibelstudium, Übersetzung des ‚Hohen Lieds', Mahomet-Dichtungen und andres mehr ist zu erinnern. Indessen eröffnete die Divan-Lektüre Goethe bald ganz neue Ausblicke. Auf überraschende Weise fand er dort eigenes Empfinden und Erleben wie auch Zeitereignisse gespiegelt. Auch Hafis war dem Leben zugetan, sang von Liebe und Leidenschaft und wußte beides

368 Goethes Reisewagen
Zeichnung in farbiger Kreide
von Ludwig Michalek, 1911.
Aus: vgl. 238

durch Naturmetaphorik zu vergeistigen. Auch er hatte Kriegszeiten, Zerstörung und Gewaltherrschaft erlebt, ohne von seiner geistigen Haltung abzulassen. Deshalb war für Goethe der Anreiz groß, sich der Gedanken- und Bilderwelt des Hafis anzuverwandeln und sich darin zu finden.

Das erste Gedicht dieser Art entstand am 2. Juni 1814. Ein Vorspiel gleichsam, denn zu mehr kam Goethe damals nicht: Die Geschäfte waren zu vielfältig und Weimar war zu nah, als daß die Gedanken dem freien Spiel überlassen bleiben konnten. Es schien geboten, einen weiter entlegenen Kurort zu wählen.

Am Rhein und Main

So setzte sich Goethe vier Wochen nach seiner Rückkehr aus Berka wieder in den Reisewagen. Aller Verpflichtungen ledig, befand er sich in unbeschwerter Stimmung. Sofort stellten sich Divan-Assoziationen ein. Bis Goethe auf der Poststation in Eisenach war, hatte er zwei thematisch charakteristische Gedichte geschrieben: Das eine verbindet die einstigen mit den gegenwärtig überstandenen Kriegszeiten angesichts der „bunten Mohne" auf den Feldern; das andere ist eine Liebesverheißung: „Sind gleich die Haare weiß,/Doch wirst Du lieben."

Die Hoffnung auf „eine kleine Liebschaft" während der Badekur blühte also gleich früheren Jahren auch diesmal. Aber sie fruchtete doch unerwartet und reifte erst gegen Ende des bis in den Oktober dauernden Aufenthalts an Rhein und Main. Denn zu einem solchen hatte sich Goethes ursprünglich beabsichtigte Wiesbadener Kur ausgedehnt: Die Sommer- und Herbsttage im Rheingau waren zu verlockend, als daß sie nicht zu Kurunterbrechung durch Ausflüge und Fortsetzung des Aufenthalts durch Einladungen geführt hätten: Das Sankt-Rochus-Fest in Bingen wurde besucht, und acht Tage blieb Goethe auf dem Weingut der Brentanos in Winkel.

Dann zog ihn die Vaterstadt Frankfurt an, wo er bei Schlosser wohnte. Schließlich reiste er für vierzehn Tage nach Heidelberg, wo die Brüder Boisserée warteten, daß Goethe Gelegenheit finden möchte, ihre Sammlung altdeutscher Malerei zu betrachten.

Alles das wirkte zusammen, Goethes Stimmung zu steigern. Denn wie er die eigene Jugend überall gespiegelt fand: in den Orten, in den alten Freunden und in den jungen, die sich, wie einst er selber, an der altdeutschen Kunst begeisterten – so erschien das wie eine Bestätigung seiner Divan-Thematik, der er inzwischen in rund eineinhalb Dutzend Gedichten Ausdruck gegeben hatte, darunter ‚Im Gegenwärtigen Vergangenes', ‚All-Leben' und – ‚Selige Sehnsucht'.

Durch diese Thematik für Begegnungen aufgeschlossen, wendete sich Goethe gegen Ende seines Aufenthalts endlich auch dem Frankfurter Bankier Willemer zu, der ihm schon am 4. August in Wiesbaden seine Aufwartung gemacht und ihm seine Pflegetochter Marianne Jung vorgestellt hatte, die inzwischen seine Frau geworden war. Vom 11. bis 20. Oktober traf man sich wiederholt in Frankfurt, auf Willemers Landsitz – der ‚Gerbermühle' – und am 18. Oktober in Willemers Weinberghäuschen auf dem Mühlberg, von wo aus man die Feuer zum Jahrestag der Schlacht bei Leipzig beobachtete. – Welche Bedeutung dieser Tag für Goethe und Marianne erhielt, geht daraus hervor, daß sie seiner jährlich gedachten. Auch Mariannes Eintrag in Goethes Stammbuch gibt einen Hinweis: „Zu den Kleinen zähl ich mich,/ Liebe Kleine nennst Du mich."

Goethe erhielt sein Stammbuch erst Mitte Dezember aus Frankfurt zurück. Zu dieser Zeit war er mit systematischen Studien über den

369 Chiffrebrief Marianne von Willemers vom 18. Oktober 1815 in der Abschrift Goethes. NFG

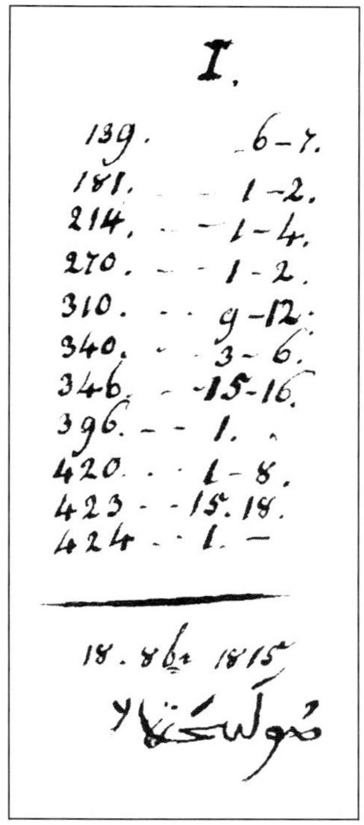
I.
139. 6-7.
181. 1-2.
214. 1-4.
270. 1-2.
310. 9-12.
340. 3-6.
346. 15-16.
396. 1.
420. 1-8.
423. 15.18.
424. 1.

18. 8br 1815

Orient und dessen Poesie beschäftigt. Unter anderen entstehen die Gedichte ‚Der Winter und Timur' und ‚Hegire'. Das erste wird einem eigenen Abschnitt der Gedichtsammlung gewidmet sein, das zweite die ganze Folge eröffnen. Jetzt fiel auch die Bezeichnung ‚Deutscher Divan', womit Goethes Vorhaben, ein Gegenstück zum Divan des Hafis anzulegen, deutlich wurde.

1815 kehrte Goethe an Rhein und Main zurück, zumal die Reise ein verheißungsvolles Ziel hatte. Sich selbst den Plan einer abermaligen Kur in Wiesbaden vorschützend, zögerte er die erneute Begegnung mit Marianne noch um einige Zeit hinaus. Die dann folgenden fünf Wochen mit der Freundin im Kreise ihrer Familie auf der ‚Gerbermühle' übertrafen das aus dem vorjährigen Zusammensein erhoffte Glück bei weitem. In Marianne begegnete Goethe eine Frau, die nicht nur seine Empfindungen erweckte, sondern der es wie keiner vor ihr auch gegeben war, mit seinem Geist zu korrespondieren. Seinen Gedichten wußte sie mit eigenen Strophen zu antworten. Das Hochgefühl dieser gegenseitigen Zuordnung, der Gemeinsamkeit, ja der Einheit gibt das Gedicht ‚Ginkgo biloba' zu erkennen, das Goethe Marianne schenkte, bevor er am 18. September von Frankfurt nach Heidelberg aufbrach.

Dort kam es fünf Tage später auf dem Schloß zu einem überraschenden Wiedersehen: Willemers waren Goethe nachgefahren. Zuerst ihre frohe Erwartung und dann den Schmerz nach abermaligem Abschied hat Marianne in ihren Gedichten vom Ostwind und Westwind beschrieben, die Goethe beide in seinen Divan aufnahm. Die eigene Freude und den eigenen Schmerz, deren Zeuge der vertraute Sulpiz Boisserée war, hat Goethe in den Gedichten ‚Wiederfinden' und ‚Wie sollt' ich heiter bleiben / Entfernt von Tag und Licht?' mitgeteilt.

Den „Entfernten" war der Divan des Hafis geblieben, mit dessen Hilfe sie Chiffre-Gedichte austauschten, indem sie Band-, Seiten- und Vers-Zahl notierten. Auch sie griff Goethe für seine Sammlung auf, die nun um eine Anzahl schmerzlich-süßer Klagen bereichert wurde.

Obgleich Goethe auch später das eine und andere Gedicht, vor allem Sprüche, in seinen Divan einfügte, war die eigentliche Quelle mit Anbruch des Winters 1815 versiegt. Goethe begann den Ertrag zu ordnen und teilte ihn in ‚Bücher' ein, von denen das ‚Buch Suleika' sich als das umfangreichste erwies, weil ihm fast alle im Sommer 1815 entstandenen Gedichte zugefallen waren. 1818 gab Goethe die Sammlung zum Druck, die 1819 unter dem Titel ‚West-oestlicher Divan, von Goethe' bei Cotta in Stuttgart erschien.

Marienbad

1818 reiste Goethe nach fünfjähriger Unterbrechung wieder nach Karlsbad, mehr auf Empfehlung als aus Neigung: „Ältere Verhältnisse sind zerstoben, neue mag man nicht mehr in dem Getümmel suchen." Der Aufenthalt war demgemäß wenig behaglich. Nicht anders erging es Goethe 1819, zumal damals die dort unter Metternich tagende Ministerkonferenz ihre berüchtigten Beschlüsse faßte. Karlsbad war Goethes Ort nicht mehr. So lag nahe, daß sich Goethe für das erst 1815 eröffnete Marienbad zu interessieren begann, das er im folgenden Jahr besuchte. Der Ort war noch im Aufbau begriffen, so daß Goethe dort für diesmal nicht wohnen mochte. Aber schon 1821 fand er eine ihm zusagende Wohnung in einem Hause, das auch Frau

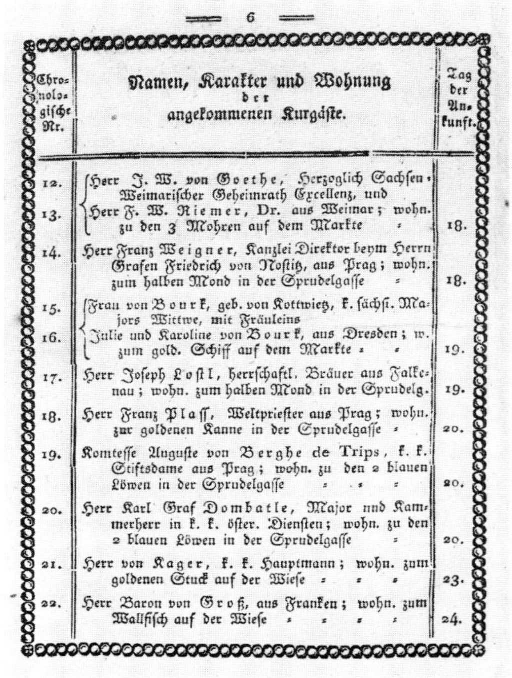

6

Chronologische Nr.	Namen, Karakter und Wohnung der angekommenen Kurgäste.	Tag der Ankunft.
12. 13.	Herr J. W. von Goethe, Herzoglich Sachsen-Weimarischer Geheimrath Excellenz, und Herr F. W. Riemer, Dr. aus Weimar; wohn. zu den 3 Mohren auf dem Markte	18.
14.	Herr Franz Weigner, Kanzlei Direktor beym Herrn Grafen Friedrich von Nostitz, aus Prag; wohn. zum halben Mond in der Sprudelgasse	18.
15. 16.	Frau von Bourk, geb. von Kottwietz, k. sächsi. Majors Wittwe, mit Fräuleins Julie und Karoline von Bourk, aus Dresden; w. zum gold. Schiff auf dem Markte	19.
17.	Herr Joseph Losl, herrschaftl. Bräuer aus Falkenau; wohn. zum halben Mond in der Sprudelg.	19.
18.	Herr Franz Plaß, Weltpriester aus Prag; wohn. zur goldenen Kanne in der Sprudelgasse	20.
19.	Komtesse Auguste von Berghe de Trips, k. k. Stiftsdame aus Prag; wohn. zu den 2 blauen Löwen in der Sprudelgasse	20.
20.	Herr Karl Graf Dombatle, Major und Kammerherr in k. k. öster. Diensten; wohn. zu den 2 blauen Löwen in der Sprudelgasse	20.
21.	Herr von Kager, k. k. Hauptmann; wohn. zum goldenen Stuck auf der Wiese	23.
22.	Herr Baron von Groß, aus Franken; wohn. zum Wallfisch auf der Wiese	24.

370 Seite aus der ‚Liste der angekommenen Kur- und Badegäste in der königl. Stadt Kaiser-Karlsbad im Jahre 1811'. GMD

Amalie von Levetzow mit Eltern und Töchtern als Quartier diente.

Die älteste der drei Töchter, Ulrike, war damals siebzehn Jahre alt. Ihr wurde aufgetragen, der vor Vollendung des zweiundsiebzigsten Lebensjahres stehenden Exzellenz zur Hand zu gehen. Goethe gefiel das: Im nächsten Jahr stellte er sich schon zehn Tage früher in Marienbad ein und blieb fünf Wochen. Derweil nahm die Achtzehnjährige dankbar entgegen, was sie an Naschwerk und Dichtung von dem fast Dreiundsiebzigjährigen empfing, ohne ihn zu verstehen. Im Jahr darauf wurde die Situation jedoch ernst: Nicht nur Goethe kam nach Marienbad, sondern bedeutsamerweise auch der Großherzog von Weimar! Goethe hielt mit einem Brief an die Mutter um die Hand der Tochter an, und während er einen Gedichtzyklus auf Ulrike schrieb, machte der Großherzog Frau von Levetzow einen offiziellen Besuch, dessen Zweck der Hinweis war, daß wenn in Goethes Antrag eingewilligt würde, die Mutter eine der ersten Stellungen bei Hofe und die Familie eine Pension von 10000 Talern erhalten würden. Der Großherzog war gefaßt, für seinen Freund aufs Äußerste zu gehen. Gefaßt war auch Frau von Levetzow: Sie bat sich und Ulrike Bedenkzeit aus und zog es vor, mit den Töchtern nach Karlsbad zu wechseln, indessen das Spiel der Pianistin Maria Szymanowska Goethe zu Tränen rührte und er ihr ein Gedicht ins Stammbuch schrieb, dem er später den Titel ‚Aussöhnung' gab: „Die Leidenschaft bringt Leiden!"... Kaum acht Tage später – am 15. August – war auch Goethe in Karlsbad. Am 28. August beging er im Kreise der Levetzows seinen vierundsiebzigsten Geburtstag. Vom Geburtstag wurde als dem „Tag des öffentlichen Geheimnisses" kein Wort gesprochen – und von dem Geheimnis der Brautwerbung, das mittlerweile bis nach Weimar ebenso öffentlich

371 ‚Wlasta. Böhmisch-nationales Heldengedicht in drei Büchern von Karl Egon Ebert. Prag [...] 1829'. GMD

geworden war, auch nicht. Goethe wartete noch eine Woche, dann gab es einen „allgemeinen, etwas tumultuarischen Abschied". Kaum im Reisewagen, begann Goethe die Marienbader ‚Elegie' zu dichten. –

Jahre später, im ‚Berliner Musenalmanach auf das Jahr 1830', veröffentlichte Goethe eine seinem Altersstil entsprechend distanzierte Reminiszenz der Marienbader Begebenheiten unter dem Titel ‚Chinesisch-deutsche Jahres- und Tageszeiten'.

372 „Warum siehst du Tina verdammt, den Sprudel zu trinken?“ Eigenhändige Gedichtniederschrift von Johann Wolfgang von Goethe auf Tina Gräfin Brühl, Karlsbad, 24. Juli 1785. GMD

373 ‚Der Neubrunn in Karlsbaad‘ Aquatinta mit Radierung in Punktiermanier von Ludwig Graf Buquoy, um 1815. GMD

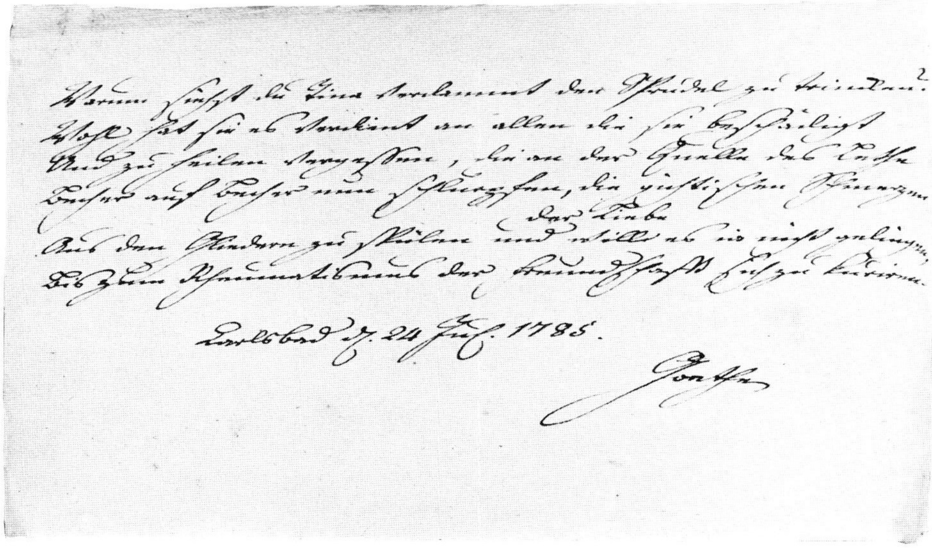
Warum siehst du Tina verdammt den Sprudel zu trinken?

Carlsbad d. 24 Jul. 1785.

Goethe

374 ‚Ansicht der Wiese samt den Hirschenstein in Carlsbad'
Kolorierter Stich von
Postel nach Bühlmeyer, 1803. GMD

375 ‚Ein Theil der Alten und Neuen Wiese in Carlsbad'
Kolorierter Stich von
Georg Döbler nach L. Platzer, um 1820. GMD

376 Ansicht von Eger
Kolorierte Radierung von Georg Döbler
nach J. Mäßmer, um 1820. GMD

377 Ansicht von Franzensbrunn
Kolorierter Kupferstich von
unbekanntem Künstler, um 1808. GMD

378 Lorenzkapelle bei Karlsbad
Tuschfederzeichnung von
Johann Wolfgang von Goethe, 1808.
GMD

379 Allee in Karlsbad
Sepiatuschzeichnung von
Johann Wolfgang von Goethe, um 1808.
GMD

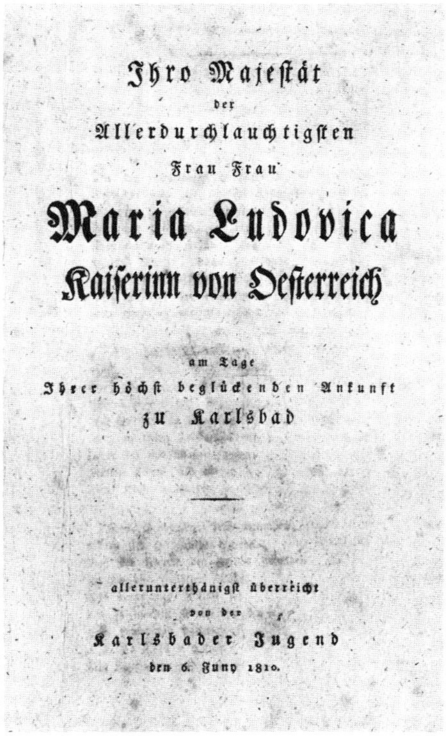

Ihro Majestät

der

Allerdurchlauchtigsten

Frau Frau

Maria Ludovica

Kaiserinn von Oesterreich

am Tage

Ihrer höchst beglückenden Ankunft

zu Karlsbad

allerunterthänigst überreicht

von der

Karlsbader Jugend

den 6. Juny 1810.

380 Sylvie von Ziegesar (1785–1855) Miniatur in Deckfarben auf Elfenbein von unbekannter Hand, um 1808. GMD

381 Maria Ludovica Kaiserin von Österreich (1787–1816) Deckfarben auf Elfenbein von Jean-Baptiste Isaby, um 1812. GMD

382 Christine Friederike Wilhelmine („Minchen") Herzlieb (1789–1865) Aquarell und Deckfarbenmalerei ihrer Pflegemutter Johanna Charlotte Frommann, um 1807. GMD

383 ‚Ihro Majestät [...] Maria Ludovica Kaiserinn von Oesterreich [...]' Titelblatt zum Druck des von Goethe verfaßten und von der Karlsbader Jugend vorgetragenen Gedichts auf die Ankunft der Kaiserin am 6. Juni 1810 in Karlsbad. GMD

384 Johann Wolfgang von Goethe Öl auf Leinwand von Gerhard von Kügelgen, 1810. GMD

385 Ansicht von Teplitz
Kolorierte Radierung von E. Bruder, 1809. GMD

386 Ludwig van Beethoven (1770–1827)
Ölgemälde von J. W. Mähler, 1815. Gesellschaft der Musikfreunde in Wien.

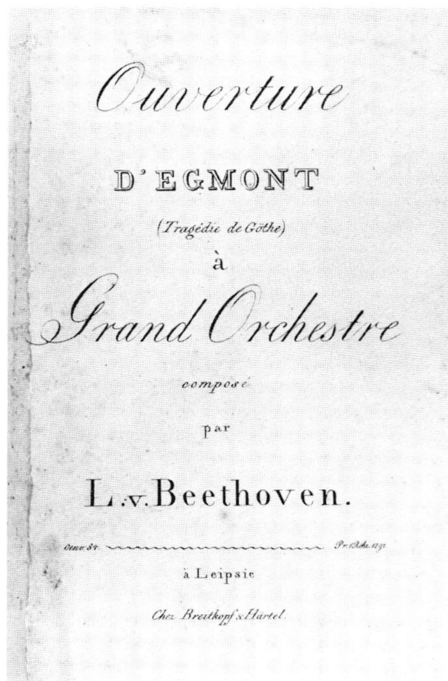

Ouverture

D'EGMONT

(Tragédie de Göthe)

à

Grand Orchestre

composé

par

L. v. Beethoven.

à Leipsic

Chez Breitkopf & Härtel.

387 Titelseite der Erstausgabe von Ludwig van Beethovens Ouvertüre zu Goethes Trauerspiel ‚Egmont', 1811. GMD

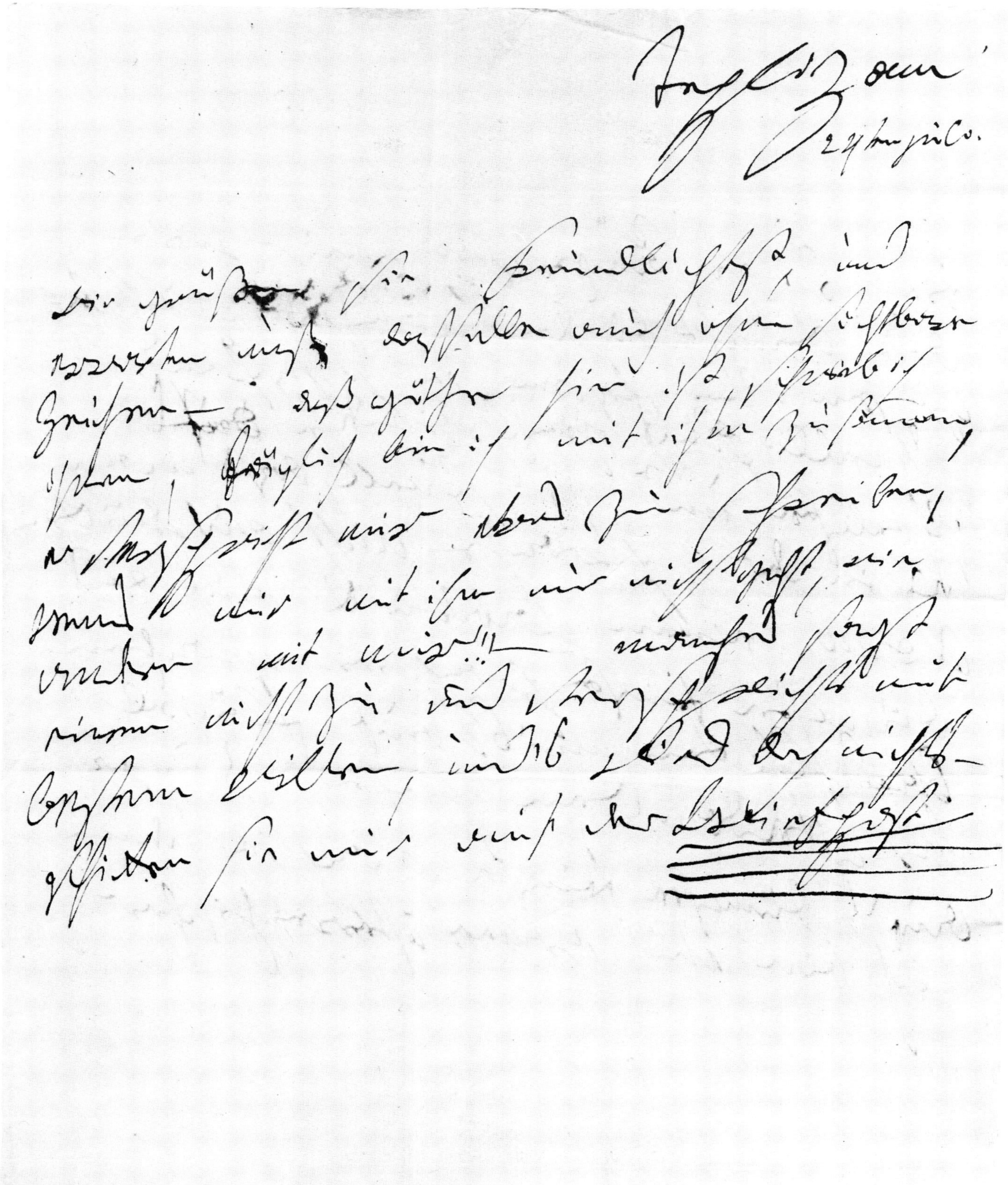

388 Brief Ludwig van Beethovens an seinen Verleger Gottfried Härtel, datiert „Teplitz am 24. Juli“ 1812, mit der Nachricht über Beethovens Zusammenkünfte mit Goethe in Teplitz. GMD

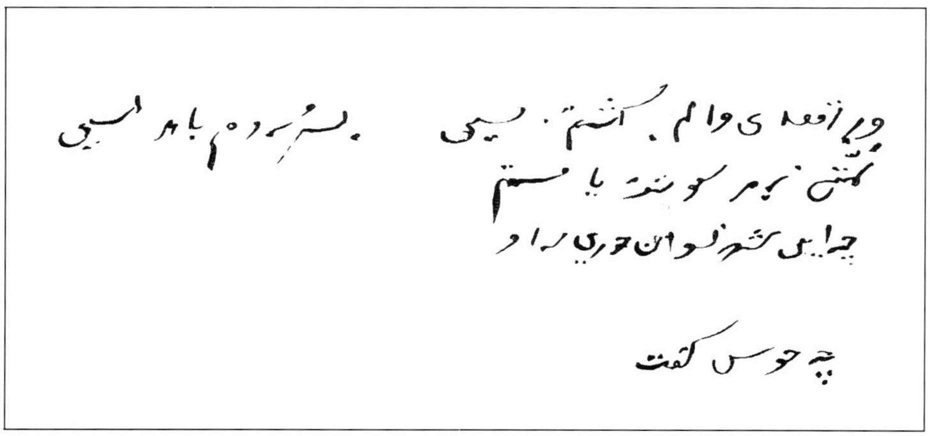

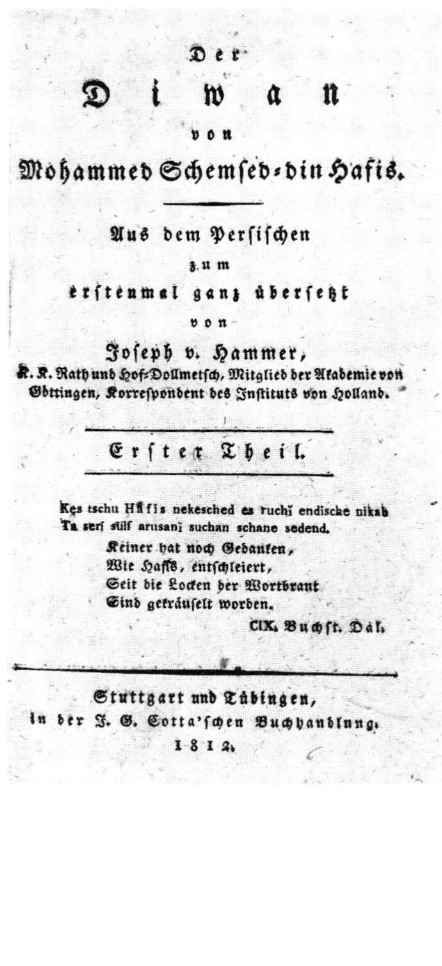

Der
Diwan
von
Mohammed Schemsed-din Hafis.

Aus dem Persischen
zum
erstenmal ganz übersetzt
von
Joseph v. Hammer,
K. K. Rath und Hof-Dollmetsch, Mitglied der Akademie von Göttingen, Korrespondent des Instituts von Holland.

Erster Theil.

Kes tschu Hâfis nekeshed es ruchî endische nikab
Ta serî sülf arusanî suchan schane sedend.
Keiner hat noch Gedanken,
Wie Hafis, entschleiert,
Seit die Locken der Wortbraut
Sind gekräuselt worden.
CIX. Buchst. Dal.

Stuttgart und Tübingen,
in der J. G. Cotta'schen Buchhandlung.
1812.

389 Das Badehaus in Bad Berka
Aquarell über Federzeichnung von Carl August Schwerdgeburth, nach 1825. GMD

390 Arabische Schriftübung
von Johann Wolfgang von Goethe nach einem Werk des persischen Dichters Saadi, 1814. NFG

391 ‚Der Diwan von Mohammed Schemsed-din Hafis. Aus dem Persischen zum erstenmal ganz übersetzt von Joseph v. Hammer', 1812.
Titelblatt des Werkes, das Goethe zu seinem ‚West-oestlichen Divan' anregte.
GMD

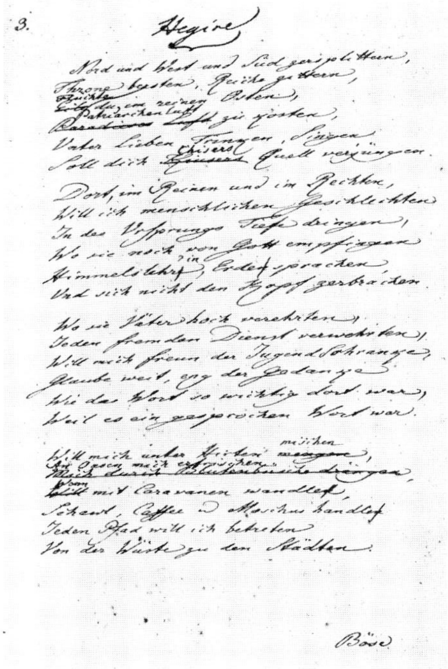

3.

Hegire

Nord und West und Süd zersplittern,
Throne bersten, Reiche zittern,
Flüchte du, im reinen Osten,
Patriarchenluft zu kosten,
Unter Lieben, Trinken, Singen
Soll dich Chisers Quell verjüngen.

Dort, im Reinen und im Rechten,
Will ich menschlichen Geschlechten
In des Ursprungs Tiefe dringen,
Wo sie noch von Gott empfingen
Himmelslehr, in Erdesprachen
Und sich nicht den Kopf zerbrachen.

Wo sie Väter hoch verehrten,
Jeden fremden Dienst verwehrten;
Will mich freun der Jugendschranke,
Glaube weit, eng der Gedanke,
Wie das Wort so wichtig dort war,
Weil es ein gesprochen Wort war.

Will mich unter Hirten mischen,
An Oasen mich erfrischen,
Wenn mit Caravanen wandle,
Schawl, Caffee u. Moschus handle,
Jeden Pfad will ich betreten
Von der Wüste zu den Städten.

Böse

392 ‚Hegire‘
Goethes eigenhändiges Konzept des auf den 24. Dezember 1814 datierten Gedichts. Goethe stellte es an den Anfang seines ‚Divan‘. NFG

393 Wiesbaden
Kolorierter Stich von unbekanntem Künstler, um 1815. GMD (Ausschnitt)

394 Die ‚Gerbermühle' bei Offenbach am Main
Bleistiftzeichnung von Christian Xeller, 1815/16. GMD

395 Blick von der ‚Gerbermühle' auf Frankfurt am Main
Von Goethe in Auftrag gegebener kolorierter Kupferstich nach einem Aquatintablatt von Rosine Städel, 1815. GMD

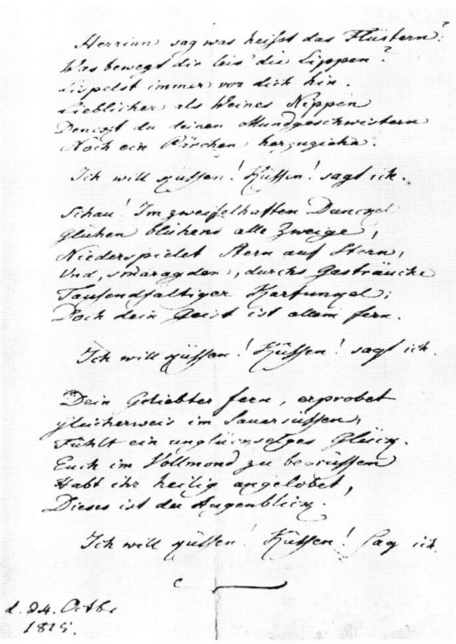

Herrinn! sag was heißt das Flüstern?
Was bewegt dir leis' die Lippen?
Lispelst immer vor dich hin,
Lieblicher als Weines Nippen!
Denkst du deinen Mundgeschwistern
Noch ein Pärchen herzuziehn?

Ich will küssen! Küssen! sagt ich.

Schau! Im zweifelhaften Dunkel
Glühen blühend alle Zweige,
Nieder spielet Stern auf Stern;
Und, smaragden, durchs Gesträuche
Tausendfältiger Karfunkel;
Doch dein Geist ist allem fern.

Ich will küssen! Küssen! sagt ich.

Dein Geliebter, fern, erprobet
Gleicherweis' im Sauersüßen,
Fühlt ein unglückselges Glück.
Euch im Vollmond zu begrüßen
Habt ihr heilig angelobet,
Dieses ist der Augenblick.

Ich will küssen! Küssen! sag ich.

d. 24. Octbr
1815.

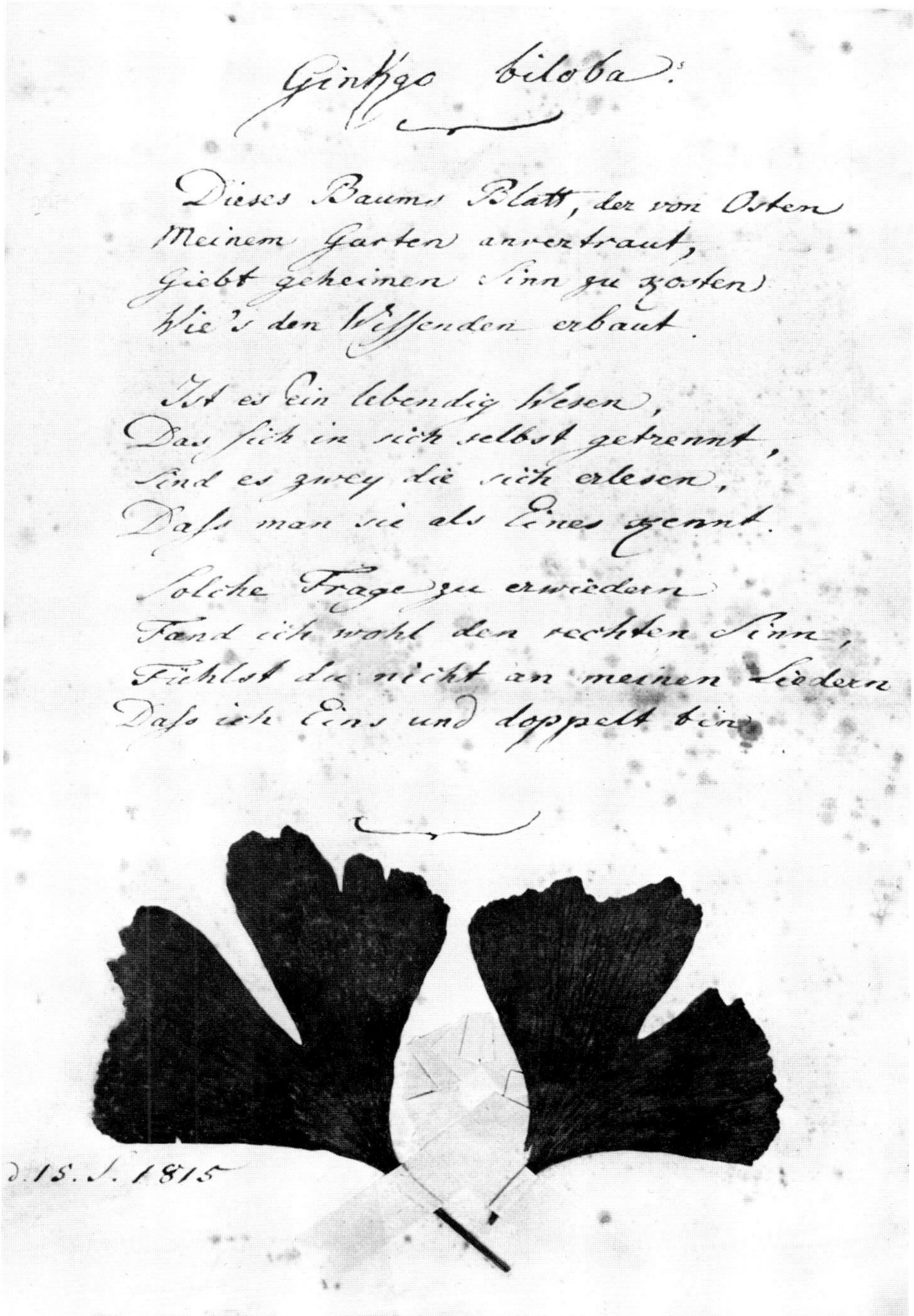

Ginkgo biloba.

Dieses Baums Blatt, der von Osten
Meinem Garten anvertraut,
Giebt geheimen Sinn zu kosten,
Wie's den Wissenden erbaut.

Ist es ein lebendig Wesen,
Das sich in sich selbst getrennt,
Sind es zwey die sich erlesen,
Daß man sie als Eines kennt.

Solche Frage zu erwiedern
Fand ich wohl den rechten Sinn,
Fühlst du nicht an meinen Liedern
Daß ich Eins und doppelt bin.

d. 15. S. 1815

396 Marianne von Willemer, geb. Jung (1784–1860)
Pastellgemälde von Johann Jacob Lose, um 1809. FDH

397 ‚Vollmondnacht'
Goethes eigenhändige Reinschrift seines auf den 24. Oktober 1815 datierten Gedichts mit der von ihm aufgeklebten Neufassung der zweiten Strophe. GMD

398 ‚Ginkgo biloba'
Goethes eigenhändige Reinschrift seines auf den 15. September 1815 datierten Gedichts für Marianne von Willemer mit den von Goethe eingeklebten Ginkgo-Blättern. Privatbesitz

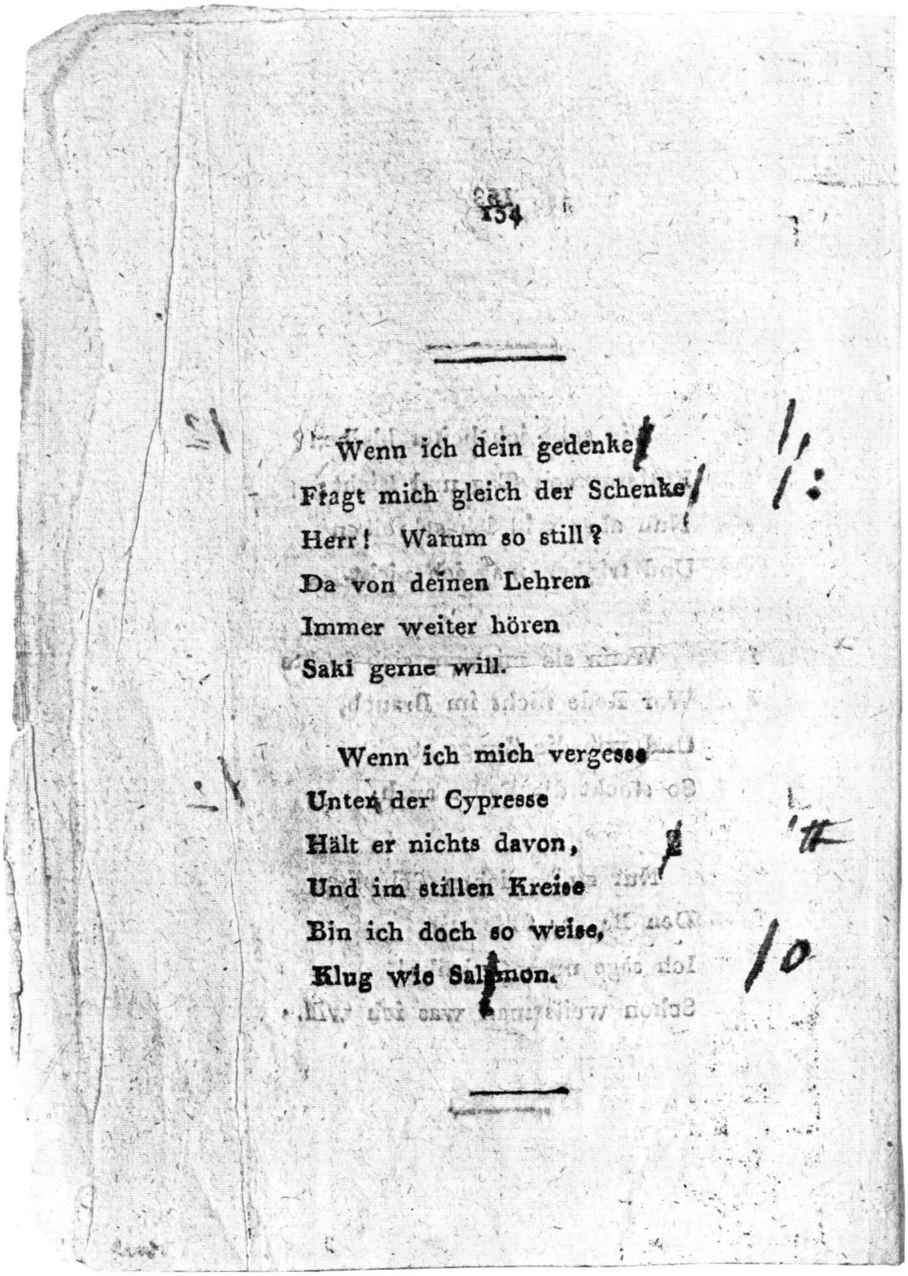
134

Wenn ich dein gedenke,
Fragt mich gleich der Schenke:
Herr! Warum so still?
Da von deinen Lehren
Immer weiter hören
Saki gerne will.

Wenn ich mich vergesse
Unter der Cypresse
Hält er nichts davon,
Und im stillen Kreise
Bin ich doch so weise,
Klug wie Salomon.

399 Korrekturbogen zum Erstdruck des ‚West-oestlichen Divan' mit Goethes Änderungen. GMD

400 Sulpiz Boisserée (1783–1854) Bleistiftzeichnung von Johann Joseph Schmeller, 1827. NFG

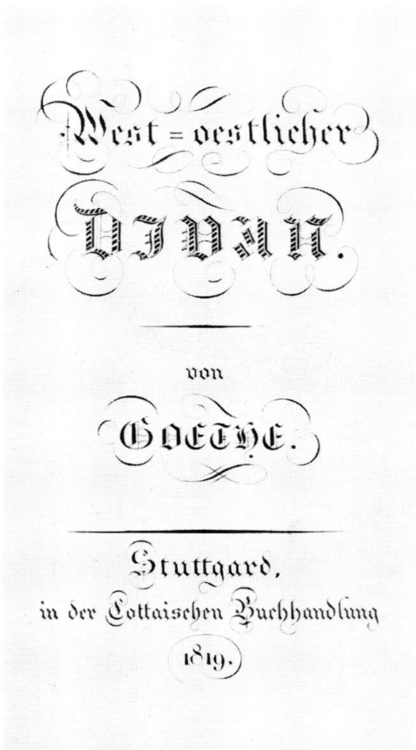
West = oestlicher

Divan.

von

Goethe.

Stuttgard,
in der Cottaischen Buchhandlung
1819.

401/402 ‚West-oestlicher Divan' Titelseite der Erstausgabe mit dem darüberstehenden kolorierten Titelkupfer in arabischer Schrift: ‚Der östliche Divan vom westlichen Verfasser', 1819. GMD

403 Ansicht des Heidelberger Schlosses vom ‚Stückgarten' aus
Aquarell von Johann Wolfgang von Goethe, 1815. GMD

404 Ansicht von Marienbad
Kolorierter Kupferstich von Ludwig Graf Buquoy, um 1820. GMD

405 ‚Elegie'
Zweite bis vierte Strophe aus Goethes eigenhändiger Reinschrift seiner bei der Abreise von Karlsbad am 5. September 1823 begonnenen (Marienbader) Elegie. NFG

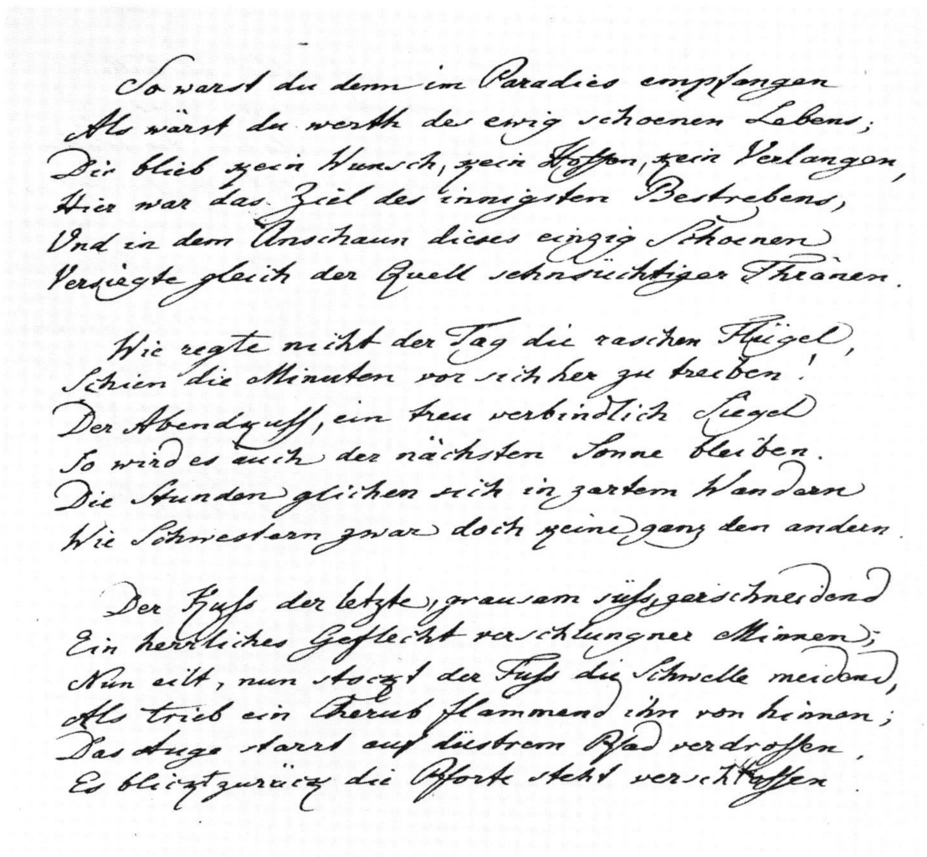

So warst du denn im Paradies empfangen
Als wärst du werth des ewig schoenen Lebens;
Dir blieb kein Wunsch, kein Hoffen, kein Verlangen,
Hier war das Ziel des innigsten Bestrebens,
Und in dem Anschaun dieses einzig Schoenen
Versiegte gleich der Quell sehnsüchtiger Thränen.

Wie regte nicht der Tag die raschen Flügel,
Schien die Minuten vor sich her zu treiben!
Der Abendkuss, ein treu verbindlich Siegel
So wird es auch der nächsten Sonne bleiben.
Die Stunden glichen sich in zartem Wandern
Wie Schwestern zwar doch keine ganz den andern.

Der Kuss der letzte, grausam süss zerschneidend
Ein herrliches Geflecht verschlungner Minnen;
Nun eilt, nun stockt der Fuss die Schwelle meidend,
Als trieb ein Cherub flammend ihn von hinnen;
Das Auge starrt auf düstrem Pfad verdrossen,
Es blickt zurück die Pforte steht verschlossen.

407 Ulrike von Levetzow (1804–1899)
Koloriertes Gipsrelief von unbekannter Hand, um 1823. GMD

406 Das VIII. Gedicht aus Goethes 1827 entstandenem Zyklus ‚Chinesisch-deutsche Jahres- und Tageszeiten' Erster Druck im ‚Berliner Musenalmanach auf das Jahr 1830.' UBD

— 10 —

VIII.

Dämmrung senkte sich von oben,
Schon ist alle Nähe fern;
Doch zuerst emporgehoben
Holden Lichts der Abendstern!
Alles schwankt in's Ungewisse,
Nebel schleichen in die Höh';
Schwarzvertiefte Finsternisse
Wiederspiegelnd ruht der See.

Nun im östlichen Bereiche
Ahnd' ich Mondenglanz und Glut,
Schlanker Weiden Haargezweige
Scherzen auf der nächsten Flut.
Durch bewegter Schatten Spiele
Zittert Luna's Zauberschein,
Und durch's Auge schleicht die Kühle
Sänftigend in's Herz hinein.

16. Wilhelm Meister und Faust

Das „Hauptgeschäft"

In seinem hohen Alter setzte Goethe alles daran, auch die beiden Werke, die ihn von früh her durch sein Leben begleiteten, abzuschließen: ‚Wilhelm Meister' und ‚Faust'. Zum Unterschied von allen anderen Tätigkeiten bezeichnete Goethe sie in seinem Tagebuch schlicht als „Hauptgeschäft", „Hauptzweck" oder auch nur „Zweck". Er verband mit ihnen den Zweck seines Lebens. Was ‚Wilhelm Meister' betrifft, so schrieb Goethe am 17. Januar 1829: „ich werde erst wieder frei Atem holen, wenn dieser sisyphische Stein, der mir so oft wieder zurückrollte, endlich auf der andern Bergseite hinunter ins Publikum springt". Und zum Abschluß des ‚Faust' berichtete Eckermann am 6. Juli 1831 von Goethe: „Mein ferneres Leben', sagte er, ‚kann ich nunmehr als ein reines Geschenk ansehen, und es ist im Grunde ganz einerlei, ob und was ich noch etwa tue."

Zwischen 1826 – dem Beginn der intensiven Arbeit an ‚Faust' II – und 1829 – dem Erscheinen der zweiten Fassung von ‚Wilhelm Meisters Wanderjahre' – ist manchmal nicht zu bestimmen, welchem der beiden Werke der Vermerk „Hauptgeschäft" gilt. Goethe beschäftigte sich damals mit beiden. Das zeigt, bis zu welchem Verwandtschaftsgrad sie, die einst ganz verschiedene Ursprünge hatten, gediehen waren. Es vereint sie das Weltbild des alten Goethe, das er selbst als die Voraussetzung zu einem befriedigenden Abschluß der beiden Werke verstand. Mit Bezug darauf schrieb Goethe im Falle von ‚Wilhelm Meister' am 17. Februar 1827 Sulpiz Boisserée: „Die ‚Wanderjahre' rücken auch zu, und es ist wunderbar genug, wenn ich jetzt begreife, daß dieses Werklein nicht eher zustande kommen konnte." Und im Falle von ‚Faust' erklärte Goethe am 17. März 1832 Wilhelm von Humboldt „die große Schwierigkeit", „dasjenige durch Vorsatz und Charakter zu erreichen, was eigentlich der freiwillig tätigen Natur allein zukommen sollte": „Es wäre aber nicht gut, wenn es nicht auch nach einem so langen tätigen nachdenkenden Leben möglich geworden wäre".

„Es sind über sechzig Jahre, daß die Konzeption des Faust bei mir jugendlich von vorne herein klar, die ganze Reihenfolge hin weniger ausführlich vorlag", schrieb Goethe in dem zitierten Brief an Wilhelm von Humboldt. Da-

409 Johann Wolfgang von Goethe
Silberstiftzeichnung von C. A. Schwerdgeburth, 1831/32. NFG

408 Maria Szymanowska (1789–1831)
Öl auf Leinwand von A. Kokular, 1825.
AMW

410 Johann Friedrich Cotta, Freiherr von Cottendorf (1764–1832) Lithographie von unbekanntem Künstler, nach 1815. GMD

nach geht seine Beschäftigung mit dem ‚Faust'-Thema auf die Zeit vor 1772 zurück. In der Tat ließ Goethe schon in den ‚Mitschuldigen' Söller 1769 jammern: „Es wird mir siedend heiß. So war's dem Doktor Faust nicht halb zu Mut", und in ‚Dichtung und Wahrheit' berichtet er aus der Straßburger Zeit: „Die bedeutende Puppenspielfabel" vom Doktor Faust „klang und summte gar vieltönig in mir wider". Die „Puppenspielfabel" geht auf das ‚Volksbuch' vom Doktor Faust zurück, das seinen Ursprung in der 1587 aus einzelnen Geschichten zusammengestellten ‚Historia von D. Johann Fausten' des Frankfurter Buchhändlers Spies hat. Goethe kannte das Werk nicht. Aber die Überlieferung des Stoffes genügte, seinem Sturm und Drang-Gemüt zur Mitteilung zu dienen.

Der junge Goethe glaubte, einiges erlebt zu haben, das in der Welt Fausts Ausdruck finden könnte: Die Studentenszene, die Szenen ‚Auerbachs Keller' und ‚Straße' weisen auf Goethes Leipziger Zeit hin. Sein eigenes alchimistisches, kabbalistisches und mystisches Studium belebte die schon in der Literatur vorgebildete Anfangsszene seiner Faust-Dichtung. Auch Helena sollte gemäß der Fabel beschworen werden. Da erschütterte der 1771/72 in Frankfurt verhandelte Prozeß der Kindsmörderin Susanna Margaretha Brandt den jungen Autor so sehr, daß er seinem Stück eine ganz eigene Wendung gab, mit der die ‚Faust'-Handlung zur ‚Gretchen'-Tragödie wurde.

Dieser früheste Zustand von Goethes ‚Faust'-Dichtung ist uns nur bekannt, weil bald nach Goethes Ankunft in Weimar das Hoffräulein von Göchhausen die Szenenfolge abschrieb und verwahrte. In ihrem weitervererbten Nachlaß wurde die Abschrift 1887 entdeckt und als ‚Urfaust' veröffentlicht.

Außerhalb Goethes Freundeskreis haben die Zeitgenossen den ‚Faust' erst 1790 kennen gelernt, als Goethe ihn – in der Sprache geglättet, um den Schluß der ‚Gretchen'-Tragödie gekürzt und um die Szenen ‚Hexenküche' und ‚Wald und Höhle' vermehrt – als Fragment herausgegeben hatte, weil er vorerst keine Möglichkeit sah, das Werk abzuschließen.

Daß Goethe sich mit ihm dennoch sieben Jahre später wieder beschäftigte, war eine Verlegenheitshandlung während der Ungewißheit über eine dritte Italienreise, aus der dann die dritte Schweizer Reise wurde. Als Goethe im Frühjahr 1800 das Interesse an ‚Faust' endgültig zu verlieren schien, machte Schiller seinen Verleger Cotta auf Goethes ‚Faust'-Dichtung aufmerksam in der Hoffnung, daß die Aussicht auf ein gutes Honorar das Werk zum Abschluß bringen werde. Schillers List ist nicht hoch genug zu schätzen: Tatsächlich kam es zwischen Goethe und Cotta zu einem Vertrag, der bewirkte, daß Goethe ‚Faust. Eine Tragödie' Anfang Mai 1806 im Rahmen der Gesamtausgabe seiner Werke dem Verleger übergeben konnte. Allerdings verzögerten die Kriegsverhältnisse das Erscheinen bis 1808.

Zeitgenössische Illustrationen zu Faust I

Bei den Lesern weckte der ‚Faust' Begeisterung. Insbesondere fühlten sich Zeichner und Maler inspiriert. Goethe selber hat Skizzen entworfen, um die Größenverhältnisse zu zeigen, in denen er sich die Figuren des ‚Prolog im Himmel' und die Erscheinung des Erdgeists dachte. Die Romantiker, vor allem Cornelius und Retzsch, waren mit Darstellungen der „altdeutschen" Szenerie in ihrem Element, und über die Illustrationen Delacroix' urteilte Goethe, daß sie seine eigenen Vorstellungen übertroffen hätten: „um wieviel mehr werden nicht die Leser alles lebendig und über ihre Imagination hinausgehend finden!"

Während Goethe sich mit der ‚Faust'-Handlung schwer tat, weil er seine Ideale inzwischen an der Antike maß, fiel ihm im Jahr 1800 – eben wegen der Begeisterung an der Antike – der Auftritt Helenas zu, auf den er seinerzeit zugunsten Gretchens verzichtet hatte. Aber der Quell der Inspiration versiegte in dem Augenblick, in dem Helena in den altdeutschen Teufels- und Hexenspuk eintauchen sollte. Erst 1826, als Goethe längst nicht mehr mit der Antike wetteifern, sondern das Fragment von 1800 nutzen wollte, sich mit der Romantik zu versöhnen, brachte er die ‚Helena'-Handlung zum Abschluß und ließ sie unter dem Titel ‚Helena. Klassisch-romantische Phantasmagorie. Zwischenspiel zu Faust' erscheinen.

Die über ein Vierteljahrhundert unterbrochene Arbeit am ‚Helena'-Aufzug begründete Goethe: „abgerundet konnte das Stück nicht werden, als in der Fülle der Zeiten, da es denn jetzt seine volle dreytausend Jahre spielt, vom Untergang Troja's bis auf die Zerstörung Missolunghi's." Mit Missolunghi (Mesolongion) spielte Goethe auf ein Zeitereignis, den Freiheitskampf der Griechen gegen die Türken, an. Der hatte damals eine durch ganz Europa gehende ‚philhellenische Bewegung' geweckt. Auch der englische Dichter Lord Byron, dessen poetische Leistung Goethe bewunderte, zog 1824 nach Missolunghi, wo er an Malaria starb. Goethe hat ihm in Euphorion, dem Sohn Fausts und Helenas, ein Denkmal gesetzt. Damit war gleichfalls ganz bewußt an Zeitgeschehen angeknüpft worden.

Indem Goethe die alte ‚Faust'-Fabel mit Motiven der Gegenwart verband, machte er ihre überzeitliche Geltung und ihren Realitätsbezug sinnfällig. Das wird besonders deutlich in Mephistopheles' Erfindung des Papiergelds, die in den Assignaten der Französischen Revolution ihr reales Vorbild hatte; es fasziniert im kecken Auftritt des Baccalaureus, der ein Vertreter der selbstbewußten jungen Generation von 1815 ist; und es erscheint unheimlich in Baucis' Bericht von Fausts Landgewinnung und Vorverlegung des Hafens, deren Vorbild das damals beispiellose Bremer Unternehmen ist, in kürzester Zeit unter schwierigsten Bedingungen weserabwärts einen neuen Hafen – Bremerhaven – auszuheben.

Während Goethe seine ‚Faust'-Dichtung der Handlung nach an die Wagnisse der eigenen Zeit heranführte, nutzte er, wie Eckermann von ihm am 6. Juni 1831 notierte, für den Schluß „die scharf umrissenen christlich-kirchlichen Figuren und Vorstellungen", um dem unerhörten Geschehen „eine wohltätig beschränkende Form und Festigkeit" zu geben. So gestaltete Goethe in der Szene ‚Bergschluchten, Wald, Fels, Einöde' sein Prinzip der Steigerung, nach welchem es auch „mit der geretteten Seele nach oben geht", mit Hilfe der christlichen Bilder im Campo Santo von Pisa. In ihrem Bereich konnte er schließlich sein letztmaliges Bekenntnis zu „Stirb und werde!" als ‚Chorus mysticus' einbetten.

Erst als der ‚Helena'-Aufzug entstanden war, arbeitete Goethe kontinuierlich an ‚Faust' II. Zunächst war die Verbindung zum ersten Teil des Werkes herzustellen. Das geschah in den Jahren 1826 bis 1828 mit Arbeiten am 1. und 2. Akt. Zugleich gab es Vorarbeiten zum 4. Akt. 1829 wurde der 5. Akt ausgearbeitet, aber erst 1830/31 vollendet. Parallel dazu wurde 1830 der 2. Akt abgeschlossen. Die Ausarbeitung des 4. Aktes folgte 1831. Hinzu kam im Frühjahr 1831 die erste Szene des 5. Aktes. Noch 1832 widmete Goethe dem Werk allerletzte Arbeiten.

Nachdem Goethe schon gelegentlich seiner Arbeit an ‚Faust' I erklärt hatte, daß „die ver-

411 Lord George Noel Gordon Byron (1788–1824) Lithographie von Delorieux, 1824. GMD

schiednen Teile dieses Gedichts, in Absicht auf die Stimmung, verschieden behandelt werden können, wenn sie sich nur dem Geist und Ton des Ganzen subordinieren", wendete er diese Methode erst recht auf die Arbeit an ‚Faust' II an, um die zahlreichen Perspektiven zu gestalten: Alle seine Beschäftigungen auf den verschiedensten Gebieten seiner mannigfachen Interessen konnten diesem Ziel dienen, indem sie sub specie Fausti als „einzelne Momente" aufgefaßt wurden. Diese „einzelnen Momente" führte Goethe voneinander unabhängig in kleineren oder größeren Partien auf einzelnen Blättern und Zetteln aus, die er seinem Schreiber unter genauer Anweisung des Ortes zur Übertragung in die für den Druck bestimmte Reinschrift gab.

Goethe selber veröffentlichte ‚Faust' II nicht, sondern überließ das bewußt seiner Nachwelt. Am 15. Mai 1831 hatte er einen entsprechenden Vertrag mit Eckermann geschlossen. Der gab ‚Faust' II, nach Goethes Tod am 22. März, noch 1832 als ersten Band der nachgelassenen Werke heraus.

Wilhelm Meisters theatralische Sendung

Der Entstehungszeitraum des ‚Wilhelm-Meister'-Romans ist in dem der ‚Faust'-Dichtung enthalten: ‚Wilhelm Meister' wurde etwa acht Jahre später als ‚Faust' begonnen und rund zwei Jahre früher abgeschlossen.

Goethes erster Tagebuchvermerk, „dicktirt an W. Meister", datiert vom 16. Februar 1777. Die genauere Bezeichnung erfährt man erst aus einem fast fünf Jahre späteren Brief an Knebel: „Du sollst bald die drei ersten Bücher der Theatralischen Sendung haben." – ‚Wilhelm Meisters theatralische Sendung' lautete also zu dieser Zeit der ganze Titel des Romans. 1777 bis 1782: Das war die Zeit des Bekenntnisses zum Liebhabertheater, das Goethe aus ethischer Passion betrieb. Bewußt zu machen, was das Theater als Bildungsstätte zu bewirken vermöchte, wenn es sich aus der Unzulänglichkeit seiner realen Gegebenheiten zum Ideal einer – wie Schiller 1784 formulieren wird – „moralischen Anstalt" entwickeln würde, das machte den Sendungszweck Wilhelm Meisters aus.

Goethe arbeitete mit Zuversicht an seinem Roman: Nachdem im November 1782 die ersten drei ‚Bücher' fertig waren, schloß er jährlich ein weiteres ‚Buch' ab. Bis November 1785 waren es sechs. – Das siebente ‚Buch' brach mit Antritt der Italienreise im September 1786 ab.

Von der bis dahin entstandenen ursprünglichen Fassung des Romans wäre nichts erhalten geblieben, hätten nicht – ähnlich wie Fräulein von Göchhausen den ‚Urfaust' – Bäbe Schultheß und ihre Tochter das Romanfragment, das Goethe ihnen zur Einsichtnahme überlassen hatte, abgeschrieben. Die Abschrift wurde erst 1910 entdeckt und als ‚Urmeister' 1911 veröffentlicht.

Wilhelm Meisters Lehrjahre

Über vier Jahre ließ Goethe das Fragment liegen. Dann vermerkte er im Tagebuch unter dem 6. Januar 1791: „Früh Wilhelms Plan neu durchgedacht". Weit kann Goethe damals nicht gekommen sein, denn nach einer knappen Woche schon hören die Hinweise im Tagebuch auf. Erst 1794 wird die Arbeit wieder aufgenommen und nun binnen zwei Jahren zu Ende gebracht. Um sich zu zwingen, gab Goethe die ersten beiden ‚Bücher' 1795 in Druck, bevor er den Roman abgeschlossen hatte.

‚Wilhelm Meisters Lehrjahre' hieß jetzt der Titel. Auch Goethe hatte seit der Unterbrechung des Manuskripts Lehrjahre hinter sich gebracht: Der Aufenthalt in Italien hatte seinen

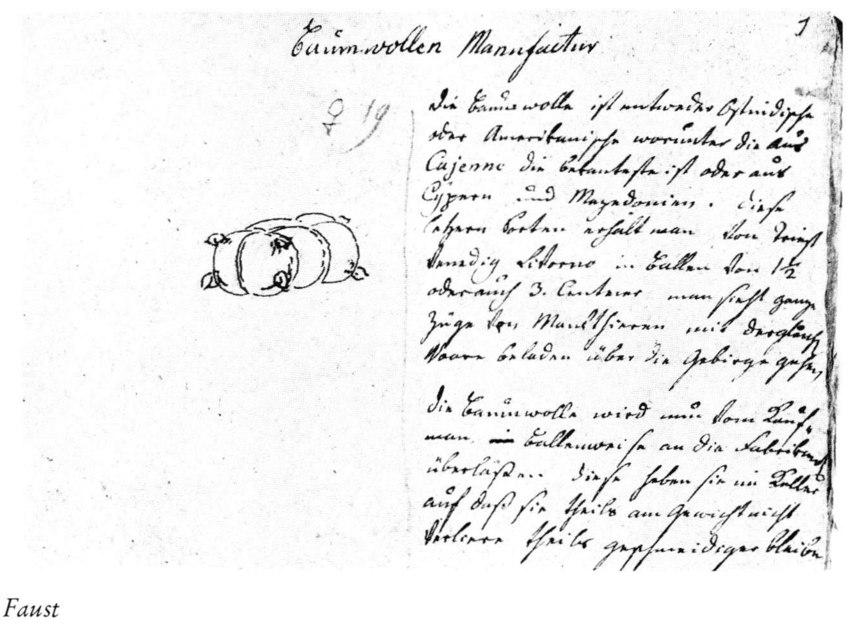
Baumwollen Manufactur

412 ‚Baumwollen Manufactur'
Manuskript von Heinrich Meyer für Goethe, 1810. Von Goethe als Stoff zum 5. Kapitel des 3. Buches ‚Wilhelm Meisters Lehrjahre' verwendet. NFG

Horizont geweitet, und die Französische Revolution wie ihre Folgen hatten ein Übriges getan, daß Goethe das Theater allein für die Bildung des Menschen nicht mehr ausreichend finden konnte. Vielmehr hatte er selber erfahren, daß alles, was dem Menschen begegnet, ihn bildet, sofern er es zu erfassen weiß. Unter dieser Voraussetzung wurde die Romanhandlung zum Bildungsgeschehen des 18. Jahrhunderts erweitert, in welchem die einst auf die Welt des Theaters begrenzten Gestalten wie Mignon, Philine, Aurelie und Harfner jetzt menschliche Grundverhaltensweisen verkörpern. Zwischen ihnen steht der tätige Mensch, dessen Humanität im Ausgleich zwischen den Extremen gesehen wird.

Wilhelm Meisters Wanderjahre

Am 17. Mai 1807 überrascht ein Tagebuchvermerk Goethes: „Morgens um $\frac{1}{2}$ 7 Uhr angefangen, von Wilhelm Meisters Wanderjahren das erste Capitel zu dictiren." Seit elf Jahren schien der Roman abgeschlossen zu sein. Jetzt sollte er eine Fortsetzung erhalten. Damals entstand eine Anzahl von symbolträchtigen „kleineren Geschichten [...]; sie sollten alle durch einen romantischen Faden unter dem Titel ‚Wilhelm Meisters Wanderjahre', zusammengeschlungen, ein wunderlich anziehendes Ganzes bilden", erläuterte Goethe. Die Beschäftigung dauerte bis 1810. Dann wurde sie durch ‚Dichtung und Wahrheit' und den ‚West-östlichen Divan' unterbrochen.

Als Goethe 1820 die Arbeit an den ‚Wanderjahren' wieder aufnahm, komponierte er locker nach dem Verfahren seines Altersstils, „durch einander gegenübergestellte und sich gleichsam ineinander abspiegelnde Gebilde den geheimeren Sinn dem Aufmerkenden zu offenbaren". Der indirekten dramatischen Entwicklung von ‚Faust' II vergleichbar, die sich zugunsten einer Darstellung des Weltbildes nur in einer lose verbundenen Folge von Szenen prinzipieller Bedeutung spiegelt, führte Goethe Wilhelm Meister auf eine Wanderschaft, deren Aufenthalte weniger von diesem als von den großen Tendenzen seiner Zeit bestimmt werden.

Im Gegensatz zu den in den ‚Lehrjahren' personifizierten extremen Verhaltensweisen gab Goethe den ‚Wanderjahren' den Untertitel ‚Die Entsagenden'. Allerdings fehlten in der ersten Fassung von 1821 noch die bewegendsten Momente des sich entwickelnden Jahrhunderts: das Auswanderungs- und Siedlungsthema wie das Maschinenwesen – und die aus beidem resultierende Frage nach der Funktion des Einzelnen gegenüber der Gemeinschaft. Goethe löste deshalb das Werk noch einmal auf und gab ihm eine um diese Aspekte bereicherte zweite Fassung, die 1829 erschien.

Nicht zufällig ließ Goethe seinen auf diese Weise zu einer Besichtigung des Zeitalters gewordenen Roman mit einer Folge von Maximen und Reflexionen ausklingen, deren letzte – Roman und Autor gleichermaßen charakterisierend – lautet: „Wer lange in bedeutenden Verhältnissen lebt, dem begegnet freilich nicht alles, was dem Menschen begegnen kann; aber doch das Analoge und vielleicht einiges, was ohne Beispiel war."

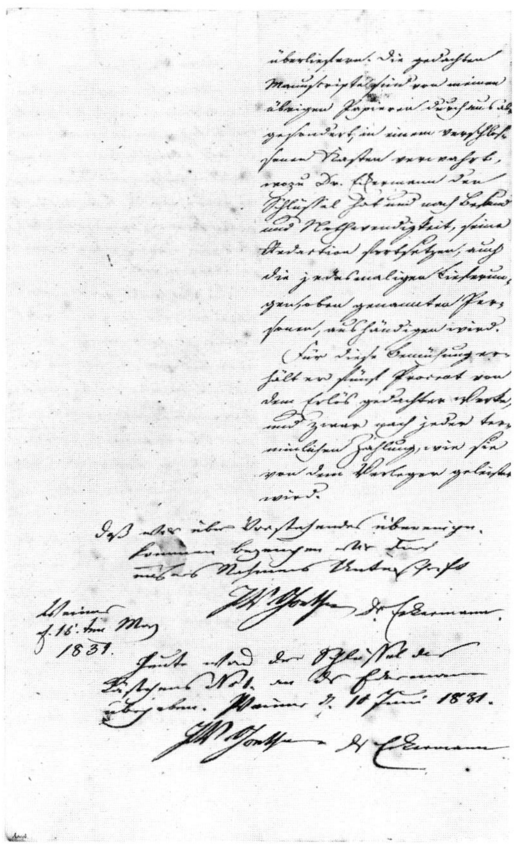

413 Goethes Vertrag mit Eckermann über die Herausgabe von Goethes nachgelassenen Schriften, zu denen vor allem Faust II gehörte, 16. Mai und 10. Juni 1831. GMD

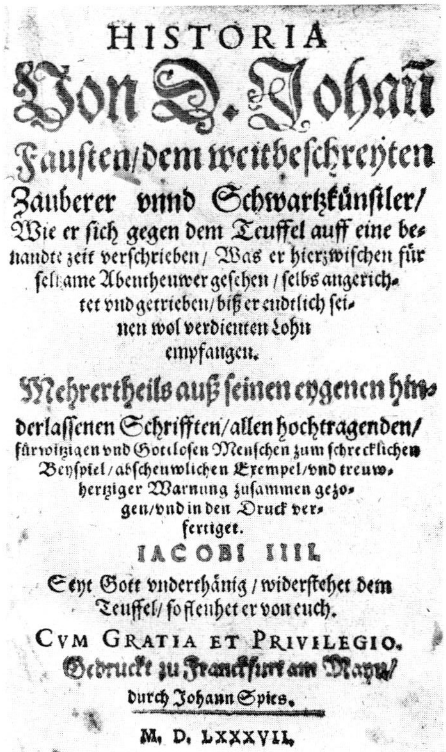

HISTORIA
Von D. Johañ
Fausten/dem weitbeschreyten
Zauberer vnnd Schwartzkünstler/
Wie er sich gegen dem Teuffel auff eine benandte zeit verschrieben/ Was er hierzwischen für seltzame Abentheuwer gesehen/ selbs angerichtet vnd getrieben/ biß er endtlich seinen wol verdienten Lohn empfangen.
Mehrertheils auß seinen eygenen hinderlassenen Schrifften/ allen hochtragenden/ fürwitzigen vnd Gottlosen Menschen zum schrecklichen Beyspiel/ abscheuwlichen Exempel/ vnd treuwhertziger Warnung zusammen gezogen/ vnd in den Druck verfertiget.
IACOBI IIII.
Seyt Gott vnderthänig/ widerstehet dem Teuffel/ so fleuhet er von euch.
CVM GRATIA ET PRIVILEGIO.
Gedruckt zu Franckfurt am Mayn/ durch Johann Spies.
M. D. LXXXVII.

414 ‚Historia von D. Johann Fausten' Das nach seinem Drucker benannte „Spies'sche Faustbuch" von 1587. GMD

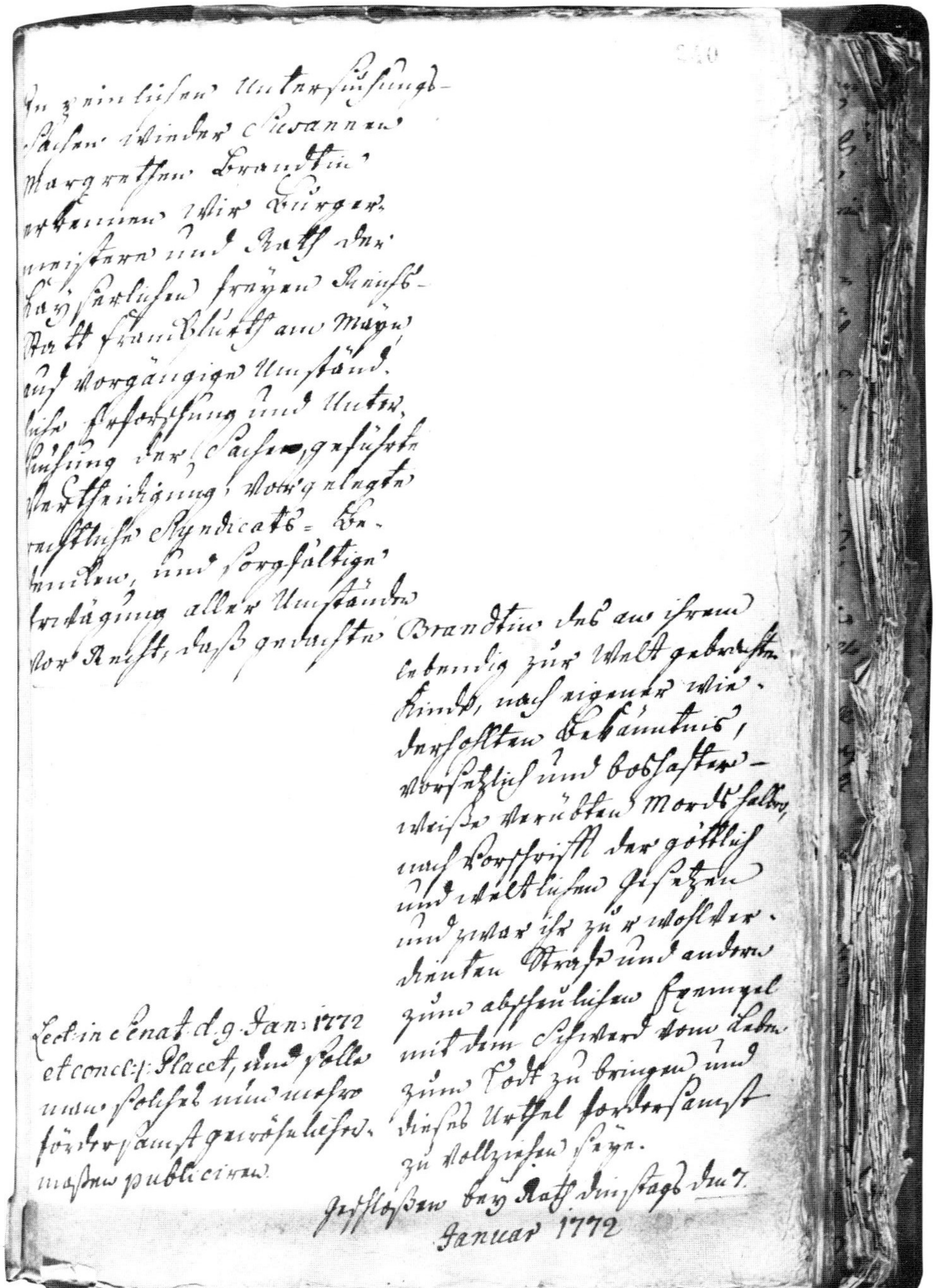

Januar 1772

415 Todesurteil über Susanna Margaretha Brandt, „7. Januar 1772". STAF

418 ‚Faust. Eine Tragödie' Titelseite der Erstausgabe von Faust I, 1808. GMD

419 ‚Helena/klassisch-romantische Phantasmagorie. Zwischenspiel zu Faust' Titelseite der ersten, zunächst separaten Ausgabe des 3. Akts von Faust II, 1826. GMD

420 ‚Faust. Der Tragödie zweyter Theil in fünf Acten. (Vollendet im Sommer 1831.)' Titelseite der ersten Ausgabe von Faust II in den von Eckermann herausgegebenen nachgelassenen Werken Goethes im Anhang zu ‚Goethe's Werke. Vollständige Ausgabe letzter Hand', 1832. GMD

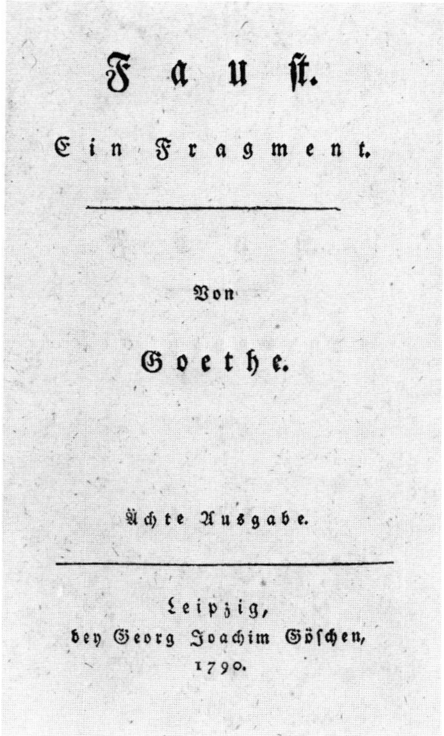

Faust.

Ein Fragment.

Von

Goethe.

Ächte Ausgabe.

Leipzig,
bey Georg Joachim Göschen,
1790.

416 ‚Faust. Ein Fragment'
Titelseite der Erstausgabe, 1790. GMD

417 Louise von Göchhausen (1752–1807)
Bleistiftzeichnung von Johann Wolfgang Goethe, um 1776. GMD

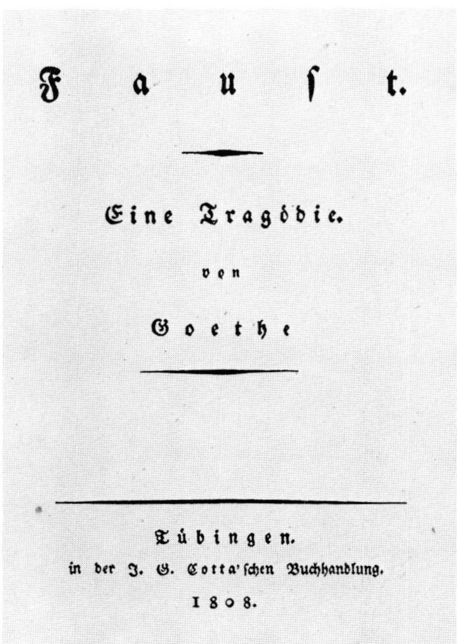

Faust.

Eine Tragödie.

von

Goethe

Tübingen.
in der J. G. Cotta'schen Buchhandlung.
1808.

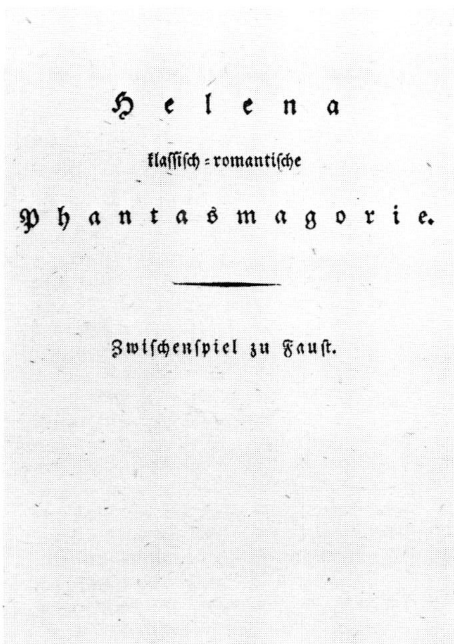

Helena

klassisch-romantische

Phantasmagorie.

Zwischenspiel zu Faust.

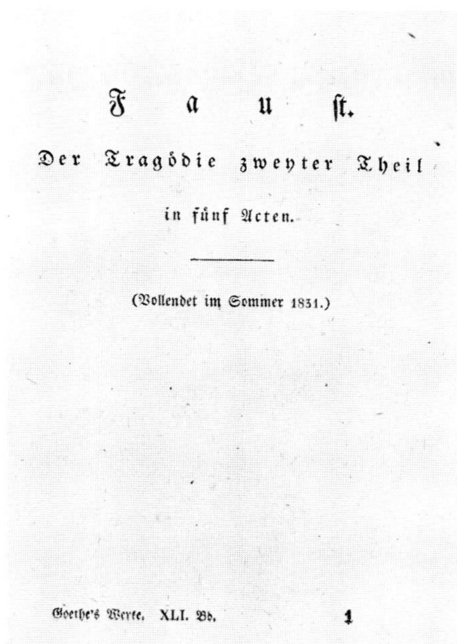

Faust.

Der Tragödie zweyter Theil

in fünf Acten.

(Vollendet im Sommer 1831.)

Goethe's Werke. XLI. Bd. 1

421 ‚Erscheinung des Erdgeistes'
Bleistiftzeichnung von
Johann Wolfgang von Goethe, 1810/12
oder 1819. NFG

422 Faust und Gretchen
Im Hinblick auf den Kupferstich seitenverkehrt angelegte Vorzeichnung in Tusche von Peter Cornelius, 1811/1815. GMD

423 Walpurgisnacht
Umrißstich von Friedrich August Moritz Retzsch, 1816 nach seiner Zeichnung von 1810. GMD

424 Kerker
Lithographie von Ferdinand Victor
Eugène Delacroix, 1827. GMD

425 Assignat von 1792. GMD

426 Plan von Bremerhaven
im Jahre 1831. STAB

427 Goethes Autograph zu Faust II,
5. Akt, 1. Szene; Mai 1831. GMD

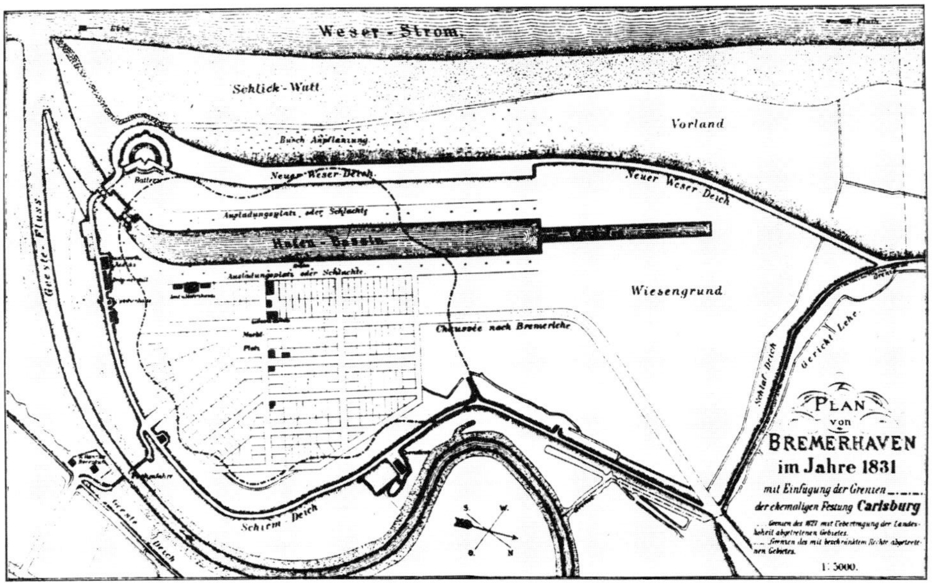

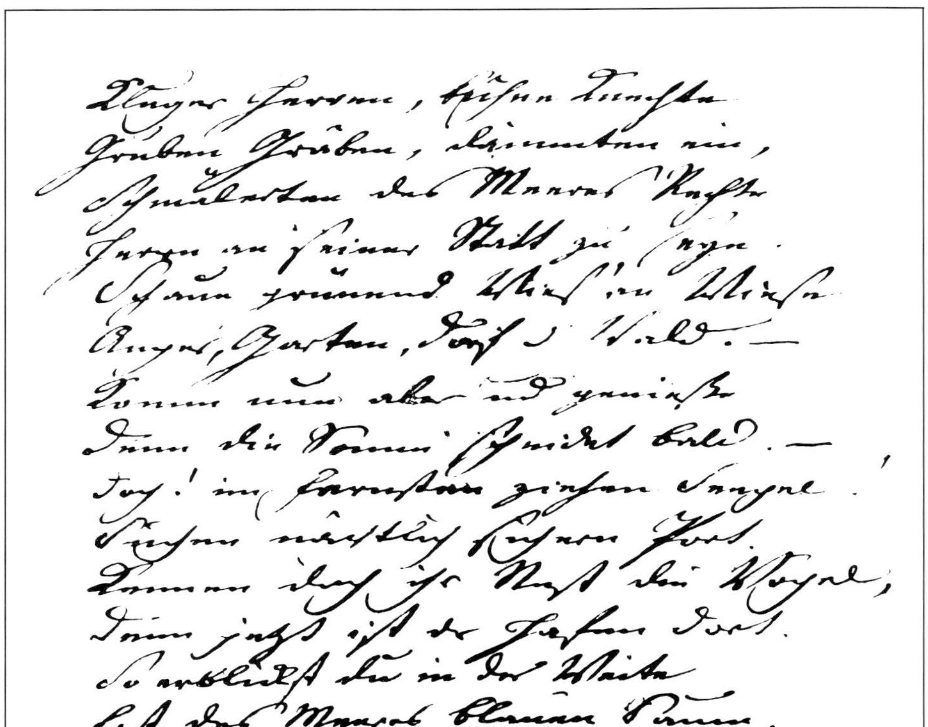
Kluge Herren, kühne Knechte
Gruben Gräben, dämmten ein,
Schmälerten des Meeres Rechte
Herrn an seiner Statt zu seyn.
Schaue grünend Wies' an Wiese
Anger, Garten, Dorf u. Wald. —
Komm nun aber und genieße
Denn die Sonne scheidet bald. —
Dort! im Fernsten ziehen Segel!
Suchen nächtlich sichern Port.
Kennen doch ihr Nest die Vögel;
Denn jetzt ist der Hafen dort.
So erblickst du in der Weite
Erst des Meeres blauen Saum,
Rechts u. links, in aller Breite,
Dichtgedrängt bewohnten Raum.

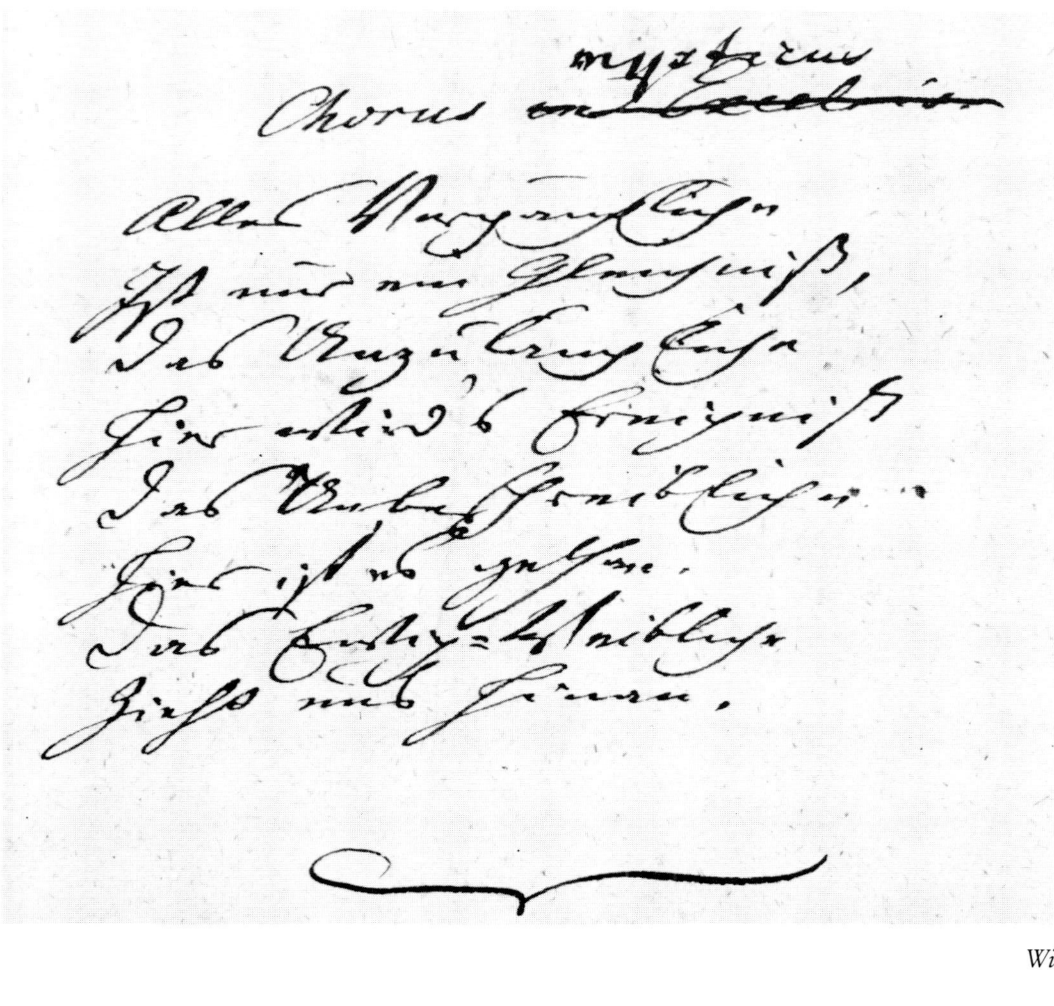

Chorus mysticus

Alles Vergängliche
Ist nur ein Gleichniß;
Das Unzulängliche
Hier wird's Ereigniß;
Das Unbeschreibliche
Hier ist es gethan;
Das Ewig-Weibliche
Zieht uns hinan.

428 Leben der Eremiten in der Thebais. Kupferstich von Carlo Lasinio nach der Darstellung im Campo Santo in Pisa von Pietro Laurati. Das Blatt regte Goethe zur Szene ‚Bergschluchten' im 5. Akt von Faust II an. GMD

429 Goethes Autograph der Schlußverse von Faust II: ‚Chorus mysticus'. GMD

430 Barbara Schultheß (1745–1818)
Kupferstich nach dem Ölgemälde von Johann Heinrich Wilhelm Tischbein, 1781. IBZ

Wilhelm Meisters
Lehrjahre.

Ein Roman.

Herausgegeben
von
Goethe.

Erster Band.

Berlin.
Bey Johann Friedrich Unger.
1795.

431 ‚Wilhelm Meisters Lehrjahre'
Titelseite der Erstausgabe, 1795. GMD

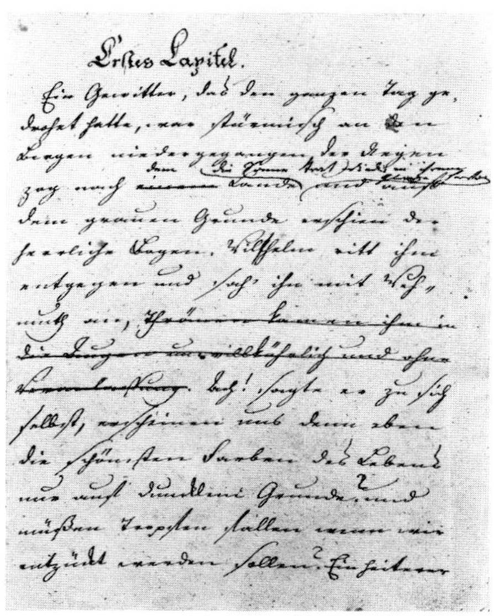
Erstes Capitel.

432 Manuskript aus ‚Wilhelm Meisters Lehrjahre'
Abschrift von Goethes Schreiber Geist mit Goethes eigenhändigen Korrekturen, 1786. FDH

433 Der Harfner. Illustration zu ‚Wilhelm Meisters Lehrjahre' Tuschzeichnung von Franz Ludwig Catel, 1799. GMD

434 Philine. Illustration zu ‚Wilhelm Meisters Lehrjahre' Tuschzeichnung von Franz Ludwig Catel, 1799. GMD

435 Mignon als Engel. Illustration zu ‚Wilhelm Meisters Lehrjahre' Tuschzeichnung von Franz Ludwig Catel, 1799. GMD

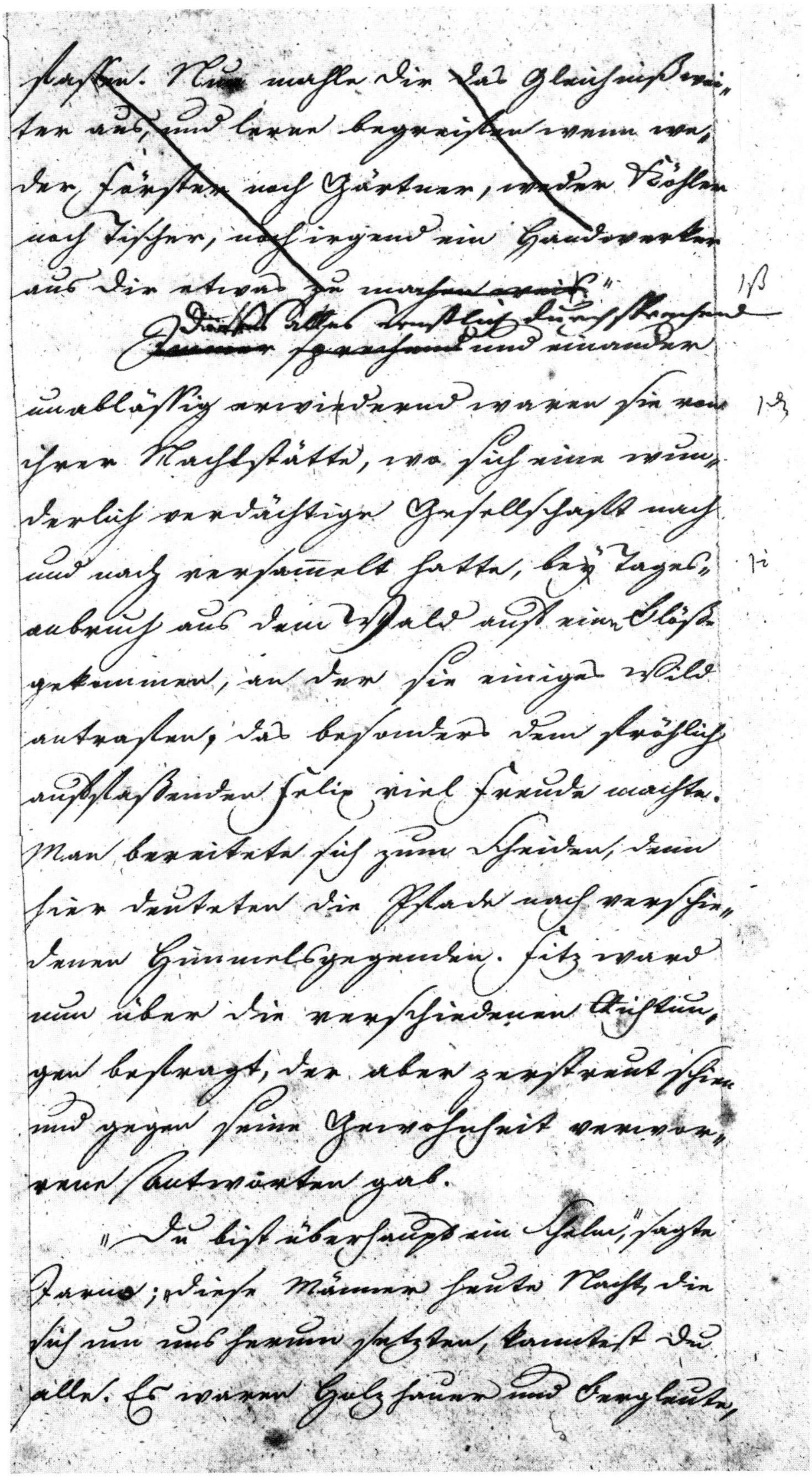

fassen. Nun mache dir das Gleichnis weiter aus, und lerne begreifen, wenn man der Fürsten noch Gärtner, weder Köhler noch Fischer, noch irgend ein Handwerker aus dir etwas zu machen weiß."

unablässig erweiternd waren sie von ihrer Nachtstätte, wo sich eine wunderlich verdächtige Gesellschaft nach und nach versammelt hatte, bei Tagesanbruch aus dem Walde auf eine Blöße gekommen, an der sie einiges Wild antrafen, das besonders dem fröhlich aufschauenden Felix viel Freude machte. Man bereitete sich zum Scheiden, denn hier deuteten die Pfade nach verschiedenen Himmelsgegenden. Fitz ward nun über die verschiedenen Richtungen befragt, der aber zerstreut schien und gegen seine Gewohnheit verworrene Antworten gab.

„Du bist überhaupt ein Schalk," sagte Jarno; „diese Männer heute Nacht, die sich um uns herum setzten, kanntest du alle. Es waren Holzhauer und Bergleute,

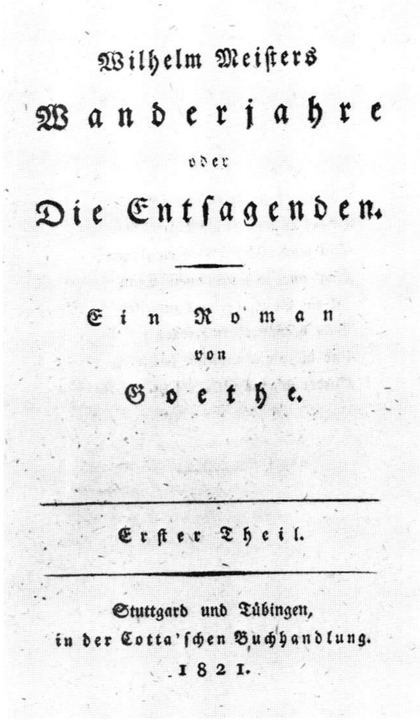

Wilhelm Meisters
Wanderjahre
oder
Die Entsagenden.

Ein Roman
von
Goethe.

Erster Theil.

Stuttgard und Tübingen,
in der Cotta'schen Buchhandlung.
1821.

436 Manuskript von Schreiberhand zu ‚Wilhelm Meisters Wanderjahre', 1. Buch, 4. Kapitel. SNM

437 ‚Wilhelm Meisters Wanderjahre oder Die Entsagenden' Titelseite der Erstausgabe, 1821. GMD

438 Johann Wolfgang von Goethe Öl auf Leinwand von Josef Carl Stieler, 1828. NPM

Anhang

Verzeichnis der Bildquellen-Siglen

AMW Adam-Mickiewicz-Museum, Warschau

BÖN Bildarchiv der Österreichischen Nationalbibliothek, Wien

BPK Bildarchiv Stiftung Preußischer Kulturbesitz, Berlin (West)

DAIB Deutsches Archäologisches Institut Berlin (West)

FDH Freies Deutsches Hochstift, Frankfurter Goethe-Museum, Frankfurt a. Main

GMD Goethe-Museum Düsseldorf. Anton- und-Katharina-Kippenberg-Stiftung

HMF Historisches Museum Frankfurt a. Main

KIK Kunsthistorisches Institut der Albertus-Magnus-Universität, Köln

KM Kestner-Museum, Hannover

KMH Kurpfälzisches Museum, Heidelberg

KSW Kunstsammlungen Weimar

MAD Merck-Archiv, Darmstadt

NFG Nationale Forschungs- und Gedenkstätten der klassischen deutschen Literatur in Weimar

NPM Bayerische Staatsgemäldesammlungen, Neue Pinakothek, München

RBK Rheinisches Bildarchiv, Köln

SGS Staatliche Graphische Sammlung, München

SNM Schiller-Nationalmuseum und Deutsches Literaturarchiv, Marbach a. Neckar

STAB Staatsarchiv Bremerhaven

STAF Stadtarchiv Frankfurt a. Main

STF Städelsches Kunstinstitut, Frankfurt a. Main

UBD Universitätsbibliothek Düsseldorf

WRMK Wallraf-Richartz-Museum, Köln

YUAG Yale University Art Gallery, William A. Speck Collection, New Haven, Connecticut

ZBZ Zentralbibliothek Zürich

Ortsregister

Buchanzeigen